다큐멘터리 白骨兵團

이것은 실화다!!

육군본부 직할 결사대

저자 : 백골병단 작전참모
全 仁 植 (소령)

〔주식회사〕건설연구사
육군본부 직할 결사대 전우회

표지설명

표지사진은 "6.25 전쟁 중 적 후방지역 작전 수행 공로자에 대한 군복무 인정 및 보상 등에 관한 법률" (법률 제7,200호) 제2조(정의)에서 규정한 1951년 1월부터 동년 4월 사이에 당시 적진 후방지역인 강원도 영월·평창·인제·양양군 일대에서 적 후방 교란 등의 작전을 수행한 "육군본부 직할 결사대" 소속으로 참전한 결사 제11연대 소속 개선·귀환장병 147명 이다.

머 리 말

유구한 역사와 전통을 자랑하며 5,000년의 역사를 이어온 우리 민족은 삼일(3.1)운동으로 민족정기(民族精氣)를 만방(萬邦)에 떨쳤으나, 악랄한 일본제국(日本帝國)의 마수에서 36년이란 오랜 세월을 헤어나지 못하다가 1945년 8월 15일 일제가 세계 제2차 대전에서 패망함으로써 해방(解放)을 맞게 되었습니다.

해방된 조국의 건국에 온 겨레가 혼연일체(渾然一體)가 되어야 함에도 불구하고 일부 서로 뜻을 달리는 사람들이 생겨, 나라가 혼란스러운 때, 삼팔선(38線)을 중심으로 남북(南北)이 갈라지게 되자, 북쪽에 진입한 소련의 앞잡이 김성주(김일성) 등 일당에 의한 무력남침(武力南侵) 전쟁 도발로, 우리 대한민국(大韓民國)이 백척간두(百尺竿頭) 누란(累卵)의 위기에 처하게 되었습니다.

이에 우리들은 나라와 내 이웃, 내 가족을 지키기 위해 이 땅의 모든 젊은이들과 함께 떨쳐 일어나 적(敵)들과 싸워 승리(勝利)하였으며, 전화(戰禍)로 입은 폐허(廢墟) 위에서 오늘의 영광(榮光)과 번영(繁榮)을 누릴 수 있게 땀을 흘렸습니다.

따라서 이 전쟁은 조국의 자유와 민주주의 수호(自由民主守護)를 위한 전쟁인 것입니다.

나는 이 전쟁 전후에 걸쳐 우리 육군에서 처음으로 시도(試圖)·창설한 특수부대인 「육군본부 직할 결사대」 결사 제11연대 임시대위(작전참모)로 1951년 1월부터 그해 4월까지 사이에 영하 20° 내지 30℃ 를 오르내리는 태백·오대·설악산맥의 준령(峻嶺)인 강원도 영월군 정선·평창·명주·홍천·인제·양양군 일대에서 두 주일(2주)분의 미숫가루 보급과 소련제 소총(북괴 노획무기)으로 무장하고 북괴군복을 모방한 누비바지 저고리로 위장하고 적 후방교란 등 아군작전에 기여할 특수전을 감행하였습니다.

적진 배후 작전 중 크고 작은 많은 전과도 있었습니다만, 아군도 열악한 보급과 훈련, 부실한 장비 등으로 상당한 피해를 입기도 했습니다.

비록 짧은 전투 기간이었지만, 우리 군이 처음으로 시도한 작전인 점에서 공(功)과 과(過)를 떠나, 지구전(持久戰)을 통한 종심전투(縱深戰鬪)의 전술 측면에서도 재평가되어야 할 것이라고 생각하고, 부실한 기억을 되살리고 관련 전사자료를 찾아내 65년 전 옛날의 자료와 대조하는 등 6.25 특수전 실록(實錄)을 남길 수 있도록 노력했습니다.

우리들 백골병단(白骨兵團) 647명에 대한 그 옛날의 실록을 인정해 특별 법률을 만들어 주신 대한민국 국회의원 여러분과 참전개선 59년만에 전역의 영광을 주신 박종선(朴鍾善) 전 사령관님과 국방당국자 여러분, 그리고 전적비 건립에 적극 지원해 주신 이진삼(李鎭三) 전 총장님과 국가보훈처 관계관 여러분, 60여년만에 무공훈장을 주신 상훈관계관 여러분, 그리고 옛날의 자료 발굴에 협조해 주신 예비역 중장 류해근(柳海槿) 장군님과 육군본부 군사연구실 관계관 여러분과 특수전학교 관계관 여러분·백골병단 전적비 관리기타에 협력해 주시는 육군 703 특공연대 장병 여러분과 지역 용대리 부락 유지 여러분에게 감사를 드리면서 경영가치가 없음에도 불구하고 이 실록의 출판에 협력해 주신 주식회사 건설연구사 임직원 여러분에게도 감사한 마음을 드립니다.

2016년 11월

편저자 : 金 仁 植

차 례

제1부 한국전쟁의 태동 ——————————— 19

1. 한국 전쟁의 태동 ——————————— 19

조국 광복 / 19
건국과 6.25 남침 / 20
북괴군의 남침 / 25
피난길에서 / 26
적 치하에서 저항활동 / 29
북진통일과 중공군의 참전 / 33
1950년의 겨울 / 36
1951년의 새 아침 / 38
나의 어린시절 / 40

2. 육군 제7훈련소(정보학교) ——————————— 42

제2부 한국군 최초의 정규유격대 ——————————— 51

1. 육군정보학교에서 ——————————— 51
2. 적 후방으로 출동 ——————————— 54
3. 작전명령 ——————————— 69
4. 결사대 참전자 ——————————— 75
5. 결사대의 작전 출동 ——————————— 79

(1) 결사 제11연대의 출동 / 80
(2) 나의 초도 작전 / 83

(3) 결사 12연대의 참전 / 93
　　　(4) 결사 13연대의 참전 / 100

제3부 백골병단 창설 ─────────── 103

1. 백골병단 창설 ──────────────── 103
　　퇴곡리를 떠난 백골병단(白骨兵團) / 108
　　구룡령을 장악하다 / 114

2. 북괴 69여단의 궤멸 ─────────── 117

3. 감격의 38선 돌파 ──────────── 125

제4부 적 중장 생포 ─────────── 135

1. 인민군 중장 생포 ──────────── 135
2. 적장(중장)의 처결 ─────────── 145
3. 북쪽으로 퇴각 ─────────────── 151
4. 백담사 계곡의 결투 ────────── 156
5. 윤창규 대위의 자결 ────────── 161
6. 대낮에 적 진중 행군 ──────── 171

제5부 적진 탈출 ─────────── 179

1. 박달재의 비극 ─────────────── 179
　　전우의 유해발굴 및 위령제 / 190

2. 흰 눈의 구원 ──────────────── 193

3. 산간 오두막 ──────────────── 199

제6부 감격의 개선 ──────────── 205

1. 영광의 개선 ──────────────── 205
2. 한심한 전쟁 영웅 ────────────── 209
3. 나의 병적 확인 청원서 ─────────── 218
4. 명예회복 ──────────────── 223
   설악동지회(가칭) 설립준비 / 225
5. 장안 20층에서의 첫 분향 ────────── 227
   (고) 현규정 대위 유해발굴 및 영결식 / 231
   격전지(단목령) 전우의 유골을 찾아서 / 233

제7부 전적비를 세우다 ────────── 234

1. 충효장군 ──────────────── 234
2. 백골병단 전적비 기공 ──────────── 240
3. 白骨兵團戰跡碑 건립 ─────────── 244
4. 전적비 제막 사연 ────────────── 251
5. 국립묘지에 위패를 봉안하다 ────────── 262
6. 전인식의 공적비가 세워지다 ────────── 265
7. 무명용사 추모비를 건립하다 ────────── 270

제8부 참전 전우회 활동 ——————————— 275

1. 전우회원 국내외 탐방 ————————————— 275

    (1) 격전지를 찾아서 / 275
    (2) 울릉도 · 독도 탐방 / 276
    (3) 베트남 하노이 탐방 / 277
    (4) 자유중국(대만) 방문 / 278
    (5) 충남 전남북 지방 연수 / 279
    (6) 용대 백골장학회 창립 / 281
    (7) 민족의 영산 백두산을 찾아 / 282
    (8) 군부대 위문 703 특공부대 백골병단의 발자취를 찾아 1,000리 행군을 격려하다 / 284
    (9) 해외 독립운동 유적지 (상해) 탐방 / 285
    (10) 용대 백골 장학금 교부 및 경노 잔치 / 286
    (11) 현충추모식과 장학금 수여 / 287
    (12) 중국 곤명 · 석림에서 / 289
    (13) 육군본부 직할 결사대 60년사 발간 축하회 / 290
    (14) 제주 43사건현장과 훈련소 기행 / 291
    (15) 베트남 다낭 호이안 후에에서 / 292
    (16) 충용 (고)尹昌圭 대위 64년만에 추모제!! / 293

2. 충용특공상 제정 ——————————————— 294

    지역부대 부사관에 대한 충용상 제정 / 294
    충용특공상 제정기 / 296

3. 전우의 유골을 찾아 ————————————— 299

제9부 명예 회복 ——————————— 304

1. 입법 청원서 ——————————————— 304
2. 특보 53년만에 명예회복 ——————————— 306
3. 명예회복의 길은 열리고 ——————————— 309
4. 6·25전쟁 중 적 후방지역 작전수행 공로자에 대한
   군 복무인정 및 보상 등에 관한 법률 ——————— 315
5. 6·25전쟁 중 적 후방지역 작전수행 공로자에 대한
   군 복무인정 및 보상 등에 관한 법률 시행령 —— 318

제10부 영광의 전역식 ——————————— 323

1. 참전 59년만에 전역 ————————————— 323
   6.25 전(퇴)역식 관련 알림 / 324
   전역 답사 / 327
   백골병단 영웅 26명 59년만에 전역식(보도자료) / 334

2. 육군본부 내 명예의 전당 ——————————— 337
   육본 명예의 전당에 60위가 현양되다 / 338
   육군본부 내 명예의 전당에 헌액하다 / 340

3. 전쟁기념관에 명비 헌각 ——————————— 344
   전쟁기념관에 전사자 명비 조각 / 345

4. 전적비 보호·방어벽 및 공적·부조 건립 ——— 349

5. 파주출신 결사대원의 명예 선양 ——————— 351

제11부 영광의 무공훈장 ——————————— 352
1. 무공훈장 신청 ————————————————— 352
2. 영광의 무공훈장 ———————————————— 354
   무공훈장 수장 / 359
3. 무공 수훈자 묘비 참배 ——————————————— 360
   (고) 현규정 대위의 훈장증 / 361
4. 훈장 수상자의 인사 ——————————————— 363
5. 무공훈장에 얽힌 사연 ——————————————— 366
   참전전우 각종 찬조금 누계 / 369

白骨兵團 戰跡碑는 1951.1.4.부터 1.25까지 유격특수훈련을 받은 결사유격 제11연대 363명이 1951.1.30. 강원도 영월군 영월읍에서 적후방으로 침투한 이후 결사유격 제12, 13연대가 강원도 명주군 연곡면 퇴곡리에서 백골병단으로 통합(647명)하고, 1951.4.3~25까지 사이에 개선한 장병 280여명의 염원으로 육군본부의 예산지원과 참전전우회원의 성금 그리고 육군제3군단 공병여단과 육군제703특공연대 장병의 지원으로 건립되었다.
세 뿔은 자유, 평화, 통일을 각 상징하고 결사 제11연대 동 12연대 동 13연대를 주탑 높이 11m (기초포함 16.4m) 공사계획 · 설계 일체는 전우회장 전인식의 작품으로 공사 감리를 겸했다. (1990.11.9. 제막된 백골병단 전적비의 위용)

곳 : 강원도 인제군 북면 용대리 산 250-2

살아 돌아온 결사 11연대 장병

<○표 필자>

사선을 돌파한 육군본부 직할 유격 제11연대 강릉 개선 장병 일동

때 : 1951년 4월 5일 곳 : 강원도 강릉시 도립 병원 광장 촬영 당시 인원 : 147명

無名勇士 追慕碑
백골병단 303 무명용사 추모비

2003. 5. 30   무명용사 추모비 건립
2003. 6. 5   무명용사 추모비 제막식 거행

나라의 부름 받고 전장에 나가 싸웠는데, 무명용사가 웬 말인가 !!

태극기를 휘날리며

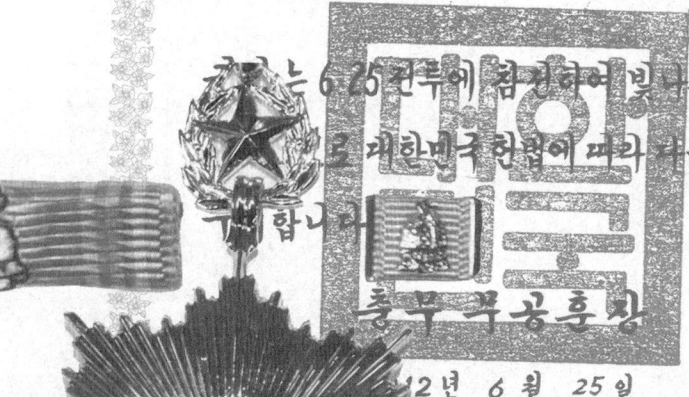

59년 만에 전역식을!!

참전 59년만에 전역식 후 육군본부 광장에서 카퍼레이드(사열) 하는 필자와 전우

축하객에 둘러싸인 전인식 소령(전역자 대표)

전인식 소령과 가족 일동

육군본부 광장에서 59년 만에 전역식을

전역자 일동이 임석상관인 인사사령관에 대한 경례

전역자 일동의 모습 좌 1번 전인식 소령

전역자를 대표한 전인식 소령(회장)의 인터뷰 광경

무공훈장 수상자의 카퍼레이드 선도 1번차 중앙 전우회장

카퍼레이드 광경(1번차) 선두 전인식

카퍼레이드 광경(2번차)

카퍼레이드 광경(3번차)

훈장 전수 부대 제병지휘관의 신고

白骨兵團 戰跡碑 除幕 (1990.11.9)
강원도 인제군 북면 용대리 3리 250-2

제1부 한국전쟁의 태동

1. 한국 전쟁의 태동

▌조국 광복 ▌

 일제(日帝) 식민지하(植民地下)에 살던 이 땅의 청소년들은 왜(倭)놈이 다 된 것 처럼, 천황이란 자가 있다는 동쪽을 바라보고 동방요배(東方遙拜)까지 강요(强要)받은 불쌍한 "청소년들"로서, 이름도 성도 모두 창씨개명(創氏改名)을 강요받아 민족혼(民族魂)을 거의 다 빼앗길 뻔한 상태였습니다.

 농촌은 식량의 공출(供出)로 약탈당하는 참상(慘狀)에서 우리 모두가 고사(枯死) 직전에 연합국의 승리로 1945년 8월 15일 해방이 되었습니다.

 해방된 조국도 일제 36년간의 민족말살정책으로 해방의 기쁨과 대책을 세우지 못한 과도기(過渡期)를 동시에 겪게 되었습니다.

 제2차 대전이 한참인 1943년 11월 미국 루즈벨트 대통령과 영국 처칠 수상, 중국의 장개석 총통이 카이로에 모여 일본이 항복하면 우리 나라의 자유 독립(自由獨立)을 보장하겠다는 결의에 따라 1945년 8·15 광복(解放)이 되자 **대한독립 만세**를 크게 불렀으나, 「대한독립 만세!!」의 함성이 채 가시기도 전에, 우리들에게는 좌(左)니, 우(右)니 하는 민주주의와 공산주의 내지는 사회주의자의 극한적인 대립을 겪게 되었습니다.

 이런 때 연합국은 3상회의 결정으로 우리나라를 신탁통치 하겠다고 결의하게 되자 자유독립(自由獨立)은 커녕 연합국의 신탁통치(信託統

治)를 받게 될 뻔 했습니다.

이에 신탁통치를 반대하는 우익(右翼) 진영과 갑자기 반신탁통치에서 찬탁(贊託)으로 돌변한 박헌영 등 조선공산당 계열의 책동으로 나라가 두 쪽으로 갈라져 극도로 큰 혼란마저 겪게 되자, 미 군정으로부터도 제대로 대접을 받지 못하고 있던 중,

1947. 11. 4. 유엔은 한국에서 인구비례에 의한 자유총선거를 실시하도록 결의하여(자유민주주의 실험) 선거일을 1948년 5월 10일로 결정, 공포하였습니다.

▌건국과 6.25 남침 ▌

유엔(UN)은 광복된 조선(남북한)에 대하여 자유선거를 실시하여 자유독립을 실현케 하고자 했으나, 38도선 이북을 점령한 소련은 이에 반대하여 부득이 38도선 이남에서만 자유총선거를 실시하게 되었는데, 그때 조선공산당 측에서는 남한의 건국을 방해할 목적으로 남로당 계열의 공산분자 350여명의 무장폭도가 주동이 되어 1948년 4월 3일 제주도에서 일제히 폭동을 일으켜, 경찰과 우익단체장들을 학살하고 남한의 단독 정부수립을 반대하는 큰 폭동을 일으켰습니다. 이른바, 제주 4.3 폭동이 일어난 것입니다.

이 폭동으로 제주도에서는 총선거를 실시하지 못했으나, 남한 전국(38도선 이남지역)에서는 198명의 제헌의원을 선출함으로써 대한민국의 제헌의회인 국회가 구성되어 1948년 8월 15일에 이르러 이승만(李承晩) 국회의장(대통령)에 의하여 자유민주주의 **대한민국 건국이 선포** 된 것입니다.

이와 같이 우리 민족(民族)은 여러 가지 어려움과 일제(日帝) 36년의 약탈과 식민에도 불구하고 오랜 역사(歷史)와 전통(傳統)과 함께 여러 가지 어려운 기복을 겪으면서도 발전해 오늘에 이른 자랑스런 민족인

데, 8.15 광복 후 북쪽에 진주한 소련군의 꼭두각시인 김일성(金日成) 등 그 일당이 소련 스탈린의 공산 확장 정책에 동조(同調)하고, 중공(中共)의 모택동(毛澤東)의 사주(使嗾)를 받은 비극적인 한국전쟁(6.25)을 감당하지 않으면 아니 될 슬픔을 겪었으면서, 오늘에 이르기까지 정전(停戰) 아닌 휴전선으로 가로막힌 채, 숱한 휴전협정 위반사건을 감내하면서 66년이란 오랜 세월동안 전시(戰時)상태를 유지하고 있는 실정이며, 최근에는 핵(核)의 실험과 각종 "로켓"의 실험 등으로 우리를 위협하고 있는 실정입니다.

따라서 휴전(休戰)은 종전이나 평화가 결코 아님을 웅변으로 증명하고 있는 것입니다.

나는 그 어려운 시절, 경기도 파주군 탄현 이란 시골에서 1929년에 출생하여 그 고장에서 자라면서 여러 가지를 보고 또 느꼈습니다.

8·15 해방이 되자 나의 중학교 교장인 일본인 "마에다" 씨와 교사들이 모두 그들 나라로 쫓겨 가고 38도선 이북에서 김일성의 학정을 피해 남하(南下)하신, 김봉관 선생님과 "노상옥" 교장선생님 등 여러분이 계신 학교를 다녔습니다.

제2차 세계대전의 막바지에서 전쟁이 끝나면 적당한 때 조선(朝鮮)의 자주독립(自主獨立)을 약속했으나 그때는 2차 세계대전이 진행 중이였으며, 그 전쟁이 일본의 항복으로 끝난 1945년 8월 15일 일제(日帝)가 패망하자, 소련군은 곧바로 일본군과 총 한방 쏘지 않고 1945년 8월 29일 일본군의 무장을 해제한다는 명목으로 38도선 이북에 진입함과 동시에 북한에서 "강도질"과 부녀자의 "강간" 등 야만적인 만행을 저지르는 한편, 공산정권 수립에 혈안이 된 소련군은 김성주(金聖柱)라는 소련군 대위를 1945년 9월 19일 원산항(元山港)을 통해 귀국시켰습니다. (김성주는 1912년 평남 대동군 출생자이다.)

내가 어릴 때, "김일성 장군"이란 분이 "동"에서 번쩍, "서"에서

번쩍하는 축지법(縮地法)을 쓰며, 만주(滿洲) 일대에서 활동했다는 말을 들었는데, 8.15 해방이 되고 보니 그분들은 모두 왜정시 중국 동북 3성에서 항일 의병장(義兵將)으로 활동한 분들이라는 것을 알게 되었습니다.

그분들 중 "본명"이 김창희(金昌希) 씨와 그 뒤 일본군 육사 출신의 김광서(金光瑞 ; 후일 대한민국 건국훈장을 추서함.) 씨, 세 번째 유격대장인 김성주(金成柱) 씨, 네 번째 김일성(金一成) 장군은 만주와 연해주에서 활동하였고 한 때는 빨치산 교관 등으로 활동한 뒤, 병사할 때까지 이 네 분들이 모두 "김일성"이란 가명으로 활동했다고 알려져 있으므로 북한에 나타난 "김성주"는 분명 옛날의 김일성 장군은 아니였습니다.

이 네 분들은 모두 항일(抗日) 유격대장들이였는데 이분들과 아무런 관련도 없는 북한의 김성주(金聖柱)가 김일성(金日成) 장군으로 둔갑하고 북한에 나타나 소련군의 비호 아래 정권을 거머쥐었고, 족보까지 조작한 뒤 인민군대를 조직하기 시작했다고 합니다.

이에 비해 미군은 1945년 9월 6일에 이르러 비로소 점령군 사령부를 설치하는 등, 38도선을 느슨하게 관리하였던 것입니다.

우리나라는 3.1 운동 전후에 걸쳐 꾸준히 일제(日本帝國主義)에 항거하는 등 독립의거를 계속해 왔으며, 일부는 독립군을 양성하고 미군 첩보기관과 협력하여 2차 대전 말기에는 연합군과 함께 참전하려고 시도했으나 8.15 해방이 되면서 그 뜻을 이루지 못했습니다.

결국 우리는 자력(自力)으로 독립을 쟁취(爭取)하지 못했고, 연합군이 일본의 항복(降伏)을 받아내 겨우 해방이 되었음에도 제정신을 차리지 못한 과도기를 겪게 되었습니다.

1948년 9월 북쪽에서는 대한민국의 건국에 뒤질세라 소위 조선민주주의 인민공화국(?)이란 정치집단을 건국하기 위한 대의원 선거를 할 때, 공산 동조분자들을 후보자라고 내세운 뒤, 찬성과 반대를 위한 **투표함 2개(흑·백)를 마련하고**, 그 한쪽 함에 투표하게 하는 눈 감고 아웅하는 선거를 한 뒤, 그들의 투표만으로 유엔의 승인도 없이 나라(?)를 세우고, 그 수반으로 김일성이 등장했습니다.

김일성 장군으로 둔갑한 김성주는 괴뢰정부 수립 전에 이미 "조선인민군"이란 붉은 군대를 조직하였으며, 무력남침 준비를 하는 한편, 그해 9월 소련수상 "스탈린"에게 남침에 대해 구체적인 보고를 하고, 소련제 T 34 중탱크 400여대와 각종 무기를 무상(명목상)으로 지원받아, 북괴군을 중무장(重武裝)시키고,

1949년 10월 1일 중공의 모택동(毛澤東)은 장개석의 국민당 정부군과의 국공(國共) 전투에서 승리하자, 중공군 소속으로 참전했던 동북 3성 거주 조선족(朝鮮族) 팔로군(八路軍) 약 3만6천여명(2개 사단)을 북괴군에 편입시켜 전력증강과 실전훈련을 주도하게 한 뒤,

1950년 4월 김일성은 다시 소련을 방문해 스탈린에게 남침에 대한 구체적인 계획을 확정 보고하고 승인을 받은 후,

1950년 5월 13일에는 중국 공산당 최고 실력자 모택동(毛澤東)으로 부터도 남침계획을 승인받고, **"조중(朝中) 상호방위 원조조약"?** 이란 동맹을 체결하는 등 남침준비를 완료하였다고 합니다.

북괴는 중공과의 협약에 힘 입어 1950년 6월 18일 야외 기동훈련을 가장하여, 일제히 38도선 부근 예정된 집결지로 전투부대를 모두 전진 배치 완료 하였으며,

그 사흘 뒤인 1950년 6월 22일에는 북괴군 총사령부의 전투명령 제1호(남침)에 따라 전 병력이 대거 남침에 총 동원되었습니다.

이와 같이 급박하던 때, 이 땅에 기생(寄生)하던, "토착(土着) 빨갱이" 두목인 박헌영(충남 예산 출신)과 그 일당들은 우리나라 국회(國會)에 까지 침투시킨 빨갱이 김약수(金若水)(부의장)와 "노일환" 등으로

하여금 국회를 장악하게 하여 북괴놈들이 남침하면 남반부(남한)에서 북괴에 동조(同調)하는 반란을 일으켜 북괴군과 배합하고자 시도하였던 것입니다.

따라서 북괴의 "6·25 적화(赤化) **남침 전쟁**"은 종북(從北) 내지는 친북(親北) 좌파(左派)가 그때부터 싹트기 시작하였다고 볼 수 있습니다.

역사적으로 보면, 재상 "이율곡" 선생의 10만 양병(養兵)과 유비무환(有備無患)의 정신을 우리가 되새겨 지켰다면 6.25와 같은 국난(國難)을 미연에 방지할 수도 있었을 것인데…… 하는 아쉬움이 있습니다.

김일성(金日成)의 6.25 남침 야망에 대한 기록은 1950년 3월 초순에 북한 인민유격대인 빨치산 제5지대〔지대장 : 길원팔(吉元八)〕에게 하달한 김일성의 작전명령 극비문서에도 뚜렷하게 남아 있습니다.

그 지령에 의하면, 김해 비행장을 비롯해 경남일대의 정치, 군사, 사회 요소에 대한 공격을 명령하였을 뿐 아니라, 대남 유격대에 대하여 정규군이 남침하면 이들과 배합하도록 하였음이 "길원팔(吉元八)" 등 일당을 우리들 「**육본 직할 결사대**」가 놈들의 두목인 길원팔 북괴중장(中將) (대성 2개) 등 지휘부 일당 13명 모두를 생포함으로써 그 전모가 밝혀진 바도 있습니다.

이와 같이 괴뢰수상 김일성(金日成)은 대한민국을 전복하기 위해 6·25 전쟁 이전에 이미 경남지방을 비롯한 지리산, 오대산, 태백산 등 지역에 게릴라를 침투시켜 후방을 교란하는 한편, 남침한 정규군과 배합 협공하도록 한 것 등 6.25 전쟁 이전에 계획적으로 암약한 사실이 밝혀진 바 있습니다.

▌북괴군의 남침 ▌

북괴 김일성은 1948년부터 남침전쟁 준비를 완료하고, **1950년 6월 25일 새벽 4시** 북괴 1, 2, 3, 4, 5, 6, 12사단과 105 전차여단 등 20여만명의 병력을 총동원하여 38도선 전역에서 일제히 기습 남침을 감행하였습니다.

1950. 6. 28. 서울에 침공한 북괴군의 이미지

이것이 이른바 **6.25 남침 전쟁**, 일명 **자유수호 한국전쟁**을 놈들이 도발한 것입니다.

동해안에서는 38도선 이남 삼척지역에 해상 침투부대를 은밀히 상륙시키는 한편, T 34 탱크 240여대는 고랑포, 의정부, 홍천 등 방면으로 침공하고, 공군은 개전 초기 남한의 여의도, 김포, 수원의 비행장과 주요 군사시설, 도로, 철도 및 용산 조차장 등을 소련제 야크(YAK) 전투기로 폭격하여 민심을 크게 교란시키는 등 우리나라 전역에 걸쳐 육·해·공군의 대대적인 공격을 감행하였습니다.

T 34 탱크는 그 당시 아군이 가지고 있던 2.36″(인치) 로켓포로 정통을 맞아도 움찔할 뿐, 다시 굉음을 내면서 내려온 놈이었으니 '이를' 저지할 무기도 없었습니다.

1950. 6. 25. 서울 HLKA 중앙방송(라디오)(그때는 T.V.가 없었다)에서는

북괴의 전면 남침에도 불구하고, 삼팔(38) 선에서 북괴군이 남침하여 아군이 이를 격퇴하는 접촉이 있었다는 정도의 보도를 하면서 외출 중인 국군장병은 조속히 부대로 복귀하라는 방송을 보도 했으며,

전면 남침은 알리지도 아니 했습니다.

그런 때 우리 육군은 1950년 6월 24일 0시를 기해 이미 전 군에게 내려져 있던 비상경계령을 모두 해제하고 많은 장병들에게 특별외박(1주일간)을 주어 고향으로 보내 모내기를 돕게 하고자 전 병력의 3분의 1 정도에 대하여 특별휴가를 보냈으니, 38선을 경계하는 초병은 약간명만이 겨우 지키고 있었다고 합니다.

한편 북괴군의 대거 남침정보가 있었다고 하는데도 육군본부 고위장교들은 이를 외면한 채, 1950년 6월 24일(토요일) 저녁 육군회관의 준공기념 축하 대연회(댄스파티)를 밤새워 새벽까지 열고, 일부는 시내로 옮겨 새벽까지 술에 취해 곯아떨어진 상태였다고 합니다. 이와 같이 방만한 경계에 빠져있었으며, 일설에 의하면 참모총장(채병덕) 공관에 중위 계급장을 단 군적에도 없는 자가 침투해 있다가 6.25 발발 후, 그 자는 행방을 감추었다고 알려져 있습니다.

▌피난길에서 ▌

6·25가 발발하던 날, 나는 원효로의 용문동 숙부님 댁에 기숙하고 있었는데, 우리 집 바로 옆에는 서북청년단(西北靑年團)의 작은 사무실이 있었고, 나의 반공학생(反共學生) 운동도 무관하지는 않은 듯 주위에는 수상한 놈들이 서성대는 느낌도 있어 불안하기 시작했다.

적의 탱크가 의정부를 지나 **미아리 고개를 넘어** 돈암동 네거리까지 쳐들어오고 있었다는데,

용감한 우리국군이 침입한 적을 격퇴하고 있다는 방송을 내 보냈다고 한다.

그런 때, 나는 6월 28일 새벽 2시경 한강 인도교의 폭파에 놀라 부지런히 피난 보따리를 꾸려 짊어지고, 가족 일행과 함께 도화동 고개를 넘어 마포 강변으로 향했으나,

마포 강변에 이르니 한강을 도강하지 못한 많은 피난민이 **인산인해**(人山人海)를 이루고 있었습니다.

한강인도교의 조기 폭파는 많은 시민이 우마차, 손수레, 트럭 등에 피난 봇짐을 싣고, 한강을 건너기 위해 다리에 올라선 때, 앞에서 한강인도교를 폭파해 버렸으니, 뒤에서 밀려드는 피난민의 대열을 피하지 못해 수만 명이 희생되는 비운을 남겼다고 합니다.

1950년 6월 28일 북괴군의 T 34 탱크가 "인공기"(人共旗)를 휘날리며 중앙청에 입성하였다.

실로 개전(開戰) 3일만에 수도 서울이 놈들에게 짓밟힌 것이다.

나는 한강을 도강할 수 있을 만한 지점을 찾으려고 강 하류쪽으로 내려간 것이 수색(水色) 근방에 까지 이르게 되었는데…….

여기서는 어쩔 수가 없었다.

부득이 능곡 방면으로 향해 행주리(幸州里)의 친척집으로 일단 피난을 한 뒤,

29일 저녁밥을 먹고, 일산(一山) 방면으로 향하는 제방 밑 길(지금의 자유로 부근)을 따라 파주(坡州) 쪽을 향하여 걷게 되었는데, 지금의 자유로 부근 제방 밑에는 민간복으로 갈아입고 후퇴중인 자와 머리를 빡빡 깎은 형무소 탈옥자 같은 놈들도 있어 약간 겁도 났다.

우리 일행은 조심하면서 일산(一山)을 지나, 금촌 방면의 철둑길로 접어들어 그 밤을 지새우고 운정역 부근에 이르렀을 때(10시경), 철도(경의선)를 따라 둑길로 북괴군의 대병력이 당당(?)하게 우리들 앞쪽으로 행군해 오는 것이 아닌가!

때는 1950년 6월 30일이었다.

겁이 났으나 철둑길에서 어쩔 수 없이 맞닥뜨리게 되자 피할 수 없어 우리는 철도 하행선(下行線) 쪽으로 옮겼다.

맨 앞에서 으스대며 오던 놈 중에는 개똥 모자를 쓰고 군복이 아닌 복장을 한 놈도 있었는데, 그 놈이 우리에게 말을 걸었다.

북괴군 : "어디메로 가는 동무 들이요?"
나 : "피난을 가려다 말고, 고향집으로 돌아가는 길입니다."

그 자는 "이제 조국이 해방되었는데 피난을 가다니……,
　　　　안심하고 돌아가 생업(生業)에나 종사 하오"

그 놈은 거만스럽게 힐끔거리며 서울로 향해 갔다.

이런 역경을 간신히 넘긴 우리 일행은 저녁 늦게 살며시 고향집으로 돌아왔다.

나는 소년기에는 일본인으로 귀화된 듯 우쭐 대더니,
좌우(左右) 대립, 학생운동에서는 우익 쪽에서 활동했으며……
북한 괴뢰군이 남침하자 도망을 치지 않을 수 없었고, 고향으로 숨어 들 때도 몰래 숨어 들은 것이다.

밤새도록 걷느라 피곤했기에 우선 잠을 푹 자고 나니, 7월 1일 10시경이 되었다.

고향에 있는 면사무소를 향해 구본승(具本昇) 선배와 함께 갔는데, 지서 앞을 지나게 되었다.

이때, 지서의 계단 위쪽에서
"**어이**……, 전(全) 동지, 언제 왔소?" 하면서, 나오는 사람이 있었다.
얼핏 보니 안(安) 모씨로서 그는 일제 강점기 때, 일본군 지원병으로 열렬한 환송을 받았던 바로 그 자(者)가 빨갱이 세상이 되자마자 "지서장" 쯤이 되었는가 보다.

그가 우리를 보고 지서로 올라오라 하기에 부득이해 올라가니,
"앞으로 잘 협조해 주시오!"라고 말하는 것이 아닌가.

그곳에는 "안씨" 외에도 시골에서 농사짓던 청장년 서너 놈도 함

께 있었는데,

그중 한 명은 머슴을 살던 자로서, 마치 제세상을 만난 듯 몽둥이를 들고 으스대고 있었다.

나는 그들에게 협력하는 척 굽신대며, 우선 호구인 지서를 빠져나와 면사무소가 있는 쪽으로 갔다.

면사무소에 이르러 보니 면직원들은 모두 고향선배들이었는데 웬 낯선 녀석이 나에게 반말로

"뭐하는 놈이야! 왜 왔어?"

그 놈은 나를 체포할 기세로 덤벼들었다.

나는 얼떨결에 그놈을 오른 발로 세차게 걷어차고, 그 길로 산 위 방향으로 도망쳤다.

그놈은 나를 뒤쫓아 오며, 쏜다고 위협했지만 나는 뒤도 돌아보지 않고 있는 힘을 다해 뛰었다.

그리고는 주위 사람들의 눈을 피해 숨어 지내게 되었다.

이것이 내가 적 치하에서 반공(反共) 지하활동을 하지 않으면 안 되는 동기가 된 것이 아닌지……!!

▌적 치하에서 저항활동 ▌

자유가 !! 조국과 민족은 !! …… 모두가 뚜렷하지 않은 것들이 지배(?)하는 세상인데?!! ……

이렇게 숨어 지낸지 며칠이 지난, 1950년 7월 중순 어느 날, 나는 반공결사대(反共決死隊)에서 활동하고 있던 고향 친구 김인경 군으로부터 개머리판을 떼어낸 **칼빈 소총** 한 자루와 실탄 수십 발을 입수하게 되었다.

총기 외에 낫을 숯불에 달구어 만든 단검 서너 자루로 무장을 하고 오금리 "지리농장" 넓은 들에 방공아지트 세 곳을 파 놓고 옮겨 다니면서 지하 활동을 하고 있었다.

당시, 고향에는 반공 결사대가 조직되어 대장에 김용대(金容大) 씨 (김 대장은 뒷날 정부로부터 **"보국 훈장"** 을 받았다),

부(副)대장에 광복군 출신의 최명득(崔明得) 씨가 활동했는데,

나도 그 결사대에 가담하여 무기(武器)까지 확보할 수 있었던 것이다.

탄현 반공결사대는 다음과 같다.

    결사대장 : 김용대

    부 대 장 : 최명득(전사)

    결성 : 1950. 7. 중순(일자 미상)

    해산 : 1950. 10. 초(아군 북진과 동시 치안경찰에 인계)

    대원 : 김남규(대동리), 김인경(오금리), 손병호(오금리)

          전인식(오금리), 오세경(문산)(나의 외4촌형)

          이봉우(축현리) 등 10여명 정도였다.

우리 반공 결사대가 내무분주소를 습격한 뒤 부터는 북괴 내무서원 놈들도 넓은 벌판을 함부로 수색하지는 못하여,

우리들은 어렵지 않게 숨어 지내며 활동할 수 있었다.

여기서 잠시 적(敵)의 피 점령하 시책의 일부를 회고해 본다.

우선, 북한 괴뢰들은 오래전부터 남침(南侵)을 준비한 듯, 각 시도 (市道), 인민위원회(도청), 내무서(경찰), 분주소(지서) 정치보위부, 조국 보위 위원회 등을 구성하여 남침 즉시 활동할 수 있게 미리 준비하였고,

놈들은 병력(兵力) 보충을 위하여 17세 이상의 청소년과 장년을 인민 의용군 이란 이름으로 **강제 동원**하여 전선의 총알받이로 내몰고 있었다.

놈들은 식량보급을 위해서는 강제로 수탈수량을 할당하였으며, 면 단위 인민 위원회와 조국보위 위원회, 내무분주소(分駐所)가 합동으 로 벼 포기 수와 낟알의 수를 조사하여 현물세(現物稅)를 매긴다고 하니 농민들은 이것이 농민의 낙원(樂園)이란 "소위" 조선 민주주의 인민공화국 이란 말이냐 하며, 놈들의 수탈(收奪) 정책에 치를 떨었다.

그놈들은 추수를 해 보지도 못하고 농민들의 인심만 잃고 9월 하순 도망을 치게 되었다.

특히, 놈들은 내무서분주소(면의 지서 격)를 통해, 인민의용군(총알받이) 강제동원에 혈안이 되어, 나의 체포를 위해 조국보위 면당위원장이란 자가 자주 우리 집에 나타났으나 내가 무장을 하고 숨어 있으니 함부로 달겨 들지는 못했다.

여기서, 6.25 당시의 국제연합(UN)의 활동을 살펴본다.

1950년 6월 27일 대한민국의 국운이 풍전등화(風前燈火)와 같이 위급해진 때, 자유우방인 미국 트루먼 대통령은 긴급회의를 개최하여 한국을 지원할 태세를 갖추었고,

북괴놈들이 서울을 점령한 1950년 6월 28일 유엔 안전보장이사회 제2차 회의를 긴급 소집하여 대한민국에 대한 군사원조 결의안을 압도적인 다수표로 통과시키고,

6월 29일에는 맥아더 원수에게 미공군의 북폭 허용과 극동 해군의 한반도 해안 봉쇄 및 지상군의 투입 권한을 일임하였다고 한다.

이와 같이 한반도의 전세가 위태롭게 되자, 미국대통령 "트루먼"은 1950년 7월 7일 유엔안전보장이사회(안보리)의 결의에 따라 미 극동군 사령관 맥아더원수를 초대 유엔(UN)군 총사령관에 임명하여 유엔의 권한을 대행하게 하였다고 한다.

그 뒤 유엔(UN)군은 우리나라에 16개국이 장병을 보내 공산군과 대항했으나 전·남북 지방은 물론, 경남 마산(馬山) 지방에까지 쳐 내려와 낙동강을 겨우 지키고 있는 등 풍전등화(風前燈火)의 어려움을 겪고 있던 1950년 9월 15일, 유엔군과 우리 군의 **인천 상륙작전**이 성공하자 유엔(UN)군도 낙동강 최후 방어선에서 1950년 9월 16일 일제히 대 반격작전을 전개해 전세는 곧 역전되었다.

북괴놈들은 1950년 9월 23일 김일성의 후퇴명령에 따라 일제히 후퇴하기 시작했다고 합니다.

※ 후퇴하는 놈들의 처치

1950년 9월 25일경 개성방면으로 후퇴하려는 북괴군 놈들이 내가 숨어 지내고 있는 넓은 벌판(들판)을 지나 질오목(吾수里) 나루터로 모여들기 시작했다.

나루터에 있던 조각배는 우리 결사대가 이미 감추어 두었으므로 놈들은 임진강을 건너갈 수는 없었다.

우리 동리에서는 그해 가뭄으로 논에 벼 대신 "피"를 많이 심었기에 키가 웃자라 숨어 지내기가 대단히 좋았으며, 나루터로 모여 들던 놈들을 기습하기도 좋아 여러 놈을 생포할 수 있었다.

놈들로부터 노획한 무기를 이용하여 또다시 북괴군의 무장을 해제시킴으로써 '**레지스탕스**'와 같은 활동을 한 것이다.

처음에는 여러 명을 만나면 약간 겁도 났으나, 점차 대담해져 2~3일 뒤부터는 다소(多少)를 가리지 않고 모조리 무장 해제시켜 총기를 수십 자루나 빼앗았다.

어떤 놈은 우리에게 대항하려고 해 그 자리에서 가차 없이 사살하여 임진강에 수장(水葬)을 하는 등 많은 전과를 올렸다.

유엔군 총사령관 맥아더 원수의 인천상륙작전을 성공한 부대는 계속 진격하여 연희동고지를 탈환한 후 1950년 9월 28일 우리 해병대가 서울 중앙청에 걸렸던 북괴 인공기를 끌어 내리고 그 자리에 태극기를 높이 게양하였다.

1950. 9. 28.
중앙청에 걸렸던
북괴 인공기를
끌어내리고 ⇒
태극기를 게양하는
아군 해병대원의
이미지

개전 3개월 만에 수도 서울이 수복(收復)된 것이다.

▎북진통일과 중공군의 참전 ▎

아군이 수도서울을 수복한 뒤 계속해서 놈들을 몰아낸 뒤, 1950년 10월 1일에는 유엔군의 만류 내지는 견제를 뿌리치고, 동해안의 아군 3사단과 수도사단 장병들이 38도선을 돌파하고 계속 북진하였다.

파도처럼 북진한 아군은 북진 19일만인 1950년 10월 19일 13시경에는 적도 평양 김일성대학과 방송사를 점령하였고,

1950년 10월 26일에는 국군 제6사단이 압록강 연안 "초산"까지 진격하여 압록강 물을 수통에 담아 이승만 대통령에게 보내 통일을 축하(祝賀)하려던 때, 중공군의 최고실력자 모택동은 북경방송을 통해 중공군의 개입을 경고하는 한편, 은밀하게 체결한 **조중상호 원조조약**(?)에 따라 중공군 동북지방의 제4야전군(사령 임표) 10여개 사단을 1950년 10월 19일부터 10월 26일 사이에 압록강을 몰래 건너 북한지역에 잠입하였으니 아군이 압록강 연안에 도착하던 때와 같은 날, "팽덕회" 원수를 총사령으로 하는 중공군 60여 만명이 압록강을 모두 건너왔는데도 아군정보기관은 이를 파악하지 못했다고 한다.

이때, 압록강을 건너온 중공군은 전선을 수색하던 아군과의 교전이 있자, 패(敗)하는 척 위장했다고 한다.

이와 같이 전선이 위급한 때임에도 불구하고, 1950년 10월 20일 이승만 대통령은 평양 군중대회에서 평양탈환을 치하하는 연설을 하시는 등 평양(북한) 시민을 격려·축하하셨다고 합니다.

중공군은 1950년 10월 25일 유엔군과 접촉하면서 교전하는 척 하다가, 패하는 척 후퇴하여 기도를 은폐한 까닭에 중공군의 참전 사실을 유엔군 쪽에서도 파악하지 못했다고 한다.

그 뒤, 1950년 11월 15일부터 중공군은 간헐적인 반격을 개시하였으며, 1950년 11월 25일부터 본격적인 인해전술을 감행하였는데,

1950년 11월 27일에는 중공(中共)군 약 60여 만명이 총동원되어

미 해병 제1사단을 포위한 장진호, 운산 등 전선에서의 인해전술(人海戰術)이 가장 치열한 전투였으며, 이것이 중공군의 2차 총공세였다고 한다.

중공군은 꽹과리와 피리, 징을 치며, 방망이 수류탄을 던지는 등 인해전술을 감행해와 이 기습에 아군과 유엔군은 크게 놀랐으며, 특히 방한대책이 전혀 없이 여름 하복(夏服)을 입은 채, 놈들의 총공격을 당하게 되자, 영하 40도의 혹독한 추위에 총과 대포가 얼어붙어 작동이 제대로 되지 않았으며, 신고 있는 군화가 땀에 절어 밤에는 얼어붙어서 동상자가 속출되는 등 많은 피해를 입은 피나는 전투였기에 더 이상 버티지 못하고 철수하게 되었다.

이 전투는 1950년 11월 27일부터 흥남(120여 km)까지 약 2주일간 계속된 끝에 맥아더 사령관이 1950년 12월 9일 철수명령을 하달하여 흥남부두에서 10여만명을 자유대한으로 철수케 하는 역사적인 과업을 성취하기도 하였다. 〔이때, 한국 제1군단(군단장 김백일 소장)의 공이 큰 것은 역사적으로 잘 알려져 있습니다.〕

한편, 중·서부전선에서도 미8군사령관이 1950년 12월 2일 평양과 전 전선에서 철수명령을 하달하여 유엔군은 대거 동시 후퇴를 하게 되었다.

이것이 이른바, 1.4 후퇴의 서막인 것이다.

이 후퇴작전에서 함경도 장진호 전투는 유엔군에게 막대한 피해를 준 전투였으며, 흥남 철수작전은 전사(戰史)에 그 유래를 찾기 어려울 정도의 피나는 격전으로 중공군도 막대한 피해를 당했다고 합니다.

전선에서는 적과 싸우면서 고전을 면치 못하고 후퇴 중에 있는데, 후방에서는 전선사령관 김 책(金策)의 명령으로 정규군이 인민유격대로 개편한 북괴군 제6, 제7, 제9사단 등 10여만 명의 북괴병들과 싸움이 계속되고 있었으며,

북괴군 제2군단〔군단장으로 악명높은 최현(崔賢)〕의 15, 27, 31 사단

등은 경춘선(京春線)을 차단하고 철원, 연천지구에서는 야전병원을 습격하여 아군 부상자들을 학살하는 등 극악한 만행을 저지르며 준동하고 있어 전선은 전후방이 모두 혼란스러웠다.

이렇게 전선은 어렵게 꼬여만 갔는데 그 해는 유난히도 추웠다.

우리는 통일을 눈앞에 두었으나 너무 급작스럽게 북진했기 때문에 보급선(補給線)이 뒤따르지 못해 혹독한 추위와 싸우고 있을 때, 북괴군 제2군단 예하 사단 중 가장 병력이 많은 북괴군 제10사단(약 6,000명)을 유엔군의 중·동부전선 후방 깊숙이 침투시켜, 그곳에서 또 다른 게릴라부대(대장 吉元八)와 합세한 다음 춘천-원주-대구를 잇는 요충지를 선취(先取), 확보하여, 장차 이 축선(軸線)을 따라 남진하게 될 북괴군 제3 및 제5군단과 연결(連結)함으로써 「정규전과 비정규전의 배합」에 의한 협공(挾攻)을 시도하였던 것으로 이 게릴라전은 친북(親北) 좌파놈들의 전략이 이미 이때부터 싹트기 시작한 것이 아닌지 ······

이때, 소련군사고문단에 보낸 보고서에 의하면, 1950년 10월 후반기부터 유격대는 미군 및 남조선 군대 후방에서 전투활동을 눈에 띄게 적극적으로 전개하였다. 현재 유격대 활동이 가장 활발한 곳은 동부연안이고, 유격대 총수는 대략 40,000명에 달한다고 기록되어 있으니 우리 정부가 전선의 적 이외에 "게릴라„로 변한 10여만 명에 가까운 적과 대치하게 되니 치안이 얼마나 어려웠는지를 짐작케 한다.

이와 같이 북괴 정규군과 비정규군인 게릴라와 협동하고 있을 때 유엔군사령부 쪽에서는 유격전에 관한 대비책이 전혀 없었을 뿐 아니라 그들은 **피부의 색, 언어, 문화, 체모**(體毛) 등 모든 면에서 유격전을 수행하기엔 불리한 여건이었고,

또 1950년 12월 말까지 미8군 사령부나 유엔군 사령부의 편제 모두에 유격전에 관한 관련 부서조차 없던 시기였다고 알려져 있다.

1950년의 겨울

1950년 그해 겨울은 눈도 많이 왔고, 유난히도 추웠다.

1950년 10월(9.28 수복 후) 나는 고향에서 학도의용대를 조직해 중, 고, 대학생 120여명에게 고지탈환 훈련과 북괴놈들로부터 노획한 무기로 실탄사격훈련까지 실시하는 등 재침대비훈련을 하고 있었다.

1950년 11월이 되자, 중공군의 개입으로 전선(戰線)이 남(南)으로 후퇴하여 개성(開城) 방면에서 피난하는 피난민들이 임진강(臨津江)을 도강(渡江)하여 남부여대(男負女戴) 장사진을 이루고 밀려오고 있었다.

즉, 1.4 후퇴가 시작된 것이다.

피난민 속에 숨어 들어올지도 모를 적의 간첩을 색출하는 것이 나에게 주어진 임무였다.

그 소속은 미 25사단 정보기관(수색대)의 현지 문관, 문관이라고 표현했으나 그 실은 정식으로 임명을 받은 것도 아니고, 12월 초순 군복 한 벌을 얻어 입고, 총 한 자루를 지급받은 것 외에는 아무것도 없다.

피난민의 인적사항을 조사하였고, 때로는 의심쩍은 피난민의 짐보따리를 풀게 하여 조사하기도 했다.

고장은 경기도 파주군 임진강변 지역에서의 일이다.

이런 일을 하고 있는 것도 이제 2주일 정도 지난 그해 12월 27일이 되면서 우리들은 봉일천(奉日川) 방면으로 약 12km 상당을 후퇴하게 되어, 나도 부대를 따라 봉일천으로 후퇴하였다.

봉일천에 다다르니 문산(汶山) 방면에서 후퇴한 미군과 탄현(炭縣), 교하(交河) 등지에서 후퇴한 병력이 합류되어, 꽤나 많은 병력이 집결되어 있었다.

그때 내 나이 20세를 갓 넘은, 젊은 놈이었음에도 불구하고 어떻게 해야 할지 아무런 궁리가 서지 아니하였으며, 무작정 이 부대를 따라 다닐 수만도 없는 처지 같아 마음의 불안과 갈등도 오고 갔다.

나는 고향 친구 구본승(具本昇) 선배와 친구인 김인경군 셋이서 12월 29일, 그 부대를 떠나 고양군 일산(一山)을 경유, 서울 영등포역을 향해 걸었다.

영등포역에 도착한 때는 12월 30일로서, 역 구내는 물론, "플랫폼"에도 피난민의 인파가 인산인해(人山人海)를 이루고 있었는데,

영등포역 구내에는 긴 화물열차가 남쪽으로 머리를 대고, 출발 준비 중에 있었다.

이 열차는 아군의 수송용 탄약을 만재(滿載)한 화물열차로서 국군과 미군 수송병 등이 합동으로 감시하고, 민간인의 출입이 통제되고 있었으나 …….

우리들 일행도 피난민들과 함께 그 화차의 지붕 위에 올라가 우선 좌정(座定)할 수 있게 되었다.

얼마의 시간이 흐르니 기차(汽車)는 서서히 우지직하는 금속성과 함께 움직이기 시작했다.

6·25를 회상하며, 그때 그 일들이 요사이 TV로 방영될 때마다 비슷한 정경이 눈에 아롱 거린다.

천안과 대전을 지나 대구에 도착한 것이 1950년도 저물어가는 12월 31일이다.

새해를 불과 몇 시간 남겨놓고 있는 칠흑 같은 어두운 밤정경은 을씨년스럽기까지 했다.

악몽의 6·25!,

민족의 수난(民族의 受難)인 1950년도 이렇게 저물어 갔다.

▌1951년의 새아침 ▌

1951년 1월 1일〔경인(庚寅)년 11월 24일(음)〕새 아침이 밝아 왔다.

대구역 구내에서 서성대고 있던 우리 셋은 날이 밝아오자 우선 역사 앞쪽으로 나가 보았다.

낯설은 타향(他鄕) 땅이요! 대구지방에 여행한 적도 없는 나로서는 모두가 생소(生疎)했다.

우선 "해장국"같은 "국밥"으로 요기(療飢)를 한 뒤, 큰 길가에 나와 서성대고 있는데……

한 무리의 청장년 50～60명이 대오(隊伍)를 갖추고 걸어가고 있었다.

나는 문득 저들을 따라가면 공공기관이나 군 부대에 이를 것이란 생각이 들었다.

구 형!! 우리 저들을 따라 갑시다!!

이런 나의 제안에 모두 동의했다.

우리들에게는 대구지방에서 달리 무슨 대책을 구상할 수 없었고, 그 대열의 맨 뒤쪽에 따라 붙어 함께 걸어갔다.

얼마쯤 가니까 큰 건물이 나타났다.

큰 문 앞에는 한국군인이 보초를 서 있고, 주위는 급조된 철조망 울타리가 처져 있었다.

정문에는 나무로 『달성제사(達城製絲)……』라고 씌어져 있었고, 한 쪽에 **육군보충대** 라는 작은 팻말도 붙여져 있었다.

이곳에 이르니 내가 가지고 있는 총기는 내 놓으라는 것이다. 안 되겠다고 했으나 쓸데없는 일이다. 순종하는 길밖에 도리가 없었다.

총은 빼앗겼으나 군복은 그대로 입고 있었다.

말 그대로 콩나물시루 같이 빽빽하게 장정들이 수용·대기 중에 있었다.

현역 군인으로서 낙오되었던 자,

의용경찰관, 학생, 모두 뒤범벅이 된 대기소와 다름없는 보충대였다.

공장 바닥은 콘크리트 바닥인데 기계류가 보이지 않는 것으로 보아 이곳은 창고인 듯 했다.

그 곳에 모인 사람이 어찌나 많은지 앉아 있는 데 다리를 뻗을 수도 없는 노릇이었다.

주먹크기 하나 반 만한 주먹 밥 한 덩어리와 된장에 콩나물이 몇 가닥 들어 있는 이른바 도레미탕이 3~4인에 한 그릇씩 배급(配給)되었다.

이곳에서 두세 덩어리를 먹고 나니 하루가 또 지났다.

이곳 보충대는 식당시설도 없고, 변소(대소변)시설도 가마니 거적 몇 장을 둘러친 정도였으며,

세면 시설도 없는 창고 건물이 보충대 시설 전부였다.

여기 집결한 장정들은 경기도, 서울, 충청남도, 전라북도, 경상 남북도, 강원도 등 지방의 청장년 95% 이상이 의용경찰관(義勇警察官)과 철도 경비경찰관 들이었던 것 같다.

일부 6.25 발발 초기의 **낙오병**(落伍兵)들도 있었으며,

나와 같은 학생들도 있었다.

1951년 1월 2일 이곳에 집결한 청장년(靑壯年)은 자그마치 6~7,000여명 상당에 이르렀으며, 창고 시멘트바닥에 쪼그리고 앉아 있는 콩나물시루 같은 보충대였다.

이렇게 나는 북한괴뢰군을 쳐부수어 내 가족, 더 나아가 내 이웃과 내 나라를 위한 구국(救國) 대열(隊列)에 들어선 것이다.

▮ 나의 어린 시절 ▮

 내 고향은 경기도 파주군(시) 탄현면 오금리(지루목) 임진강을 북쪽에 둔 신선두(神仙頭), 작은 야산의 남쪽에 자리한 아늑한 시골 마을에서 옥천 전씨(沃川全氏) 가문의 28세손 장남으로 출생하였다.
 나는 그곳 서당을 거쳐 보통학교(뒤에 초등학교)를 졸업하고, 문산에 있던 문산 농업학교에 진학하였다.
 중학교에 다니던 때에 8.15 해방이 되었으나, 그 당시는 일제의 수탈로 농촌의 생활형편이 지극히 어려워 25리(10 km) 길을 봄에서 가을까지는 통학을 하였고, 겨울철에는 구본승 선배와 함께 하숙 또는 자취를 하였다.
 그 당시의 통학생으로는 우상현 선배(뒤에 수도약품 사장), 박대래(전 농림부 공무원), 구본승(전 교사) 선배 등이 있었고, 후배로는 김흥중(한의원장), 유병화(전자회사 사장) 등이 있었다.

 이와 같이 25리 길을 매일 왕복으로 통학을 하다보면 길거리에서 아침에 2시간, 저녁에 2시간씩 매일 4시간을 걸어야 했는데, 학교에서 심한 운동을 한 때에는 온 몸이 풀릴대로 풀려 피곤했으나 그래도 걷지 않으면 안 되는 그런 고행길 학교를 다녔다.
 공부할 시간도 제대로 가질 수 없음은 두말할 필요가 없었다.
 그러나 남달리 자신 있는 것은 매일 20 km의 통학으로 하체, 즉 다리의 인내력만은 그 누구보다도 강인하였다고 자부할 수 있으며, 이는 나의 자랑거리 중 하나가 될 듯도 하다.
 맑은 공기, 그리고 상당한 운동은 나에게 "팔자"로 유격부대에 휩쓸리게 하였는가 보다.
 6·25 전해인 1949년에 서울의 정치대학(지금의 건국대학교 전신) 정경학부에 입학한 나는 다른 누구보다도 반공적이어서 우익단체에

서 활동하였었다.

그러던 때, 6.25사변이 발발한 것이다.

6.25 발발로 고향으로 피신한 나는 곧 임진강변의 넓은 뜰에 반공호 비슷한 아지트로 몇 군데 파 놓고 숨어 지냈다. 그러던 중 고향의 김인경 동지로부터 개머리판 없는 칼빈 소총과 실탄 30여발을 입수하여 이것으로 무장을 하고 9.28 수복시까지 지하 활동을 하였으며, 9.28 수복 후에는 학도의용군의 그 고장 대장으로 반공 학생 운동을 하다가 미 25사단 정보기관에 협력한 것은 이미 밝힌 바 있다.

이와 같은 우여곡절을 거친 나는 여기 보충대에 모인 청장년 중 신체 건강한 자로서 자유민주사상이 투철한 710여명을 우선 선발할 때 선발된 자들의 명단을 내가 작성했다고 하는데, 나는 그런 자세한 기억이 별로 나지 않는다.

아무튼 선발된 자들은 1951. 1. 3. 육군정보학교(대구시내 옛 달성국민학교)에 입교된 것이다.

선발된 자들이 2열 종대 형으로, 어디론가 데려가는 틈에 끼여 나도 보충대를 떠나 대구 시내를 한참이나 걸어서 도착한 곳이 달성국민학교였다.

여기 육군정보학교는 뒷날 육군 제7훈련소로 개칭되었다.

나는 육군보충대에서 1951년 1월 3일 육군정보학교 몇기생인지는 알 수 없으나 특수반? 교육생으로 입대한 것이다.

자원입대(自願入隊)를 한 것만은 분명하다.

무슨 임무를 부여받을 것인지는 알 수 없었고, 알려고도 하지 않았다.

정보학교에서는 우리들이 무슨 훈련병인지를 말하지 않아 알 수 없었고, 그 성격을 묻는 자 또한 없었다.

2. 육군 제7훈련소(정보학교)

　1951년 1월 3일, 아침 일찍 기상 나팔 소리에 놀라 깨어났으나 꿈자리 마저 좋은 편은 아니었다.
　점호를 끝낸 우리에게 아침 식사로 주먹밥과 된장 도레미탕이 배급되는 정도였으니 그 당시의 어려움은 요즘 상식으로 가늠이 되지 아니할 것이리라 …….
　어쨌든, 아침 요기를 하고 난 뒤, 얼마 지나지 아니한 8시가 조금 지난 때, 이 보충대(補充隊)에 육군 소령(고급 장교) 한 분이 주번 사관을 앞 세우고 우리들 앞에 나타났다.

　주번 사관이 **"일동 차렷!!"** 하고 구령을 붙였다.

우리 모두는 콘크리트 바닥에 앉은 채 차렷 자세를 취했다.
키가 후리 후리한 소령이 앞으로 나서더니, 다짜고짜

"너희들 중, 대학을 졸업한 자나, 대학에 재학 중인 자는

"손"을 들라!!

앞으로 나왓!!

다음, 중학(요즘은 고등학교)을 졸업한 자도 손을 들라!
너희들도 **앞으로 나와!!**"라고 한다.

그분은 그들 중에서, 다시 대학을 다닌 놈을 따로 가려 냈다.
나는 그 쪽으로 다시 갔다.

　나는 그 소령으로부터 특수검사를 받았는데 잘 대답했고, 또 과거 6.25 당시 적의 점령지하에서 "레지스탕스" 활동을 한 것과 "태권도 당수실력"을 자랑하니까 그분이 매우 흡족해 한 것 같았다.

　이와 같이 나는 그 장교(소령)에 의하여 지명된 것인지, 발탁된

것인지, 알 수 없으나 어쨌든 입대한 것이다.

이때 손을 들지 않고 구경만 하던 친구들도 상당히 많았는데……

구 선배와 김인경군도 손을 들지 않아, 그 곳 보충대에 남아 있게 되었다.

이때, 나는 대학에 다니던 놈들 틈새에 손을 들고 끼어들었다.

어차피 매도 먼저 맞는 편이 낫다는 우리 속담도 있는 것이 아닌가. 어디가 됐든 먼저 가보자!!

그날 점심으로 주먹밥 한 덩어리를 먹인 뒤 우리들을 모두 어디론가 데려갔다.

우리들이 도착한 곳은 달성국민학교(達城國民學校)라는 간판이 걸려 있는 소학교 건물임은 앞에서 언급한 바와 같다.

우리들은 **육군정보학교?** 에 입대한 것이다.

이 학교는 뒤에 **육군 제7훈련소**로 개칭되었다.

육군 제7훈련소에 입소한 장병은 육군보충대의 대기병력 중 약 10% 쯤 인 710여 명이나 되는 많은 병력이었다.

내가 육군정보학교에 입대하게 된 것은 중공군의 참전개입으로 나라가, 전선과 후방이 극도로 어지러운 때 정부가, 국민 총동원령을 발령하여 만 17세 이상 40세까지의 청 장년(靑壯年)은 모두 떨쳐 일어나라고 명령한 데 따른 것이 아닌가 하다.

이때, 발령되었다는 대통령 동원령 제5호는 지금 그 근거서류를 찾을 수 없으며,

유사한 명령으로 1950년 12월 21일 공포된 "국민방위군설치법"과 국본특별명령 육 제22호 추가 1 이 있을 뿐인데, 국본특 육 제22호(즉, 국방부본부 특별명령 육군 제22호) 추가 1의 근거 문건도 찾을 수 없다.

여하간 그 법에 의한 것인지 총동원령과 성격이 다르지만, 그 당시는 행정이 공백상태였을 뿐 아니라 전선이 일제히 후퇴 중에 있었고, 타자기(打字機)도 없던 때라 모든 문서는 펜글씨로 써서 명령 등을 하던 시절이었으므로 애국 청장년들은 국토방위 명령 또는 징집 내지는 소집영장(슈狀) 조차 없이 모두 나라를 지키고 내 부모 형제를 지키기 위한 구국대열(救國隊列)에 동참한 것이다.

요사이에 와서 입대 장정의 법적근거나 군적(軍籍)의 증거서류를 따지는 행정 및 법관 등도 있으나 그 시절에는 아무런 물건이나 증명 같은 것이 없었으므로 따로 증명할 방도는 없는 실정이다.

서울(首都)을 수복한 1950년 9월 28일까지 우리 군(軍)은 유엔참전 16개국의 군대와 함께 중공(中共)과 북괴를 상대로 싸웠으나, 또 다시 후퇴(後退)하지 않으면 아니 되는 사태(事態)를 겪게 되었는데, 설상가상(雪上加霜)으로 경남지방까지 침입(侵入)한 수십만이 넘는 북괴군이 게릴라로 변하여 온갖 횡포(橫暴)에 시달리고 있던 때였다.

이와 같이 나라의 국운이 백척간두(百尺竿頭)에 있을 때, 1951년 1월 16일 미 육군 극동군사령부 소속 존 매기(John Hugh Mcgee) 대령이란 분(2차대전시 필리핀에서 유격전을 한 분이라 함)이 미8군 작전참모부로 전속되어 오면서 한국전에서 처음으로 유격전부대의 작전이 검토되게 되었으나, 전세가 극도로 불리한 때였고, 또 병력과 장비도 없어 유격전부대의 편성이나 대책을 세우지 못하고 있었다.

그런 때, 지구전(유격전)부대 창설지침을 극동군 사령부로부터 받았으나 그 이전에 이미 유엔군(미 8군)은 한국군 수뇌부에 대하여 유격전 부대를 적 후방에 침투시켜 저들 북괴군의 게릴라전과 같이 적의 후방을 교란하고 보급선을 차단하는 등 유격전을 감행할 것을 1950년 12월 초(일자미상) 육군 당국에 강력히 요구해 왔었다고 한다.

유엔군(미 8군) 측의 요구가 있었지만, 그 당시 육군본부는 한국군의 모든 작전지휘권이 이미 유엔군 총사령관에게 이양된 뒤였으므로 한국군으로서 독자적인 작전은 물론, 교육 등도 단독수행 할 수 없었던 시기였다.

그 당시 육군본부 정보국에는 이미 미8군 정보연락장교단이 구성되어 미 육해공군장교 25명과 한국군장교 10명이 편성되어 있었고, 그 정보연락장교단 단장은 한국군 이극성 중령(육군본부 정보국제3과장)이 보임되어 있었다고 한다.

1950년 10월 하순 정부는(9·28 수복 후) 미처 북으로 도망하지 못한 10만이 넘는 많은 북괴 병력이 지리산, 태백산 등지로 숨어들어 빨치산화 되어 무고한 양민의 학살(虐殺)과 약탈을 자행하고 있었으므로 우선 이놈들을 토벌하여 치안을 확보할 목적으로 의용경찰을 뽑아 경찰병력을 보충하고,

북한 지역을 수복 한 때에는 이들을 북한지역 내 치안경찰병력으로 충원하는 두 가지 목적으로 의용경찰을 모집, 각 경찰서마다 60~100명 상당을 배치·훈련하여 패잔병의 소탕과 간첩색출 등 치안임무를 담당하게 했으나 전선이 후퇴하여 또다시 1·4 후퇴를 당하게 되자

이들 의용경찰, 철도경비경찰, 유엔경찰 등을 50년 12월 하순 육군보충대에 집결시키게 되었으니 이들은 정신과 사상면에서 거의 완벽한 청장년들이라 할 수 있다.

이들이 훈련을 마칠 무렵 또 다시 대거 후퇴를 하게 되자 이들 우국충정에 빛나는 열혈 반공 애국청장년과 군 낙오병 등 6~7,000명 상당을 육군보충대에 집결시켰고,

육군본부 정보국에서는 이들 중에서 신체 건강하고 반공사상이 뚜렷하며, 학력이 높은 장정을 선병(選兵)하여 유격특수전 교육을 시켜 전선에 투입하기로 계획한 듯하다.

이와 같이 **1951. 1. 3. 육군정보학교**에 **징소집**(徵召集) **영장**(令狀) **또는 정당한 명령서**(命令書) **한 장 없이** 군대에 입대되었다.

그날 군복도 누비바지로 된 방한복을 지급받았다. 특별히 제조한 것 같았다.

무기는 M1소총이나 칼빈소총이 아닌 북괴군으로부터 노획한 소련제 장총과 기마단총 등 노획무기를 지급받았다.

다음 날인 1951년 1월 4일부터 제식 훈련과 전술 교육이 강행되었다.

기가 막힌 것은 교육개시와 동시에 "비겁한 자여 갈테면 가라"로 시작되는 적기가(赤旗歌)나, "사라진다 마을연기" 등 빨치산 노래나 북괴군의 노래를 소리높여 부르면서 행군을 시작했으니 참으로 기이한 훈련이었다.

이때 교육의 내용과 정도 등으로 볼 때, 특수교육이라는 것을 직감했으며,

요즘말로 무슨 밀봉교육(密封敎育) 또는 간첩교육훈련인지 분간할 수 없는 그런 내용의 훈련이 시작된 것이다.

아침 기상(起床)과 동시에 점호(點呼)가 시작되었고, 주먹밥을 먹은 뒤 바로 교육이 개시 되었다.

정보학교에서 실시한 주요 교육내용은 대체로 다음과 같았다.

교육은 주로 북괴 귀순장교들이 담당한 듯 했다.

1. 북한의 군사노선에 대하여 : 북한 귀순장교가 강의
2. 적 후방 침투 요령 및 교리(침투 유경험장교가 강의)
3. 수색 정찰 요령
4. 모택동의 16자 전법, 즉 적진아퇴(敵進我退), 적피아타(敵避我打), 동명서공(東鳴西攻), 성동격서(聲東擊西) 등
5. 북한제(소련제) 소총의 분해결합법(실탄부족으로 사격훈련은 하지 못함)

6. 북괴의 대남 적화전략 및 군사노선과 첩보 공작요령
7. 북한군을 위장하기 위한 북한군가, 빨치산 노래 등
8. 북한 치안 조직 및 대민공작 요령(인민위원회 내무서 등)
9. 독도법(장교에 한해 실시)
10. 작전명령에서 지시된 임무 및 행동요령
  1) 연락장교 생포 또는 사살
  2) 적의 지휘소 습격
  3) 각급 간부 생포 또는 사살
  4) 비밀문서 획득 및 애국청년 포섭
  5) 적으로부터 노획하여 무장을 강화
  6) 생산기관의 파괴
  7) 사병의 귀순 공작
  8) 민중조직 강화
  9) 후방 교란과 보급로 파괴
  10) 첩보망구성 등에 대한 교육이 병행되었다.

3주간의 교육기간 동안 훈련은 계속되었다.

나에게는 독도법(讀圖法) 등 특별교육을 실시한 것 같았다.

특수작전을 위한 교육은 적어도 기초군사훈련을 이수한 장병에게 특수훈련을 5~6개월 또는 그 이상의 강인한 훈련이 되어야 함에도 우리들에게는 3주간의 기본적인 훈련만으로 끝냈으니 그 정도가 엉망일 수밖에 없었으며, 한편으로는 우리들이 무슨 전투를 수행해야 하는 것인지 회의가 가시지 아니했으나 어쩔 도리가 없었다.

그 당시, 육군본부 정보국장 **백인엽 준장**(중장 예편)은 결사대의 편성을 주도한 사람으로서 급한대로 적후방에 침투만 시키면 그만이라고 생각한 듯하고,

교육과 출동 당시는 **이한림 준장**(당시)(중장 예편)이 정보국장이었다. (인사 기록으로 확인) 이 사람도 백인엽 장군과 같은 생각을 한 듯 했다.

훈련 실시 10여 일이 지난 1월 17~18일경, 키가 훤칠하게 크고 깡마른 체구의 소령 한 분이 우리들 훈련장에 찾아왔다.

그분은 우리들의 교육실황을 두루 살펴보곤 되돌아 갔다.

그 뒤, 그 소령은 교육장에 나타난 바가 없었는데, 1951년 1월 25일 우리들 중에서 선발된 임시장교 124명에 대한 임관식(任官式)이 있던 날 육군정보학교에 다시 나와 임관식을 지켜볼 때에는 육군중령으로 진급한(무궁화 두개) 계급장을 달고 있었다.

그분이 바로 **채명신**(蔡命新) 중령 이다. 주1)

1951년 1월 25일 교육이 끝난 피교육자 700여 명이 학교운동장에 집합한 가운데 임시장교 124명에게 GO 1001~ GO 1124 군번부여와 동시에 육군임시보병 소위 72명과 육군임시보병 중위(36명), 대위(14명), 소령(2명) 등이 국방부장관 신성모(申性模) 씨로부터 임시장교로 임관하고

부사관 및 병은 G군번(결사 제11연대는 G110… 로 시작되는 군번을, 결사 제12연대는 G120…, 그날 이후 1951년 2월 10일경 결사 제13연대는 G130… 로 시작되는 군번)을 각 부여 받고 이등중사(병

주1) 채명신(蔡命新) 중령은 1926년 황해도 곡산 출생으로 육사 5기를 졸업하고, 6·25 전쟁 당시 평안북도 영원 북방 11km까지 진격한 육군 제8사단 제21연대 제1대대장으로 격전 중 중공군의 기습으로 적에게 포위되어 부하 2명만을 데리고 황해도 해주를 거쳐 강화도에 도착, 민간유격대의 도움으로 소형 쪽배를 타고, 1951. 1. 14. 충남 당진군 석문(石門)이란 작은 항구를 거쳐 육군본부에 귀대한 장교였는데 (그의 회고록에서) 육군본부 정보국 특무과장 김창룡 대령은 정보국 3과장 이극성 중령과 채 소령의 거취를 협의하게 되자 **이극성**은 때마침 대북침투 병력이 육군정보학교에서 교육 중에 있는데 이들을 지휘할 장교가 없던 차에 채 소령이 적격자라고 판단된다고 하며 이 뜻을 물으니 이에 승낙하여 결사 제11연대 연대장이 되었다는 이극성 중령(예비역 준장)의 증언도 있고, 채명신 중령의 인사기록에는 1950. 11. 26부터 1950. 12. 10까지 15일간 실종 1950. 12. 11~1951. 5. 13까지 유격대 대장으로 근무한 기록으로 미루어 입증되므로, 1951년 1월 18일 육군정보학교에 와서 우리들의 훈련 실황을 살펴본 뒤 1951. 1. 30. 적지로 출동할 때, 그 분은 결사유격 제11연대장으로 부임한 것이다.

장) 이상, 이등상사(중사)까지의 계급이 각 부여되었다.

1951년 1월 25일 육군정보학교에서 임시장교로 임관한 124명 중 결사 제11연대에 장교 62명을, 나머지 장교 62명 중 결사 제12연대에 41명, 결사 제13연대에 19명 등 60명과 나머지 대위, 중위 등 2명은 결사 제15연대 창설요원으로 전출하였다.

세상에 이런 벼락감투가 또 있나요!

나는 이와 같이 격동의 세월에 "임시 육군보병대위"라는 큰 계급을 부여받았다.

모든 전쟁세대, 80을 넘긴 늙은이들의 푸념이 왜 없겠습니까!! 만,

요사이의 실정은 …….

그때 그 시절, 역사의 뒤안길이 너무나 험한 세월을 산 것 같기도 하다.

일부 좌파(左派) 인사들이 나를 볼 때,

"저놈은 극악(極惡)한 반동(反動)이야"!!! 할 것이 아닌지…

너 같은 놈들…….

6·25 전쟁 세대들은 조국통일 방해세력들로

모두 싹 쓸어내야 한다는데…….

정말 그런 세상에 살고 있는 것인지…….

내가 왜 그때, 그 많은 전장에서 이리 뛰고, 저리 설쳐댔는지 !!

왜 그랬을까!

※ 그 당시의 관련 장교 및 보직

계급	성 명	복무 기간	당시계급	직 책	비 고
(예)大將	丁一權	50. 7. 1 ~ 51. 2.21	少將	陸海空軍總參謀長	陸本
(예)中將	白仁燁	50.10.24 ~ 51. 1.14	准將	情報 局長	〃
(예)中將	李翰林	51. 1.14 ~ 51. 4. 6	〃	〃	〃
(예)准將	李極星	50.11.18 ~ 51. 9.14	中領	情報局員	〃
(예)中將	蔡命新	50.12.11 ~ 51. 5.13	中領	유격대 대장	정보국

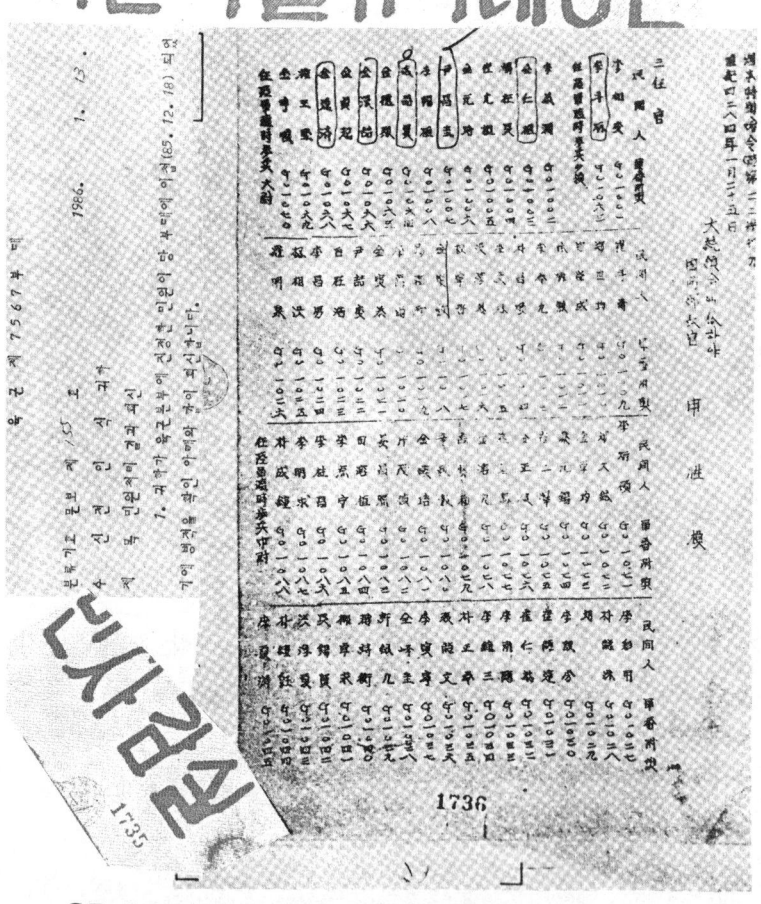

육군 제7567부대장이 확인한 육본 직할 유격대 명단 이다.
마이크로 필름에 수록되어 있는 듯 패션이 보이며, 원본 몇 명에 대하여 줄을 친 까닭은 무슨 뜻에서 인지 알 수 없다.

제 2부 한국군 최초의 정규유격대

1. 육군정보학교에서

육군정보학교에 입대(교)한 필자 등 710여명은 주야를 가리지 않고 3주일간의 특수훈련을 받았다.주2)

교육 훈련이 계속되는 동안 육군정보학교의 기간요원들은 우리들 중 장교, 부사관, 병의 계급별 분류를 한 듯하며, 우리들 모두는 **백묵으로 군번과 이름을 쓴 명판**을 가슴에 대고 증명사진을 모두 찍었는데 ······

머리칼과 **손톱**, **발톱** 자른 것을 봉투에 넣어 고향의 주소지로 보내는 봉투에 담아 유언장 비슷한 것들을 써 넣었으나 그 뒤 이것을 받아본 가족은 없는 듯 하니 쓰레기통으로 간 것이 아닌지?

나라의 명운(命運)이 백척간두(百尺竿頭)에 있을 때이니 모두가 이해될 만도 하다.

형식적인 훈련을 마친 날!

1951년 1월 25일 연병장(운동장)에 집합한 우리들 앞에 이날따라

주2) 1951년 1월 우리들이 달성 국민학교에 설치된 육군정보학교에서 교육을 받을 당시 교관으로 유격전(침투 요령) 강의를 한 최덕연(崔德演) 중위(당시)를 1991년 1월, 그러니까 정확히 만 40년 만에 상봉할 수 있었다.

그분은 1949. 6. 23부터 8월 중순까지 양양·설악 등지에서 활동한 유격대 "호림부대"(1948. 4. 제주 반란사건에 대한 대응 침투한 유격대)에 참전했던 분으로서 정보학교에서는 침투 교리를 강의하던 분이다.

그 뒤 중앙정보부에서 대령까지 진급한 뒤 예편했다고 한다.

그는 감개무량 하다면서 그 뒤 소식을 전혀 알 수 없었는데······ 하며 미안해 했다.

나는 이제 모두 지난날의 옛 이야기 라면서, 당신은 죽지 말라는 교관이 아니였소! 라고 오히려 위로해 드렸다.

요란한 짚차와 함께 별을 단 장군도 나타났다.

이들에게 임시계급의 **임관사령장 수여**와 동시에 계급장 수여식이 거행되었다.

나는 대오의 세 번째에 섰다. **군번 GO 1003, 계급 : 육군 임시보병대위**, 대통령지령에 의하여 **국방부장관 신성모** 명의의 **임관사령장**을 받았다.

난생 처음으로 임관사령장을 받고 보니 얼떨떨한 것이 들떠 아무것도 생각나지 않았다.

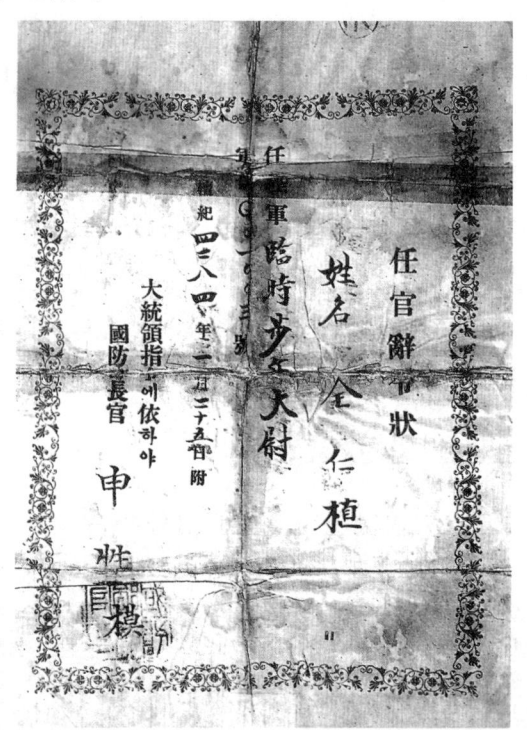

임관사령장에는 국방부장관의 직인이 붉게 찍혀 있었는데 … 주3)

주3) 이때 내가 받은 임관사령장 정본(원본)은 적 후방에서도 잘 간직하고 있다가 지금은 용산 전쟁기념관에 기증하여 그곳에 전시·보전되어 있다. 테이프로 붙여진 자국이 인상적이다. 임관사령장의 직명이 육군임시, 그리고 보병대위라니 참으로 기이한 계급이었다.

임관사령장을 처음 받아보았으니 이것이 장교가 되는 명령서 같은 것이구나! 하는 생각뿐, 다른 것은 생각할 겨를도 없었다.

아무튼 훈련도 끝난 것 같고, 이제는 어엿한 육군대위가 된 것이 아닌가!!

어깨가 묏산자(山)로 올라갔으나 왠지 씁쓰레하고 겁도 났다.

나는 곧바로 육군본부 직할 **결사 제11연대 작전참모**가 되었다.

입대 3주일만에 임시대위 라는 벼락감투를 썼으니 정말 과분한 것이라 여겨졌다.

그러나 저러나 이것이 고생문턱을 넘어선 첫 단추가 아닌지 …… 그때는 알 수 없었다.

임관식이 있은 다음날인 1951년 1월 26일에 가수 "남인수", "신카나리아" 등 군예대(軍藝隊)의 위문이 있은 다음날에 특별외출과 함께 목욕과 이발(삭발)값으로 1951년 1월분 봉급?인지 용돈을 두둑히 주어(요즘 돈 4~5만원 정도) 외출을 내보냈다.

외출허가를 받은 동료들이 모두 삼삼오오 떼지어 학교 교문 밖으로 사라졌다.

이들에게는 지엄한 주의와 공갈도 내려졌다. 즉 미귀(未歸)자(도망하는 자)는 총살에 처한다는 것이다.

나는 왠지 씁쓸하고 마음이 착잡했다.

고향에서 피난을 떠나지 못하신 내 조부모님을 비롯한 가족의 생각도 나고, 밖으로 외출하고 싶은 생각도 별로 없었다.

이래저래 망설이다가 영문 밖 구경이나 해야겠다고 생각하고 밖으로 나가니, 내 꼴이 우스울 터인데도 반짝이는 놋쇠에 붙은 밥풀 세 개의 계급장(大尉) 덕분에 헌병과 위병으로부터 거수경례를 받았다.

답례를 할 수도 없고, 아니 할 수도 없이 어정쩡했으나, 기분은 과히 나쁘지 아니했다.

다음날부터 출동준비를 서두르게 되었다.

특별 외출 중 미귀자는 단 한 명도 없었으니, 모두가 우국충정의 용사들이었다고 회상된다.

2. 적 후방으로 출동

1951년 1월 30일 새벽 6시, 주위는 칠흑같이 어두운 새벽이었다. 기상과 동시에 우리들은 군장(軍裝)을 정비해 가지고 06시 30분경 운동장(연병장)에 집결하였다.

그때 군용으로 처음 미극동군사령부가 도입한 일제(日製) **닛산, 이즈즈, 도요다** 등 일제 트럭 8대에 나누어 탔다.

이 트럭들은 후륜 구동으로 일본에서 급히 제작된 차량 같은데, 페인트 냄새가 나고 힘도 없으며, 조잡한 차량으로 고갯길에서는 모두 하차(下車)하여 밀어 올려야 했다.

새벽공기를 가르며 대구에서 영천(永川) 방면을 거쳐 북상(北上)하여 그날 밤 20시경에야 겨우 강원도 영월군 영월읍에 도착할 수 있었다.

눈발이 간헐적으로 휘 날리는 어두운 때였다.

이곳 영월 봉래산 기슭에 있던 양조장이 아군 제7사단의 전방 지휘소쯤인 듯 한데 ….

이곳 영월은 3일전에 아군이 탈환한 고장이라고 했다.

그 곳에 이르니, **육군본부** 정보국의 고위 장교인 이극성 중령과 2과장인 강창남(姜昌男) 중령 등 고급 장교 몇 명이 부산하게 움직이고 있었다.

여기서 **완벽한 북괴군 계급장**, 탄약 약간, 북괴 통용화폐(돈) 등도 2자루나 지급되었다.

동시에, 작전임무도 하달된 듯 했다.

그 당시 아군의 전황은, **평택-영월-삼척 라인**에서 금강 라인까지 철수할 것을 고려할 정도로 급박했고, 중공군의 대거 참전으로 조국의 운명이 말 그대로 백척간두(百尺竿頭), 누란의 위기에 처해 있었던 때였다.

우리는 1951년 1월 30일 22시를 기하여 한국군 제7사단 전방지휘소(OP)를 뒤로 하고, 출동·작전 개시(出動·作戰開始)를 했다.[주4)]

나는 360여 병력을 적진에 투입할 부대의 작전참모인데, 연대장의 부름을 받은 일도 없었으니, 저들 바지저고리와 다를 바가 없었다고 회상된다.

여기 영월에서 추가 보급이 지급되었다.

① 2주일분의 미숫가루 각 4봉지 씩
② 실탄 개인별 30여발
③ 붉은 돈 2망태(위조된 지폐인 듯 새 돈이었다.)
④ SCR 300 무전기 2대와 통신병 4인 추가
⑤ 작전지도 : 중동부전선의 것(1/500,000) 몇 장

봉래산을 옆으로(右로) 끼고, 계곡으로 얼마를 걷다가 다시 작은 능선을 넘어 산길로 접어들어 계곡과 능선을 이용하여 그 밤이 새도록 무작정 북상했다.

적의 주저항선인 방어선(防禦線)을 교묘히 빠져나가 그 밤을 꼬박 뛰다시피 걸었다.

주4) 2002년에 이르러 육군교육사령부 당시 사령관 류해근 (예)중장의 배려로 육군정보학교에 소장중인 기록(2002. 6. 27.) (02-01-02-02-05)을 발굴·확인하였다. 『**결사 제11연대(349명) 10일간 무장첩보 및 유격전에 필요한 소요과정의 교육훈련을 이수하고 채명신 중령 인솔하에 적 후방으로 출동하다.**』라는 기록이다. 이때 발굴한 실제 출동 병력은 연대장 보좌관 9인, 무전통신병 4인, 연대장 1인 등 14명이 증원된 363명이 정확한 병력이다.

눈이 허벅지까지 쌓여 있었다.

행군시 잘못하여 눈을 헛디디면 엉금엉금 기어 나와야 했다.

우리들의 적 후방 침투를 위한 정보 수집은 H.I.D의 첩자 정보와 아군 7사단 수색대의 보고를 토대로 육군본부 정보국에서 현지에 출장 온 정보국 3과장 이극성 중령과 2과장 강창남 중령 등의 조언이 참고가 되었다.

채 중령은 성마령(891고지) 방면의 능선과 계곡을 침투 진로로 잡고 침투작전을 개시한 듯하다.

날이 훤히 밝아올 무렵에는 적군의 주저항선(병력 배치선) 후방에 그런대로 깊숙이 침투하게 된 것 같다.

봉래산 계곡으로 조용히 북상하면서 숨조차 제대로 쉬지 못하고 두근거리는 가슴을 달랠 겨를도 없이 사뭇 뛰었는데……

계곡을 빠진 뒤에는 능선을 넘고 눈이 쌓인 계곡으로 계속 행군했다.

1951년 1월 31일 07시경 까지 적진 후방 약 5km 상당 정선군 경계부근까지 침투하였다.

결사 제11연대 병력이 영월군 한탄면 한탄리를 오른쪽으로 하고 삿갓봉을 거쳐 청옥산(1255고지)을 왼쪽으로 한 능선을 주로 이용하여 행군한 것 같은데, 그 코스가 정확한 것인지도 분명치 아니하다.

여기쯤은 적의 제2방어선 상에 진입한 것 같아 주간에는 후미진 산골짜기 양지바른 쪽에 은폐하여 쉬고, 날이 저물면 행군을 다시 시작하였다.

태백산맥의 준령(峻嶺)이라 영하 30도를 오르내리는 강추위는 살을 에이는 듯 했다.

적지를 돌파한 것으로 판단되어 약간은 안도가 되었지만 코, 귀가 떨어져 나갈듯한 매서운 눈보라는 또 하나의 적이었다.

적에게 노출되지 않도록 기도(企圖)를 완전히 숨기고 주로 야간에 침투는 계속되었다.

밤새도록 걷다보면 눈에 젖은 신발(북괴군 농구화를 모방한 것)에서 김이 무럭무럭 날 정도로 화끈거리지만, 갈아 신을 신발은 고사하고 양말조차 여유가 없었다.

그 당시 우리군의 보급도 엉망이었으니 우리들에게도 보급이 제대로 되지 못한 것 같다.

우리들 장병들도 살아 돌아오라고 적지에 침투시켰다고는 볼 수 없는 노릇이 아닌가 !!주5)

이와 같은 상황에서 우리들에게 계급을 후하게 달아준 것은 북괴의 경우도 1969년 1월 21일 청와대를 습격하러 온 김신조 등 124군부대 일당 모두가 「소위」이상의 장교로 편성됐고,

1998년 동해안에 침투한 잠수함의 승조원 모두가 소성 3개인 「상위」(중·대위) 이상의 군관(軍官)(장교)을 승선시킨 것 등을 미루어 우리의 경우도 이와 비슷한 것이 아니었나 라고, 짐작해 볼 수 있다.

그러나 저러나 3주간의 훈련만으로 특수 편성된 이들이 뒷날, 용감한 군인으로 탈바꿈 하였고, 청사(靑史)에 길이 빛날 혁혁한 무공을 세울 것이라고 육군 수뇌부를 비롯하여 그 누구도 짐작조차 하지

주5) 그 당시의 실무책임자였던 이극성 중령은 다음과 같이 증언해 주었다. 『미8군쪽에서는 유격대 편성을 강력히 요청하였으나 육군본부에서는 일선의 병력도 부족한 때이고 또, 전투경험이 있는 장병을 전선에서 빼낼 수는 더욱 없었으며, 유격대가 적지에 침투하면, 살아 돌아올 확률은 극히 적다고 판단했다고 하면서, 인민군 복장을 특별히 제조하는데 있어서도 부산에 있는 피복창을 몇 차례 다니면서 강력히 추진하여 겨우 준비를 끝낼 수 있었다고 말했다.

무기(소총)도 노획무기로 위장하기에는 그 수량도 극히 부족하였고, 통신장비(무전기) 2대를 겨우 확보했을 뿐이므로 결사 제11연대에만 무전기를 지급했다고 그 당시를 증언하면서 …

임관사령장이나 군번·계급부여는 상부의 결재를 받아 시행했다고 말하고 있으나 그 진실성과 신빙성에는 의문이 남는다.』

못했으리라!

아군의 공격선은 봉래산 북방 5 km 상당 지점이었고, 그 동쪽은 정선군 정선읍 부근까지 아군 제9사단이 진격하고 있었으며, 동해안 방면은 강릉지방까지 수도사단(제1연대, 26연대, 기갑연대 등)이 진출해 있던 시기가 아닌가?……

여기서 부터는 되돌아가려 해도 아무도 되돌아 갈 수 없고, 죽으나 사나 대오에서 떨어질 수도 없는 숙명들이 된 것이다.

무엇이 무엇인지 멍멍하고, 얼떨떨한 것이 아무것도 제대로 판단되지 아니했다.

그 당시 연대장은 아군 야전잠바에 45구경 권총을 차고 있었으며, 보좌관 9명(연대장의 호위근위병 비슷한)도 북괴 누비바지 저고리를 입지 아니했다. 연대장은 연대 참모진과 접촉하지 아니하였으나, 어쩔 도리도 없었다.

360여명의 병력을 이끌고 가는 채(蔡) 중령의 명령만 기다리고 있을 따름이었다.

말이 **육군대위 작전참모**였지 그 실은 저들과 같다고 느껴졌다.

우리는 봉래산 계곡으로 조용히 북상하면서 무슨 서부영화에서 나오는 말에 재갈을 물린 뒤, 적진으로 침투하는 것과 같이, 숨조차 제대로 쉬지 못하고,

두근거리는 가슴을 달랠 겨를도 없이 사뭇 뛰었다.

1951. 2. 10 적 후방(하진부리)에 침투한 결사 11연대 장병의 영상 이미지

"채 대장"께서는 동상에 걸려있는 전우 또는 심신이 허약하여 유격대원으로 자질이 부족한 자 등을 10명 단위로 아군지역에 복귀하도록 했다고 **"회고록"** 비슷한 곳에 기술하였다고 하나, 그런 일은 없었다.

우리는 그 당시 낙오되거나 부상당하면, 우리 모두의 정체가 폭로되지 못하도록 자결(自決) 또는 처치해야 한다고 교육하였다.

특히 우리들의 복장이 북괴군의 누비바지 저고리였고, 무기도 노획무기로 장비하고 있었으니, 아군 쪽에 갈 수도 없는 형편이었다.

걷는 것이 아니라 사뭇 뛰는 속보(速步)로 진군했는데 능선을 넘으니 눈이 허벅지까지 빠지게 되어 눈을 잘못 밟으면 큰 일이 아닐 수 없었다.

졸면서 걷던 놈이 기우뚱 하면, 엉금엉금 기어서 눈 속을 헤쳐 나와야 겨우 합류할 수 있었다.

강원도 산간에는 웬 눈이 이렇게도 많은지 ……

우리는 처음부터 고생이 말이 아니었다.

봉래산 계곡을 빠져 나간 뒤, 성마령(고지 891m) 방면으로 북진한 우리는 적의 제2방어선 상으로 판단되므로 주간에는 은폐하여 쉬고, 날이 저물면 행군을 다시 시작하였다.

미숫가루는 눈과 섞어서 멀겋게 죽을 만들어 마시는 것이 고작이었다.

언제까지 이 고행의 북진 작전이 이어질 것인지!!

언제, 어느 지점에서 적과 교전하게 될 것인지?

아무도 예측할 수 없는 작전 아닌 작전이었다.

추위는 살을 에이는 강추위였지요!!

침낭은커녕, 담요 한 장 없었고, 내의, 양말 등의 추가지원도 없었으니…

우리들 결사대의 보급이 엉망이었으며, 적지에 침투시킬 장병에 대한 보급으로는 "아이젠"이나 "로푸" 한 가닥도 없었다.

육군 수뇌부도 어쩔 수 없이? 유엔(UN)군의 요구로 ······.

단기간의 훈련만으로 ···.

형식적인 편제에 ······.

탄약·장비도 말이 아니니 ······.

계급과 군번은 현역과 구분해서, 준 것 같고 ···.

별동대(別動隊)와 같이, 우리들을 적 후방에 내 보낸 것이 아닌지 ······.

어쨌든 그 당시 육군본부 정보국 지휘부는 큰 잘못을 저지른 것이다. 참으로 기가 막힐 일이 아닐 수 없었다.

특수임무에 따른 훈련이 제대로 되지 아니했으니 ······

적 후방에 침투시킬 특수임무 부대에 대한 교육과 훈련, 그리고 장비가 허술하여 우리들은 고생이 말이 아니었다.

<다음은 결사 제11연대의 편성이다.>

육군본부 직할 결사대
※ 결사 제11연대 편성

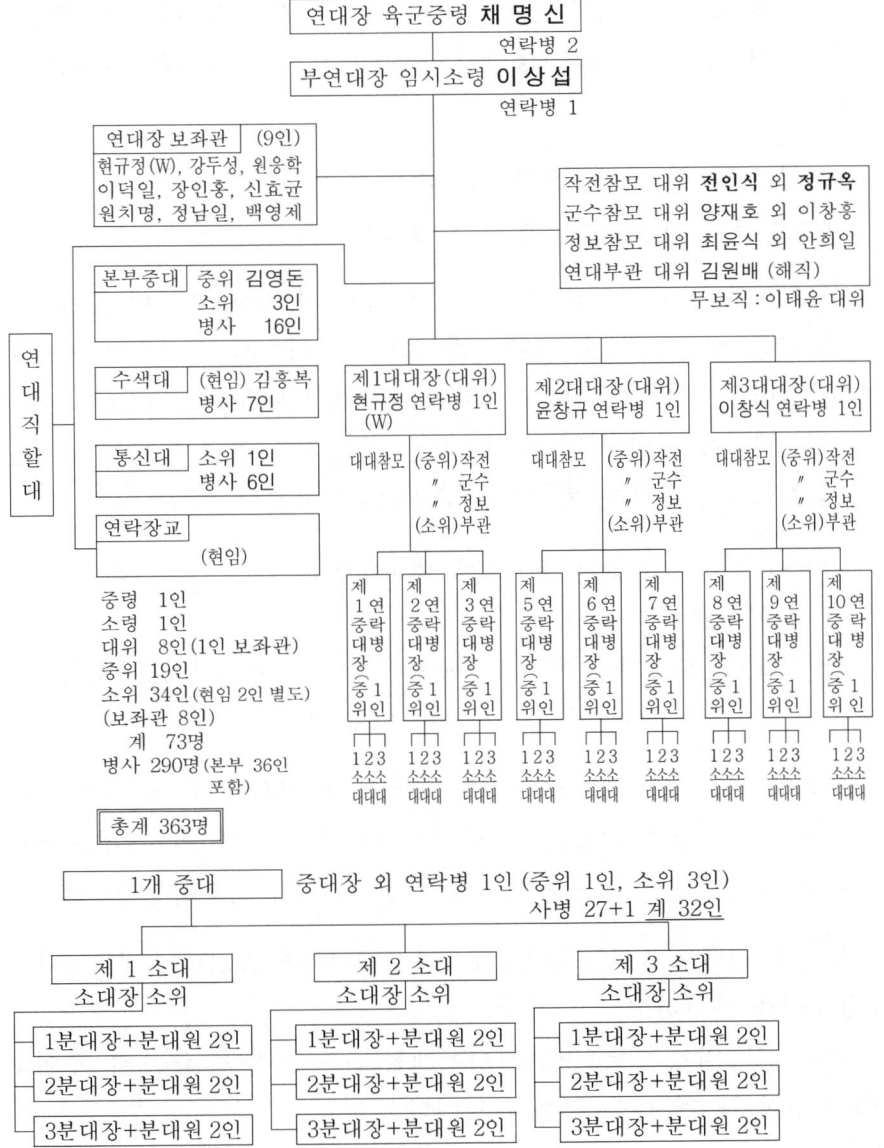

※ 결사 제12연대와 13연대의 편성은 보존된 것이 없어 수록하지 못합니다.

위 편성으로 보아 연대가 아닌 대대에도 참모진, 즉 작전, 군수, 정보, 인사로 분장된 것으로 보아 대대별 독립작전을 구상한 듯하다.

1개 대대에는 중대가 각 3개씩이고,

중대에는 소대가 각 3개였으니, 장교의 수가 제법 많았고, 사병의 경우 최하급도 요즘말로 병장인, 이등 중사가 맨 하급의 졸병(卒兵)이었다.

아마도 죽으면 병장쯤으로 대우해 주려 했었는지?

계급을 후(?)하게 달아 준 것 같았다.

이 작전은 건군(建軍)이래 처음으로 군번과 계급을 부여한 정규군 인과 같은 신분으로 유격대를 편성한 작전이면서 한편으로는 모두 살아 돌아올 기대(期待)나 확률(確率)은 애당초 고려의 대상이 아닌 듯 했으나, 건국 이래 처음 시도하는 작전이란 점에서 모두가 흥분의 도가니였다고 해도 지나친 말은 아닌성싶다.

이들이 산악 능선을 어찌나 잘 행군하였는지, 출발지점의 지도를 눌러, 도착지를 살펴보면,

밤 행군이 도로가 아닌 산악행군이 10여 km 이상이고 하룻밤에 20km 상당까지 걸어 치웠으니 가히 비호(飛虎)와 다를 바 없었다.

우리의 임무는 대강, 적 후방을 교란하여 적의 전의(戰意)를 저하시키고, 적의 군사 기밀을 탐지(機密 探知)하여 아군의 작전 수행에 기여할 목적으로 국방부의 특별명령으로 결사 유격부대를 창설하고,

동 국본 특별명령(육) 제22호 추가 I (1951년 1월 25일)로, 민간인에게 GO 군번을 부여하고,

군인으로 임관 시켰으며, 사병에게는 G 군번과 계급을 각 부여하여 편성한 특수부대를 창설한 것이다.

그 부대명은 **육군본부 직할 결사 제11연대** 라고 명명한 것이다.

우리나라 **국군 창군 이래 363명의 대병력을 적군의 편제와 복장과 무장으로 위장**하여 적 후방으로 침투시켜, 특수전을 수행케 한 것은 우리가 처음이자 마지막쯤이 아닌지 …….

조국의 운명이 **누란의 위기**!!

백척간두에 있을 때

그 당시의 상황을 되돌아 본다.

유엔(UN) 군의 인천상륙으로 북괴군은 퇴로(退路)가 차단되자 전남북·경북·경남 지방까지 쳐내려 왔던 16만명이 넘는 놈들은

북괴군 **전선 사령관 김 책**(金策)의 명령으로 전선의 인민군이 인민 유격대로 개편되어 **지리산**과 **태백산맥**에 숨어들어 유격전 즉, 지구전(持久戰)을 감행하였으므로 아군은 전 후방(前後方)을 가릴 수 없게 되었고

북괴군 제2군단 약 3개 사단(병력 25,000명 정도)이 후방교란, 병참선 차단, 주요기지 폭파 등 사회불안 조성임무와 함께 토착 빨갱이들인 소위 **남부군단**(빨치산) 제3지대장 남도부 제4지대장 이현상 등과 병합하여 남한지역에서 준동하는 적 게릴라(Guerrilla)는 그 당시 약 3만 명으로 추산될 정도였다고 한다.

중공군 측에서도 **김일성**에게 남한지역에 "게릴라"를 4~5만 명으로 증원하여 전·후방에서 협공할 것을 강력히 요구해와 북괴군도 제2군단을 주축으로 게릴라전 병력을 증강하려 했으나,

놈들이 보급 확보과정에서 양민을 학살하는 등의 만행으로 그들의 입지는 크게 약화되던 시기였다고 한다.

이러한 때, 유엔(UN) 군 측에서도 유격전의 필요성을 절감하고 있었고, 특히 전선에서의 후퇴 등으로 지구전이 꼭 필요했으나, 자기들은

피부의 색깔,

**인종, 언어,
습관, 문화 등**

모든 면에서 유격전을 수행할 수 없으니, 한국군에서 대응(對應)으로 적 후방에 유격전 부대를 침투시켜 달라고 강력히 요구해 왔다고 한다.

한국 육군본부 정보국장 백인엽(白仁燁) 준장(당시)은 이에 적극 찬동하여 육군참모총장과 국방부장관의 결재를 받고 정보국 3과장 이극성 중령으로 하여금 육군보충대에서 대기중인 보충병력 중에서 결사대 요원을 선발하여 유격전술교육을 실시한 다음, 적의 전선 배후지역에 침투시켜 유격전을 감행하게 하였다고 이극성 중령은 증언하였다.

그 당시는 작전지휘권이 유엔군에게 있었던 때였음에도 유엔군사령부 안에는 '51년 1월 14일까지 유격전에 관한 담당부서 조차 없었으며, 1951년 1월 15일에 이르러, 비로소 미8군 작전국에 기타 업무처를 두고, 지구전과를 창설하여 장기전에 대비하게 된 것이 그 시발이며, 주한미군 정보수석고문관 하우스만 중령이 직접 개입한 것으로 알려져 있다.

이렇게 해서, **국군이 창군된 이래 최초**로 **정규유격대**가 적의 후방지역에 침투하여 횡축선(橫軸線)의 전선을 종심(縱深)으로 바꾸어 정규군과 협동하게 된 새로운 종심(縱深)전투개념이 도입된 것이다.

당시의 상황으로 미루어 볼 때 너무나 **황당한 조치가 아닌가** 생각한다.

『여기서, 그 당시 우리나라 건군사를 훑어보자.

8·15해방 후 건국 이전에 창설된 조선국방경비대는 일제하에서 지원병, 징병 등으로 일본군에 입대한 이른바 일군파(日軍派)와 만군파(滿軍派), 그리고 중국 등지에서 조국의 광복을 위해 투쟁한 독립군파(獨立軍派)로 크게 나눌 수 있으나, 일본군 출신과 만주(滿洲)의

일본 괴뢰정권파가 대종(大宗)을 이루고 있었다고 해서 결코 지나친 말은 아닌 성 싶다.

그렇다면 6·25 당시 우리 군부의 정상부에 군림했던 채병덕, 정일권 총참모장(소장), 정보국장 이한림 준장 등도 일본군 출신으로서, 이른바 정통적인 군인이고, 유격전에 관한 교육이나 훈련이 전무한 형편이고, 경험이 있다면 채 중령이 평북 영원지방에서 해주 ↔ 강화 ↔ 충남 석문으로 이어진 탈북 작전 경험과 제주 반란사건의 진압 정도의 경험이 고작이었을 것이 아닌가 !!? ……

지금 맞닥뜨리고 있는 지리산, 태백산으로 숨어들어 공비로 변신한 인민군, 중공군으로 항일전에 참전했던 팔로군 출신 빨치산 놈들의 소탕작전에서 많은 희생을 감수하고 있는 군부였으니 그들의 답답함이야 어떠했겠는가를 충분히 짐작할 수 있는 것이다.

그때도 지금의 종북(從北)분자들과 같이 38이남 지역에서는 토착 빨갱이들이 북괴놈들의 남침만을 학수고대하고 있는 남로당 계열의 좌파가 있었으니 ……

이렇게 우리 군 수뇌부의 대책과 사회적 혼란이 형편 없었으므로 우리들의 앞날은 더욱 어둡고 깜깜했을 뿐이었다.

필자가 1960년대부터 우리들의 참전기록을 발굴하고자 정부기관과 국방당국에 많은 진정, 청원 등을 했으나, 모두가 기록을 찾을 수 없다고 했다. 그러던 중 2002년에 이르러 육군정보학교에 우리들의 기록이 육군교육사령관으로 재임 중인 류해근(柳海槿) 장군에 의하여 다음과 같은(별첨) 기록이 처음으로 발굴된 것이다.

이 역사적인 기록의 발굴로 우리 육군 당국이 결사 유격 제11연대를 교육·훈련시켜 적진 후방에 침투시킨 사실이 확인된 것이다.

다음은 관련기록의 내용이다.

▶ 육군정보학교 출동 기록

육군본부 직할 결사대 "백골병단"의 기록을 찾기 위해 그동안 육군본부와 중앙문서관리단, 육군정보학교 등에 수차례 공식 요청을 했으나 기록이 없다는 회답뿐이였는데, 육군교육사령관(육군중장)으로 취임하신 "류해근" 장군에게 간청했던 바, 2002. 6. 27 육군정보학교 소장의 문서중 "1페이지"를 발굴하게 되었다. 이에 의하면, 결사11연대 349명이 10일간의 무장첩보 및 유격전 교육 후 채명신 중령이 인솔하여 적 후방으로 침투했다는 것이고, 결사 12연대는 361명이 동일하게 기록되어 있다.

우편물 수령증

접 수 자 : 창구05 1
총 요 금 : 1,980원(즉납 : 1,980원)
(현   금 : 1,980원
신용카드 : 0원)
접수번호 : 058266

<국내등기우편물>
발송인: 121-842 백골병단 서교동

문서번호 : 감찰19800-020149

시행일자 : 2002.06.27 (   ) (군내공개)

받   음 : 백골병단 참전전우회장

참   조 : 사무총장

제   목 : 백골병단 참전전우회 자료확인 요청에 대한 회신

"월드컵 세계로! 미래로!"

군 교 육 사 령 부

영구 반석동 사서함 100호 / 전화 : (042) 820- 2416 / 전송 :
l령최중대   담당자   소령김중섭

결재		지시	
접수	일자시간	결재·공람	
	번호		
	처리과		
	담당자		
	심사자		심사일

1. 관련근거
   가. 백골병단참전 제 02-4-2호('02.4/3)
   나. 육군 정보학교 인사 19800-020356('02.5.10),민원처리 보고
   다. 육본 중앙문서 관리단 보활16110-021850('02.6.22),자료확인결과 회신

2. 위 관련근거에 의거 귀 전우회에서 자료확인 요청하신 민원처리결과를 아래와 같이 회신합니다.
   가. 자료확인요청내용은 정보학교와 정보사령부 등에 다각적으로 확인한 결과, 붙임내용과 같이 정보학교에서 보관중인 결사 제 11연대,12연대,16연대의 부분적인 자료가 확인 되었습니다.

   나. 정보학교 자료를 근거로 세부적인 참전전우회원의 개인명단및 인적사항등에 관하여 육군 본부 중앙문서관리단과 군사연구실에 확인요청하고 직접 현장방문을 통해 찾아보았으나 더이상 보관된 자료가 없어 귀 전우회의 요구사항을 충족할 수 없었으며 이점 널리 양지하시기 바랍니다.

   다. 앞으로도 참전전우회에 관한 사항은 지속적으로 관심갖고 확인토록 하겠으며 이와 관련된 추가적인 자료나 참고할 사항을 제시하여 주시면 최선을다해 조치하겠습니다. 다시한번 전우회원개인명단및 인적사항등을 확인하지 못하게 됨을 안타깝게 생각하면서 어려운 여건하에서도 백골병단참전전우회 발전에 노력하시는 귀 전우회의 모습에 경의를 표하며 병단참전전우회의 무궁한 발전을 기원합니다.

붙   임 : 1. 육군 정보학교 민원처리결과 및 보관중인 자료(사본) 1 부.
           2. 중앙문서관리단 자료확인 요청 및 회신공문 각 1 부. 끝.

육 군 교 육 사 령

<기록> 육군본부 직할 결사 제11연대 (349명)
무장첩보 및 유격전에 필요한 소요과정의 교육·
훈련을 단기간(10일간) 양성시켜 채명신 중령
인솔하에 적·후방으로 출동시키다!

<육군정보학교 기록에서>

이 문서 기록은 1951. 01. 29. 육군정보학교(육군제7훈련소로 개칭)가 보존중인 기록 02-01-02-02-05 으로 확인되었다.
1951. 02. 05. 자에는 결사 제12연대(361명) 16일간 상기 11연대와 같이 …… 로 끝나고, 1951. 03. 07. 상부의 명에 의하여 육군본부 작전국에 서류 일체와 함께 인계하였다는 기록이 존안되어 있음이 2002. 06. 27. 육군교육사령부의 협조로 확인되었다.

이 문서의 발굴로 육군본부(육군정보학교)가 1951년 1월과 2월에 2개 연대 710명을 무장첩보 및 유격전 교육·훈련을 실시하고 적후방으로 출동시킨 사실이 명백히 입증되었다.

4284. 1. 29	陸軍本部 情報局 發書 第24號로 陸軍第7訓練所로 改稱하다
4284. 1. 29	陸軍少領 文 重 要 生 徒隊長으로 補任하다
	決死11聯隊(349名) 10日間 武裝諜報 및 遊擊戰에 必要
	한 所要課程의 敎育訓練을 短期養成시켜 蔡命新中領引率下
	敵後方으로 出動시키다
4284. 2. 5	決死12聯隊(361名) 16日間 上記 11聯隊와

> 이 기록은 4줄에 불과한 작은 것이지만 결사 제11연대와 결사 제12연대의 1951년도 기록이 육군정보학교에 존안 되어 있다는 것이 중요하고 또 결사 제11연대 349명 외에 통신병과 보좌관을 더하면 총 363명임도 확인되었다.

※ 위 기록 중 결사 11연대(349명) 10일간 무장첩보 및 유격전에 필요한 소요과정의 교육훈련 …… 은 채 중령이 아군지역에 귀환한 1951. 1. 16 이후 결사 11연대장이 된 뒤 10일간을 뜻하는 것으로 판단된다.

결사 제11연대 장병의 북진모습 중 일부 이미지

위와 같이 1951년 3·4월 중동부전선 국군 제1군단 전구(戰區)와 제3군단 전구의 전투 정보 보고 등을 필자가 Ⅱ급 비밀문서고에서 발굴한 기록으로, 아 유격대의 활동사실, 즉 육군본부가 침투시킨 아군 유격대의 활약상 등이 1951년도에 정확히 기술되어 있어 확인이 충분하다.

3. 작전명령

우리들이 1962년 4월 21일 생환자(生還者) 일동이 모여 전사자료를 정리한 뒤, 그 당시 국가재건 최고회의 의장과 국방부 장관에게 탄원서를 제출할 때 수집한 문서 중 일부인 작전명령을 참고로 적는다.

 작명 제 4 호   <작명은 作命으로 작전명령 임>
 단기 4284년 2월 3일   <1951. 2. 3>
   육군본부 미 8군 정보연락장교단
    단 장 육군 중령 이 극 성
 결사 제 13 · 15 연대 연대장 귀하
  (주 : 제11연대와 제12연대의 작명은 작전 중 훼손되었고,
    일부는 채 중령이 가지고 있었으나, 알 수 없다.)

1. 제 3 차 출동 결사대 행동에 관하여 여하히 명령한다.

 전국이 중대함에 비추어 강대한 무장유격대(武裝遊擊隊)를 조직하여 이를 적진지 각 요소에 침투케 하여 적의 후방을 교란(攪亂)하는 동시에 애국 청년 포섭 및 사병에 대한 투항 귀순 공작(投降 歸順 工作)을 전개하여 적의 전력을 감퇴케 하며, 일면 적의 군사적 일체기밀(一切機密)을 탐지하여 아군 작전 수행에 기여할 목적으로 하기와 같은 임무를 부여한다.
 <임무 및 행동요령>
 ① 연락장교 생포 또는 사살
 소조행동을 취하여 적에게 발견됨을 피하고 개별적으로 행동하는 적의 연락장교 및 연락병을 내사 이를 생포 또는 사살할 것.
 ② 지휘소 습격
 적의 종점 배치를 혼란케 하고, 후방 지휘소를 불의에 계획적으로 습격하고, 지휘소 간부 생포 또는 사살할 것.
 ③ 각급 간부 생포 또는 사살
 괴뢰군 중요간부 및 도·군·면·리급 노동당 간부와 각급 정당 사회 단체 간부 생포 또는 사살

④ 비밀 문서 획득 애국 청년 포섭

　적의 비밀 작전 문서를 획득할 것과 적 점령지구 내에 민중 조직을 전개하여 애국청년을 다수 규합하여, 자체 대오를 확대할 것.

⑤ 무장 강화

　유격으로 적을 유도하여 소적을 생포 또는 사살하고, 무기를 획득하여 자체무장을 강화할 것.

⑥ 후방 교란

　적 점령 지구 양민들에게 대한민국의 승리의 확고성을 주며, 민중을 선동하여 후방 교란을 시킬 것.

⑦ 보급로 파괴

　적의 작전적 거점을 점령하고 교통수송기관 및 통신기관을 파괴하며, 후방 보급로를 차단시키고, 지휘혼란을 조성할 것.

⑧ 생산기관 파괴

　적의 생산기관 각급 중요기관을 파괴하여 보급고 등을 방화 또는 획득하고, 지역적인 혼란을 조성할 것.

⑨ 사병에 대한 귀순공작

　사병에 대한 귀순공작을 전개하는 동시에, 신병훈련소를 불의에 습격하여 다량적으로 생포 또는 사살할 것.

⑩ 민중조직 강화 확대

　적 점령지구 내의 양민을 기간(基幹)으로 지역적인 민중조직을 실시하여 연락망을 구성 후방 정보를 탐지할 것.

⑪ 첩보망 구성

　적의 군사 및 정치거점 또는 그 주변지역에 첩보망을 구성하며, 적의 일체 기밀을 수집하며, 적의 일체 기밀을 탐지할 것.

2. 편성 및 장비 (생 략)

3. 연　락

① 소대와 중대와의 연락 (중략)

② 민중조직과 첩자를 이용하는 방법

　A. 소대에서 중대에 파견시 (첩자가 지정된 장소를 심방하고)

　　"첩자" 주인님 물 좀 주시오.

"중대" 물은 있는데 깨끗하지 않습니다.
"첩자" 깨끗하지 않아도 관계없습니다. 많이 주세요.
　　　많이 주세요.
"중대" 그러면 가져오지요.
"첩자" 물 맛 참 좋습니다. 이것 약수 아닌가요?
"중대" 이런 약수도 있습니까?
"첩자" 있습니다. 우리 고향에서는 이런 약수가 이곳 저곳에서 납니다.

이상과 같이 문답(問答)을 하여 중대와 첩자가 상호 확인되면 소요 연락사항을 공개할 것.

　B. 중대에서 파견시 (첩자가 지정된 장소를 심방하고)
"첩자" 주인 계십니까? 주인 계십니까?
"소대" 누구세요? 누구세요?
"첩자" 길가는 사람인데 방금 몇 시나 되었습니까?
"소대" 시계가 없어 알 수는 없으나 아마 열세시 쯤은 되었을 걸요.
"첩자" 열세시, 열세시, 고맙습니다.

이상과 같이 문답하여 상호 확인한 후 소요 연락사항을 공개할 것.
　③ 소대장은 현지실정에 적응한 사항, 연락방법을 세밀히 계획 강구하여 중대장에게 보고할 것.
　④ 중대와 대대간의 연락 (중략)
　A. 아방간의 연락
　　선착(先着)한 부대가 쌍방에서 발견하기 쉬운 개소(가옥, 수목, 도로)에 3각형 백지 중앙에 일전동화(一錢銅貨) 만한 구멍을 만들 것)를 첩부(貼付)하고 은신(隱身)한 후 대기할 것.
　　후 부대가 이를 발견하면, 날씨 좋다. 날씨 좋다. 할 것.
　　이상과 같은 방법으로 연락하되, 대대장은 수시 이 방법을 변경하여 중대장에게 지시할 것.
　B. 첩보 이용시
　　단행식과 릴레이식을 겸용하여 이용할 것. 요 긴급시는 단행식으로 하고, 긴급 불요시는 릴레이식을 이용 연락할 것.

a. 단행식

대대장 또는 중대장에게서 명령을 받은 첩자가 목적지에 도착하여 지정된 장소를 심방하면,

"첩자" 여보세요. 이곳 지명은 무엇이오?
"아방" ○○입니다.
"첩자" 여기서 서울은 몇 리나 됩니까?
"아방" 잘 모르겠습니다만 4·7이 28, 280리 가량 되지요.
"첩자" 4·8은 32, 320리 라고도 하고 280리 라고도 하니 아직도 멀군요.

이상과 같은 방법으로 문답하여 상호 확인 후 소요 연락사항을 공개할 것.

b. 릴레이식

대대와 중대 간의 복선으로 릴레이식 연락망을 구성하여 연락할 것.

대대 ⟨ 천 1 ─ 천 2 ─ 천 3 ─ 천 4 ⟩ 중대
　　　 지 1 ─ 지 2 ─ 지 3 ─ 지 4

명령을 접수한 천 1은 천 2에게, 천 2는 천 3에게, 천 3은 천 4에게 각각 전달할 것. 단, 적의 경계가 엄중하고 감시망이 심한 경우에는 2개 선을 동시에 파견할 것. 각선의 종적 조직을 완전히 실시하고, 각 첩자 간의 연락을 충분히 하되, 천지 첩자 간의 연락은 엄금할 것.

⑤ 대대장은 대공표식에 관한 사항을 수시 중대장에게 시달하여 대공대책에 만전을 기할 것.

⑥ 대대와 연대간의 연락 (중략)

4. 행동지구

① 백의산(1209 고지)을 중심으로 여은산(1277 고지), 덕암산(1344 고지) 간에 이르는 주변 일대에서 행동할 것이며, 현지 실정과 전황에 의하여 변경할 것이나 차후 명령에 의하여 활동할 것.

② 제13연대는 여은산(1277 고지)에 위치할 것.

③ 제15연대는 홀령산(1344 고지)에 위치할 것.

5. 보 급

　① 별지계획서에 의한 보급품을 출발 전까지 완전 수급할 것.

　② 총원　　명에 대한 2주일 식량(미숫가루)을 수령하여 대원에게 분배 휴대케 할 것.

　③ 적진지 침투시의 식량은 적의 소비조합 국영백화점 보유식량을 획득 보급할 것이며, 민간 민폐단을 가급적 피할 것.

6. 출발준비와 수송방법

　① 보급관은 단기 4284년 2월 4일 15시까지 출동에 대한 보급품 장비 차량 유류 일체를 준비 완료 후 단장에게 보고할 것.

　② 육군은 인솔자로서 트럭 ○○대에 대원을 분승, 현지 최전선까지 수송 인솔할 것.

　기타 적진 침투시는 육로로 도보 돌입케 할 것이며, 결과를 ○월 ○일 ○○시까지 단장에게 보고할 것.

7. 지휘소 위치

　① 지휘소는 제○군단 CP소재 지구에 위치할 것.

　② 동 CP가 전진 또는 후퇴시는 행동을 같이 할 것.

8. 통합 지휘관

　육군　　은 통합지휘관으로서 부대 전체를 지휘 장악하라.

　　　　　　　＊　＊　＊　＊　＊

<대공표식 방법>

아군기와 긴밀한 연락을 보지하기 위하여 하기와 같이 대공표식을 실시할 것.

　① 표식요령

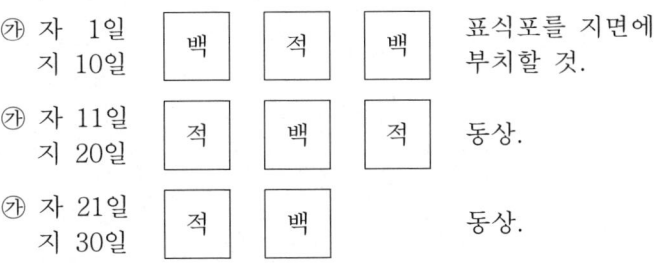

　　㋑ 자 1일　　백　적　백　표식포를 지면에
　　　 지 10일　　　　　　　　부치할 것.

　　㋑ 자 11일　 적　백　적　동상.
　　　 지 20일

　　㋑ 자 21일　 적　백　　　동상.
　　　 지 30일

　② 표식포의 면적(종 6미터, 횡 4미터로 함) 등이다.

지금 생각해 보면 어안이 벙벙한 일이고, 지리산 등에서 빨치산 등이 하던 것과 비슷한 수법이기는 하나, 우리들에게는 그런 유격전법의 훈련이 되어 있지 못했고, 또 서로가 떨어져 흩어지면 죽는 것으로만 생각되었으니, 기가 막힐 명령이었고 또 허무한 계획이었다고 회상된다.

군대란 명령에 죽고 명령에 사는 특수집단이다.

특히, 작전 명령은 어마어마한 권능이 있고 절대적인 것이다.

위에서 볼 수 있듯이 작명(作戰命令) 제 4 호가 제13연대 및 제15연대장 앞으로 발령된 것으로 미루어 볼 때, 제12연대는 3호쯤이 될 것이고, 그 앞의 11연대는 제 2 호쯤에 해당될 것이라고 생각되나, 11연대에 대한 「작전명령」은 채 중령이 가지고 있었고, 공개하지 아니하였기에 소개하지 못한다.

4. 결사대 참전자

(1) 결사 제11연대 참전자

※ 필자가 파악한 참전전우　　　　　　　　　　　　　2016. 10. 25 현재

계급	군번	성명	비고	계급	군번	성명	비고
육군중령	10826	蔡命新	사망 황해(사령관)	임시소위	GO1054	李永夏	사망 인천.대공부상
임시소령	GO1001	李相燮	사망 남해	임시소위	GO1058	金仲植	불명
육군소령	51-00008	**全仁植**	파주 **훈장**(새군번)	육군소위	51-00030	金赫起	연기 (새군번)
육군대위	51-00002	崔允植	사망 경주(새군번)	임시소위	GO1061	車東胱	불명
육군대위	GO1006	金元培	**전사** 해임 (1951. 2. 20)	육군대위	보좌관현임	玄奎正	**전사** 훈장 대대장보임 (1951. 2. 20)
육군대위	GO1007	尹昌圭	**전사** **훈장** 2대대장	보좌관	대위급	康斗星	평남 (중국)
육군대위	51-00003	梁在昊	사망 인천(새군번)	보좌관	〃	元應學	평남 용인
육군대위	51-00005	李暢植	사망 청양(새군번)	보좌관	〃	李德溢	함북 청진(미국)
임시대위	GO1002	李泰潤	인천 해임(새군번) (1951. 2. 20)	보좌관	〃	申孝均	사망 평남
				보좌관	〃	張麟弘	사망 평양
육군중위	GO1010	鄭世均	**전사** 서대문	보좌관	〃	元致明	원주 성남
육군중위	51-00016	鄭學文	사망 김천(새군번)	보좌관	〃	鄭南一	사망 평남
임시중위	GO1012	林炳勳	사망 파주	보좌관	〃	白榮濟	사망 평남
임시중위	GO1013	李奉九	사망 가평	현지임관	이등상사	金興福	사망 현임
임시중위	GO1015	李文赫	불명	이등상사	51-500021	李命宇	춘천 〃 (새군번)
임시중위	GO1016	洪淳泰	불명	일등중사	51-500047	**林東郁**	논산 논산(새군번)
육군중위	51-00015	權寧哲	사망 진급(새군번)	이등상사	51-500024	**洪金杓**	인천 예 중위(새군번)
임시중위	GO1018	金榮敦	사망 화성	이등상사	51-500011	朴勝錄	부여 대전(새군번)
임시중위	GO1019	鄭潤和	사망 대구	이등중사	134174	**車周燦**	천안 예 소령(새군번)
육군중위	51-00009	李萬雨	사망 의성(새군번)	이등상사	51-500014	**張之永**	연백 **훈장**(새군번)
육군중위	51-00012	金寅泰	사망 훈장(새군번)	일등중사	51-500069	崔潤宇	장단 서울(새군번)
임시중위	GO1022	尹喆燮	사망 예산, 진급 (1951. 2. 20)	이등상사	51-500008	**金重信**	예산 고양(새군번)
				일등중사	51-500055	**金亢泰**	서천 보령(새군번)
육군중위	51-00013	羅明集	서천 (새군번)	일등중사	51-500054	**尹慶俊**	대전 대전(새군번)
임시소위	GO1031	崔龍達	사망	이등상사	51-500038	李榮珍	사망 부여(새군번)
육군소위	51-00017	崔仁泰	파주(새군번)	이등상사	51-500036	全永熹	시흥 부산(새군번)
임시소위	GO1033	李南鶴	사망 홍성, 특진 (1951. 2. 20)	이등상사	51-500018	河泰熙	사망 대전(새군번)
육군소위	GO1034	李鍾三	**전사**	이등중사	G11363	梁元錫	사망 평택(새군번)
임시소위	GO1035	朴正奉	불명 인천	이등중사	51-77000028	崔熙哲	광주 안산(새군번)
임시소위	GO1036	張龍文	사망 시흥	일등중사	51-500033	金成亨	개성 수원(새군번)
육군소위	GO1039	許銀九	**전사** 경주	일등중사	51-500046	玄再善	사망 인천(새군번)
육군소위	51-00024	趙時衡	사망 09.8(새군번)	일등중사	51-500032	扈成振	사망 (새군번)
육군소위	51-00021	柳卓永	사망 (새군번)	이등상사	51-500017	申健澈	사망 시흥군(새군번)
육군소위	51-00023	吳錫賢	김포 김포(새군번)	이등상사	51-500004	丁奎玉	사망 종로구(새군번)
임시소위	GO1044	朴鍾瑝	사망 연기	일등중사	51-500029	李雲河	사망 파주(새군번)
육군소위	GO1045	李夏淵	**전사**	일등중사	51-500042	張承鉉	사망 서산(새군번)
육군소위	51-00025	**權泰鍾**	인천 **훈장**(새군번)	이등중사	G11047	元吉常	사망 시흥군
육군소위	51-00028	黃泰圭	공주 공주(새군번)	이등중사	G11295	權處弘	사망 연기군(새군번)
육군소위	51-00022	韓甲洙	사망 청양(새군번)	이등상사	G11303	鄭然鎭	사망 대구
육군소위	51-00018	林癸洙	사망 연기(새군번)	일등중사	51-500062	李明海	사망 서산(새군번)
육군소위	GO1053	尹　泓	**전사**	이등중사	G11259	林南玉	사망 논산(새군번)

계급	군번	성명	비고		계급	군번	성명	비고
이등중사	G11143	全永模	사망	대전	일등중사	미 상	장국환	**전사**
이등상사	51-500002	尹範容	사망	파주 (새군번)	일등중사	〃	안희일	**전사**
일등중사	51-500065	曹奎喆	파주	(새군번)	이등중사	〃	류동식	**전사**
이등상사	51-500006	吳鳳鐸	불명	시흥군(새군번)	이등중사	〃	박희영	**전사**
이등중사	G11225	徐玄澤	사망	〃 (새군번)	이등중사	G11206	金潤秀	**전사**
이등중사	G11039	李興昌	천안	천안(새군번)	이등중사	G11215	姜文錫	**전사** 서산
일등중사	G11308	文泰眞	사망	서천(새군번)	병 장	G11316	李完相	**전사** 부여
이등상사	G11013	姜五馨	서울	파주(새군번)	이등중사	미 상	이영업	**전사**
이등상사	G11054	金正鍾	사망	시흥(새군번)	이등중사	〃	서두생	**전사**
이등상사	51-500001	趙次元	사망	파주(새군번)	이등중사	〃	이재성	**전사** (12연대?)
이등상사	G11140	朴光善	사망	〃 조리	이등중사	〃	황경덕	**전사**
이등중사	미 상	姜玉鎭	사망		이등중사	〃	김양환	**전사**
이등중사	G11175	趙南顯	서울	서산	이등중사	〃	이정구	**전사**
이등중사	G11362	金海源	서울	청양	이등중사	〃	김윤태	**전사**
이등중사	G11171	李亨求	서산	서산	이등중사	〃	이석순	**전사**
이등중사	미 상	임재봉	사망		이등중사	〃	박기석	**전사**
이등중사	G11168	金大弘	사망	인천(새군번)	이등중사	〃	천봉균	**전사**
이등중사	미 상	權寧憲	사망	부여	이등중사	〃	안병철	**전사**
일등중사	51-500030	盧貴鉉	사망	〃 (새군번)	이등중사	〃	김철구	**전사**
이등중사	G11095	鄭昌鎬	대전	대전	이등중사	〃	김명규	**전사**
이등상사	51-500007	張德淳	사망	시흥(새군번)	이등중사	〃	현 제	**전사**
이등중사	G11042	金壽昌	사망	(새군번)	이등중사	〃	임경섭	**전사**
이등중사	G11240	吳東秀	사망	대전(새군번)	이등중사	〃	이상욱	**전사**
이등중사	G11356	金鍾根	천안	천안(새군번)	이등중사	〃	윤동익	**전사**
이등중사	G11156	李昌興	사망	인천	이등중사	G11355	朴鍾壽	**전사**
이등중사	G11278	高永相	사망	대전(새군번)	이등중사	미 상	黃忠淵	**전사** 미상
이등중사	G11097	金大燮	파주	(새군번)	이등중사	〃	구기덕	**전사**
이등중사	미 상	鄭萬永	사망	예산(새군번)	이등중사	〃	안성호	**전사**
이등상사	G11046	柳東鉉	**전사**	시흥	이등중사	〃	金賢起	전사? 연기
일등중사	51-500027	張東淳	**전사**	시흥(새군번)	일등중사	〃	咸萬東	불명 서울
이등중사	G11087	權旭相	**전사**	안양	이등중사	G11345	宋景熙	〃 논산(새군번)
이등중사	G11141	金周鉉	**전사**	파주(새군번)	미 상	미 상	馬鍾三	〃 파주(새군번)
이등중사	미 상	趙重用	**전사**	시흥	정보사에서	G11135	朴鳳植	서천 정보사 제공
이등중사	〃	洪淳基	**전사**	연기(새군번)	〃	G11136	申孝淳	불명 ? (새군번)
이등중사	G11049	李春九	**전사**		〃	G11350	金東一	평양 3대2중2소
이등중사	G11051	鄭閏哲	**전사**	시흥	〃	G11052	李炳雲	파주 전사?
일등중사	G11313	申鉉石	**전사**		〃	G11188	金容福	충남
일등중사	G11364	洪淳先	**전사**	서울종로	〃	미 상	趙明植	서울
일등중사	미 상	徐一澤	**전사**	시흥				

  결사 제11연대 363명 중 참전 확인자는 157명이고, 새 군번 부여자는 69명 임.　　　　　　　　　　　　　　(전사확인자 47명)

76 한국군 최초의 정규유격대

(2) 결사 제12연대 참전 추정자

2016. 10. 25 현재

계급	군번	성명	비고	계급	군번	성명	비고
임시소령	GO1063	李斗柄	사망 화천	이등중사	G12224	朴光錫	사망 시흥(새군번)
육군대위	51-00007	張喆翼	전북 미국(새군번)	일등중사	51-500044	金仁壽	사망 (새군번)
육군대위	GO1069	權王堅	전사	이등중사	51-7700020	沈仁求	사망 (새군번)
임시 중위	51-00011	辛政敎	사망 (새군번)	이등중사	51-7700022	權斗植	사망 안양(새군번)
육군중위	GO1083	姜昌熙	전사	이등중사	51-7700008	沈求福	사망 (새군번)
임시소위	GO1089	鮮于坦	불명	이등중사	미 상	李圭宰	사망
임시소위	GO1107	車福吉	불명	이등중사	G12135	申永基	사망 신당동
임시소위	GO1109	趙炳俁	사망 (새군번)	이등중사	51-7700009	徐丙煥	불명 평택(새군번)
육군소위	51-00019	金容弼	파주 훈장(새군번)	이등중사	미 상	金永高	불명 평택(새군번)
임시소위	GO1111	黃戊淵	사망	이등중사	51-7700007	申樂均	불명 (새군번)
육군소위	GO1114	黃炳錫	전사	이등중사	51-500070	張哲浩	캐나다 완주(새군번)
임시소위	GO1117	金益煥	사망 예산	이등중사	51-500064	金永培	용인 (새군번)
임시소위	GO1124	신의순	불명 서천(새군번)	이등상사	G12087	金道中	불명 파주(새군번)
이등상사	51-500020	宋世鏞	연기 훈장(새군번)	일등중사	G12004	李丙錫	사망 (새군번)
이등상사	51-500005	金鍾浩	사망 춘천(새군번)	이등중사	G12337	許璟九	불명 홍천군
일등중사	51-500031	林炳基	파주 (새군번)	이등중사	G12366	金相補	불명
이등상사	51-500023	李永九	용인 용인(새군번)	이등중사	G12370	朴鍾萬	전사 (새군번)
이등상사	51-500039	朴用周	사망 의왕(새군번)	이등중사	G12052	申榮基	불명 정보사 제공
일등중사	51-500045	李翊宰	사망 훈장(새군번)	이등중사	G12104	朴鍾雲	불명 〃
일등중사	51-500053	安秉熙	평택 훈장(새군번)	일등중사	G12119	崔相三	불명 〃
일등중사	51-500056	金宋奎	완주 인천(새군번)	이등상사	G12172	趙榮澤	사망 〃 (새군번)
이등상사	G12335	吳正涉	사망 횡성(새군번)	일등중사	G12303	李熙用	불명 정보사 제공 (새군번)
일등중사	51-500026	金鍾恪	사망 파주(새군번)	이등중사	51-500043	朴柱大	불명 양주군(새군번)
일등중사	G12159	李南薰	사망 (새군번)	〃	G12362	李德根	사망
이등중사	G12264	安昌浩	사망 (새군번)	〃	G12080	崔泳達	사망 경주
이등상사	G12303	元鳳載	불명 평택(새군번)	〃	G12023	文源榮	사망 정보사, 예비대원
이등중사	-	이재성	전사				

결사 제12연대 330명 중 참전 확인 추정자는 53명이고, 새 군번 부여자는 34명이다.

(전사확인자 4명)

(3) 결사 제13연대 참전 추정자

2016. 10. 25 현재

계급	군번	성명	비고		계급	군번	성명	비고	
임시대위	GO1066	金漢喆	불명	정보사(새군번)	이등상사	51-500022	李長福	사망	정선(새군번)
육군대위	51-00001	金貞起	전사	연기(새군번)	이등중사	미 상	千榮植	전사	
임시중위	51-00014	崔二澤	사망	이천(새군번)	이등중사	G13182	康昌煥	전사	
임시중위	GO1077	崔基赫	불명		이등중사	미 상	김병칠	불명	안성
육군중위	GO1078	金瑢九	전사	제6대대장	이등중사	51-500059	李貞成	불명	강화(새군번)
육군중위	51-00010	高悌和	예산	고양(새군번)	이등중사	51-500058	田載植	불명	(새군번)
육군소위	GO1096	朴萬淳	전사	(새군번)	미 상	미 상	李英烈	사망	(새군번)
일등중사	51-500068	林炳華	사망	서울(새군번)	이등중사	G13117	徐仁星	평양	추가 확인
이등중사	51-77000024	裵善浩	사망	훈장(새군번)	이등상사	51-500013	崔鍾敏	사망	원주(새군번)
이등중사	미 상	고석휘	전사	대원. 정선	일등중사	51-500060	金榮豹	불명	3소대장(새군번)
이등중사	미 상	김주섭	전사	〃 〃	일등중사	G13178	辛鎭鎬	사망	1소대장
이등중사	미 상	나승교	전사		이등중사	G13208	朴鍾云	홍천	대원(새군번)
이등중사	미 상	이운철	전사	〃	이등중사	G13193	徐承礎	사망	〃 (새군번)
이등중사	미 상	安淳哲	불명	〃	이등중사	-	김용복	불명	

결사 제13연대 124명 중 참전 귀환자는 56명으로 생존율이 45.1% 인데, 파악된 자는 28명이고 새 군번 부여자는 15명이다.

(전사확인자 9명)

위 3개 연대 참전자는 총 817명(백골병단 647명) 중 필자가 조사한 바 참전 추정자는 결사 제11연대 353명 중 157명이고, 결사 제12연대 330(160)명 중 53명, 결사 제13연대 124명 중 28명이 파악되었을 뿐이다.

총 파악인원 236명 중 새 군번 부여자는 118명 임.

5. 결사대의 작전 출동

우리 결사대원들은 자의(自意)든 타의(他意)든 조국 대한민국의 자유와 평화를 위해 사생결판을 내는 싸움터에 큰 발을 내디딘 것이다.

어찌된 영문인지 알 수 없으나, 작전 명령권자는 육군본부 지휘부가 아닌 미 8군 정보연락 장교단 단장 육군중령 이극성〔단기 4284(1951)년 1월 29일 발령된 듯〕이었다. 아마도 작전지휘권이 UN군사령관에게 이양되었기 때문인지도 ……

1951년 1월 30일 6시 30분경 육군정보학교(육군 제7훈련소)에서는 육군본부 정보국장 이한림 준장의 간단한 출정훈시가 있은 뒤, 운동장을 떠날 때 육군본부 정보국 요원과 작전국 요원 등의 환송을 받으며 북한군복에 소련제 무기로 무장한 육군본부 직할 결사대 제11연대가 역사적인 장정(長征)의 길에 올랐다. 주6)

대구에서 영천(永川)을 거쳐 영월(寧越) 방향으로 북진이 이어졌다. 1951년 1월 30일 20시경 강원도 영월군 영월읍에 도착했다.

여기는 한국군 제7사단 임시 전방지휘소가 있는 양조장 건물로서 3일 전에 적으로부터 탈환한 고장이라는 것은 이미 앞에서 언급한 바 있다.

주6) 2002. 6. 27. 나의 끈질긴 요구에 따라, **육군교육사령부**를 거쳐 육군정보학교에서 발굴한 자료에 의하면, **결사 11연대 병력이 349명으로** 되어 있으나, 정보학교에서 함께 교육을 받지 않은, 연대장 1, 보좌관 9, 통신병(무전) 4, 계 14명이 합류되어 363명이 되었고, 출동일자의 기록이 없어 1. 29로 착각하기 쉽다. 특히 교육기간 10일은 기초교육 10여 일을 포함하지 않는 순수 무장첩보, 유격전에 관한 교육기간을 뜻하는 것인지, 채 중령이 아군 쪽으로 복귀한 뒤 10여일을 말하는 것인지, 아무튼 이 자료 발굴로 **육군본부 직할부대의 편성・교육・침투 사실**이 만천하에 확인된 것이다.

보좌관 9명은 1950. 11. 청량리학교(정보학교)에서 모집한 특수직과 중공군 통역 등을 담당할 38이북 출신 대학 이상의 학력자들로서 2개월 이상을 교육받은 "베터런"들이었으며, 채명신 중령의 요구로 그분과 운명을 같이 할 "호위" 겸 보좌요원들로 공작원 번호가 부여되어 있었다고 한다.

여기서 군장도 재점검하였고, 실탄 30여 발과 일부 수류탄도 지급되었다.

지도와 지도가방 그리고 미숫가루 2주일분(4봉지)과 봉지담배도 한 봉지씩 지급되었으며, 군장 검열 후 작전명령이 집행된 듯하다.

작전 명령

결사 제11연대에 발령되었을 것으로 추정되는 작전명령은 작명(作命) 제2호였을 것으로 추정하나 동 작전명령은 채명신 중령이 보관하고 있다가 훼손되어 나(작전참모)를 포함한 결사대원들은 보지 못했다.

(앞에서 기술한 작명 4호 내용 참조)

(1) 결사 제11연대의 출동

1951년 1월 30일 22시를 기해 강원도 영월군 영월읍에서 적 후방을 향해 육군본부 직할 결사 제11연대가 영월의 봉래산(△799m)을 우(右)로 끼고 계곡으로 은밀히 북진·출동하였다.

참전장병 중 간부급 장교에게는 가로 9cm, 세로 6cm 정도의 흰색헝겊으로 된 인식 표(認識票)가 주어졌다.

인식표에는 **"이 증표를 가진 자를 발견한 부대는 즉시 상급 사령부에 인도하라."** 라고 쓰여 있고, 총참모장의 직인이 찍혀 있으며, 붉은색 두 줄이 대각선으로 그어져 있었다.

주저항선 돌파

1951년 1월 30일 밤 상당한 거리(약 7km)의 행군으로 적의 주저항선을 3인 1조씩 3개 단위 소대로 편성하여 은밀히 적진 후방으로 침투하였다.

1951년 1월 31일에는 성마령(△891m) 방면으로 진로를 정한 뒤 청옥산(靑玉山)(△1,255m) 왼쪽 능선으로 적의 제2방어선으로 판단

되는 지역을 슬그머니 비켜서 통과하고 주간에는 적에게 노출됨을 피하여 산악의 양지바른 따뜻한 곳에 은폐하고 야간에만 주로 행군하였다.

식량대책 : 식량을 적의 소비조합이나 국영백화점에서 확보하라는 지시가 있었으나, 강원 산간에서는 해당 기관이 없어 불가능 했으므로 눈을 녹인 물에 미숫가루 죽을 만들어 마셨으며,

피복 등 : 양말이 모두 두 켤레밖에 없었으므로 교대로 신고 젖은 양말은 몸에 품어 말려 신어야 했다.

강 추위와 눈보라에 영하 30도를 오르내리는 태백산맥의 끝자락 준령은 참으로 험난하여 고난의 행군이었다.

결사 제11연대가 작전을 개시한 날로부터 9일째로 접어든 1951년 2월 8일 휴대해 간 두(2)주일분의 미숫가루 비상식량이 바닥나기 시작했다.

이제는 현지에서 보급 투쟁(補給鬪爭)을 겸하지 아니하면 살아남을 수가 없게 되었다.

가능한 한 산간의 고립된 부락이 있을 법한 고장을 찾아 행군 진로를 잡았다. 그러나 부락이 크거나 경계가 곤란한 광활한 지역은 되도록 피하기로 하였다.

우리의 행군이 영월군 북면을 거쳐 미탄면 한탄리(美灘面 寒灘里)를 지나 정선군 정선리 행매동 부근에 이르렀을 때, 아군 육군 제9사단의 수색대가 벌써 그곳까지 진격해 왔다.

채명신 중령은 작전참모 전인식과 원응학 보좌관, 연락병을 대동하고 육군 제9사단 전방지휘소(중령 최모씨)가 있는 정선군 정선읍 행매동을 방문하여 적정(敵情)을 파악한 뒤

그곳에서 EE8 전화기로 상기된 얼굴로 육군본부와 통화를 한 뒤,

원응학 보좌관을 육군본부에 출장을 보내고 부대 숙영지로 복귀하였다.

나는 6.25 한국전 발발이후 9.28 수복 때까지 고향 파주 임진강변에서 칼빈소총으로 무장하고 퇴각하는 북괴군의 무장을 다수 해제하는 등 지방 저항(레지스탕스)경험이 제법 많은 사람 이였으므로 적진 후방에서의 활동에 대하여서는 나름대로 어느 정도는 알 수 있는 것 같았다.

침투당시, 왜인지 몰라도 전 병력 중 유일하게 채 대장만은 야전 점퍼 차림이었으며, 계급장은 사지셔츠에 부착되어 있었다.

유격대의 지휘관이 북괴군 복장을 하지 아니했으니 앞장에 선 놈은 이 사람 작전참모(필자)였다.

이를 두고 요사이 이 전기를 본 군 후배장교들이 작전참모가 어떻게 대대장이나 다른 연대장을 지휘할 수 있겠는가 해서 고소(苦笑)를 금 할 길 없으나 이는 어김없는 사실이었다.

이미 앞에서 언급한 바와 같이 나는 적 치하(敵治下)에서 저항운동으로 적병 수십 명을 처치한 경험자이고, 또 특별교육을 이수했으며, 연대장으로부터도 개인 교습을 받았고, 선임자였으니까 ……

우리들은 여기서 적정을 수집해 가지고, 험준(險峻)한 능선을 따라 평창군 대화면에 있는 백석산 쪽으로 돌려 잡은 뒤, 동측 발왕산 방향에서 횡계리(橫溪里) 방면으로 험산 준령을 넘어, 적진 깊숙이 침투하였다.

여기까지 오는 동안, 앞서 언급한 바와 같이 채명신 연대장은 적과의 조우를 극력 피하면서 한편으로는 실전 훈련을 주 임무로 삼고 있었던 듯 성급히 진격하지는 아니했다.

1951년 2월 10일 적진 후방지역에서의 전투작전 초기에 하진부리 남방 2km 지점까지 진출한 것이다.

산악에서의 행군, 백설(白雪)이 온 누리를 새하얗게 덮고 있는 가운데, 시꺼먼 암벽만이 앞을 가리는 험준한 태백산맥의 준령을 넘고 또 넘어, 우리들의 장정(長征)은 이어져, 오대산맥의 남단 하진부리(下珍富里) 부근에까지 이르게 된 것이다.

하진부리 부근은 특히 눈이 많이 내린 듯 허벅지까지 빠져 험준한 산악의 강행군은 이루 형용할 수 없을 만큼 고난의 역정이었다.

여기서부터는 10여일이 지났으므로 비상식량도 고갈되기 시작했다.

(2) 나의 초도 작전

여기, 하진부리(下珍富里)는 대관령의 길목일 뿐만 아니라 강원도답지 않게 넓은 평야도 있는 곡창지대라 잘 하면 상당한 식량도 확보할 수 있을 것 같은 기대감에 부풀어 있었다.

적군 몇 놈을 사로잡거나 처치하는 따위는 별로 문제가 되지 않지만 360여 명의 생명을 구하는 것은 식량조달을 어떻게 잘 해내느냐에 달려 있다고 해도 과언이 아니었다.

비상식량은 벌써 바닥이 났기 때문이다.

산 위에서 내려다 보니, 북괴군의 내왕이 간헐적으로 있었기에 ……
우선 수색대로 하여금 북괴군의 행색을 내게 하는 일이 무엇보다도 중요한데,
아직 우리 대원들은 이렇다 할만한 경험이 없었으니 ……
여간 걱정이 아닐 수 없었다.
그렇다고 언제까지나 구경만 하고 있을 수는 더욱 없었다.

채 대장이 나를 불렀다.
작전참모! 비상식량이 얼마나 남았는지 확인하고 보고해!!
비상식량이 하루분 정도 밖에 남아 있지 않습니다.

하진부리는 곡창지대이니 그 곳을 수색해 식량을 보충하도록 하라!

나는 한참이나 궁리를 해 봤으나, 첫 작전인 점에서 겁도 났으나, 명령을 받았으니 어쩔 도리도 없었다.

나는 전투경험이 있는 3대대장 이창식 대위와 이남학 소위를 떠올려 그들을 활용하기로 했으나, 이들은 모두 충남출신으로 북쪽사투리의 구사가 되지 않아, 내가 최선봉에 나서기로 했다.

나는 곧 제3대대 이창식 대위에게 수색조 편성을 지시하여 대대에서 차출된 20여명을 하진부리로 투입하는 선봉에 섰다.

나는(작전참모) 최선봉에서 결사 제11연대 제3대대, 이남학, 권태종(權泰鍾) 소위 등 3개 소대를 하진부리에 투입하였다.

즉, 3개 소대를 3인 1조 씩 9개 분대로 편성한 3개 축으로 하고 나는 선봉에 섰다.

나는 대낮에 당당하게 하진부리에 진입하기로 했다.

내가 하진부리에 진입하자 북괴군 병사들이 나타나기 시작했다.

나는 불심검문을 하는 척 이들 북괴군 병사 3인을 심문하였던 바, 그들은 북괴군 제3군단 소속 병사들이라고 했다.

이놈들의 무장이 해제·생포될 때 반항하는 1명은 권태종 소위가 사살하였다.

연대의 주력부대는 송정리에서 병두산 방면, 횡계 방면으로 향하게 하고, 1개 중대의 지원병력은 운송골에서 면화골로 진출하도록 보강하게 한 뒤 하진부리에 진입한 것이다.

개천을 건너 하진부리로 진입하여 조금 지나니 북괴군 세 놈, 3명이 또 나타났다.

우리가 적지에 침투한 뒤 두 번째로 상대하게 된 북괴군이다.

"나는" 북괴군 복장에 군관(장교) 계급장을 달고 있었다. 그들에게 점잖게 접근하여 황해도 쯤의 사투리로 물었다.

"동무들 소속이 어드메요?" **북괴병** : "3군단 입네다."
나는 이들을 검문하는 척 하면서 무장을 모두 해제시켰다.

북괴군 병사들이 가지고 있던 총기와 실탄, 콩 볶은 것 등의 비상식량이 확보되었으나 하진부리 부락에는 노인 약간명이 있을 뿐인데 그분들도 우리들의 무장과 복색이 북괴군이라 잘 협조하지 않아 식량 확보는 강냉이와 감자 약간 정도를 확보했을 뿐이었다.

우리들의 첫 작전이 성공하자 이 작전에 투입된 장병의 사기는 충천(沖天) 하였고, 어느 정도의 자신도 가지게 되었다.

적병의 불심검문 방법은 내가 고향 임진강변에서 **반공결사대** "레지스탕스" 활동을 할 때 사용했던 방법과 비슷했다.

생포한 적병 34명(사살 1)을 모두 개별 심문했으나 별로 쓸모가 없는 자 들로서 앞으로 우리 진로(進路)에 부담이 되므로 대원들의 처치 경험을 쌓게 했다.

특히 많은 눈이 덮여 있어 감추어둔 식량을 찾아낸다는 것은 거의 불가능했으나

부락민들은 우리들 행색이 인민군과 같아서, 협조를 하지 않아 식량 확보가 되지 않았다.

그러나 감자 등 아쉬운 대로의 수확은 있었다.

우리는 동북부 쪽인 **횡계리 → 대관령** 방면의 개천이 행군하는데 유리하고 또 적으로부터 노출되지 않을 것으로 판단하고 계속 동북진 했다.

그곳쯤 이면, 상황에 따라 남쪽 아군 지역으로 귀환할 수도 있을 것이라는 막연한 희망도 있었다.

▎눈 덮인 대관령을 넘어 ▎

　우리들은 가능한 기도를 숨기면서 인민군 3군단지역인 오대산 방면으로 가지 않고 슬며시 동해안쪽 대관령을 넘기로 하였다.
　대관령정상에 이르니 아군도 적군도 밟지 아니한 백설이 온 누리를 하얗게 수놓고 있었다.
　강릉 방향의 도로는 완전히 눈사태로 덮여 도로의 형적조차 분간하기 어려우리만치 눈이 쌓여 있었다.
　서 있기 조차 어려울 만큼 강풍(強風)이 불어 닥치고,
　그때마다 눈보라가 쳐 올라오는데 ……
　여간 힘산한 그런 악조건이 아닐 수 없었으나
　이러한 정황을 아랑곳하지 않고 대관령을 넘었다.

　이름모를 산새들도 숨을 죽이고,

　우리를 이상한 눈초리로 바라보고 있는 것이 아닌가!!? …….
　그 산새의 후손들이 아마(?) 우리를 증언할 것이라고 …
　다짐하는 것인지 …….
　이따금 격려의 재잘거림도 들렸다.

　배는 고프고, 비상식량인 미숫가루는 완전히 바닥이 났으며, 하진부리에서 노략질(?)한 강냉이와 감자는 그대로 먹는 훈련이 덜되어 있는 터라, 우선 참고 견디면서,

　강릉 방면으로 대관령을 내려갔다.
　대관령 길은 온통 눈으로 덮였고, 동쪽 비탈만이 눈이 없는 정도였으며, 사람이나 짐승의 발자취도 전혀 없는 원시의 눈길이었다.
　이따금 이름 모를 산새들이 웅크리다가 옆가지로 날면서 재잘거리기도 했다.
　우리들을 보고 웃는 것인지도 모르겠다. 참으로 황량한 기분이었다.

▮ 두 번째 보광리 작전 ▮

대관령을 내려가다가 더 내려가면 강릉 쪽이니 여기 중턱쯤에서 보현사(普賢寺)쪽 소로(小路)로 돌려 잡은 뒤, 보현사 입구에서 다시 동남방향의 보광리(普光里)로 내려갔다.

여기 보광리에서 식량 확보를 위해 부락을 수색하던 임동욱(林東郁) 하사와 외곽 경계 중에 있던 오봉택 중사(이등상사)의 수색대 앞에 적병 8명이 나타나자 이들을 선제공격으로 적병 3인을 사살하고 도주하는 2인도 사살하였으며 투항(投降)하는 3인을 생포하는 전과를 올렸다.

이 작전이 결사 제11연대의 두 번째 작전이며, 전투로는 첫 전투로 기록된다.

여기까지 이르자 채명신 중령은 여러 차례의 훈시 때마다 강조하던

필사 즉생(必死則生)

필생 즉사(必生則死)를 간략하게 줄여

"**사중 득생**(死中得生)"을 강조하면서 앞날의 용맹과 사생관(死生觀)을 강조했다.

이것이 두 번째의 작전이고, 발포는 하진부리 이후 두 번째였다.

나는, 나름대로 병력배치, 행군코스 등을 계획·하달할 수 있게 발전하였고, 의젓한 작전참모(?)가 되어가는 듯했다.

여기까지 오는 동안 나는 채명신 연대장으로부터 기회 있을 때마다 교육을 받아 작전요무령(作戰要務令)도 제법 익혔고, 독도법, 전술에 이르는 모두에 대하여 개인교습을 받은 셈이다.

지도(地圖) 한 장만으로도 지형의 판단, 경계요소(警戒要所) 병력의 배치 기본, 공격과 방어의 제대 운용(梯隊運用) 등에 관하여 제법 아는 척하게 되었고, 상당한 자신도 가지게 되었다.

연대장(채 중령)은 자기를 대신해 전투에 임하는 자 하나쯤은 확

보해야 하겠다는 생각을 했는지 모르겠다.

보광리에서는 발포를 하였을 뿐 아니라 식량 확보도 불가능해 주둔할 가치가 없다고 판단되자 다음날인 1951년 2월 13일 06시경 이웃부락인 강원도 명주군 사천면 사기막리(沙器幕里)로 동북상(東北上)하였다.

|대관령| → |보광리| → |사기막리| → 퇴곡리 → 삼산리 → 신배령 을 잇는 특수 작전이 시작된 것이다.

1951. 2. 13. 먼동이 트는 새벽 6시경 명주군 사천면 사기막리(沙器幕里)에 도착했다.

이 마을은 비교적 부유한 고장으로 민가도 제법 많고, 주민도 많이 살고 있어, 식량조달에 많은 도움이 될 것으로 판단되었다.

종자용(種子用)으로 보관하고 있던, 벼를 거두어 맷돌에 갈고, 절구에 찧어 현미를 만든 다음 이를 다시 볶아 미숫가루를 만들었다.

농촌 출신이 대부분이라 잘 들 해냈다.

이곳에서 대체로 5일분 상당의 비상식량은 확보되었다고 본다.

이것도 큰 것이다. 360여명의 5일분 식량이란 큰 것이었다. 그러나 그 식량도 쌀밥을 지어 먹는 것도 아니고, 죽지 않을 만큼의 미숫가루 등으로 확보할 수밖에 도리가 없는 것이지만…… 그런대로 전력은 보강된 것이다.

소(牛)는 2~3명이 소의 고삐 끈을 잡고 있을 때 한 병사가 도끼 등 쪽으로 뿔과 뿔 사이를 세차게 때리니까 소는 신음소리와 함께 쓰러졌다. 곧 칼로 가죽을 벗기면서 소를 분해하는 것이 경험자와 같이 잘 처리하는 병사도 있었다.

이와 같이 소(농우)를 잡아 고기를 밖에 놓아두면 자동으로 얼려져(냉동시킴) 소금을 뿌려 절이는 등 부산하게 비상식량을 준비했다.

냉동은 한 겨울철이라 밖에 놓아두면 단단하게 얼게 되었다.

여기서 쌀 20여말과 소 3마리를 확보하니 360여 명이 먹을 수 있는 5일분 정도의 비상식량은 확보된 것이다.

이 부락에서 반공 여학생 최 모를 포함하여 3인의 자원입대자를 확보하기도 했다.

그 당시 동해안으로 북진하는 수도사단은 꽤나 빠른 속도로 진격해왔다.

2월 16일경에는 수도사단 1연대(한신 중령)가 우리 뒤를 바짝 쫓아왔다.

하루는 우리 병력이 배치된 북쪽산으로 남방의 아군쪽에서 박격포의 깃점 사격을 하는 것이 아닌가!

이것은 1연대 12중대(중화기 중대)가 사기막리 북쪽 산에 박격포 깃점사격을 하기에 아군이 이미 여기까지 진출한 사실을 알게 되었다.

나는 1.5km 쯤 후방인 1연대 3대대 12중대가 있는 260고지로 쫓아가서 중화기 중대장인 대위에게 엄중 항의한 뒤 돌아와 연대장에게 보고했다.

채 대장은 한신(韓信) 중령(수도사단 1연대장)을 만나지 아니했다.

우리의 식량사정, 탄약, 총포 등의 지원을 부탁할 수도 있었을 터인데…… 어찌된 영문인지 알 수 없는 노릇이다.

대구에서 처음 뵀을 때에는 용감하고 씩씩해 보인 그였으나 현역 중령답지 않게 아군과의 조우를 피하는 듯 했다.

"야! 작전참모! 출발준비를 하라."

나는 부대 병력에게 출동준비 명령을 하달했다.

부대는 또다시 술렁였다.

어떻든, 여기서 전 병력이 먹을 5일분 상당의 식량을 확보한 것은 큰 도움이었다.

사기막리를 떠나 서북(西北)방 내륙(內陸)지방을 향해 운계봉(△ 530m)을 넘어

1951년 2월 17일 야음(夜陰)에는 **강원도 명주군 연곡면 퇴곡리**(退谷里)까지 서북상했다.

1951년 2월 17일 어둠이 가신 새벽 부락을 정찰하였던 바, 부락민도 건재하고 농우도 많아 비상식량을 충분히 확보 가능한 고장으로 판단되었다.

이 곳은 적군의 왕래도 없고, 연곡천을 사이에 두고 삼산리(三山里)까지 부락이 길게 산재된 자연부락으로 전란의 피해 흔적도 거의 없는 평화스러운 마을 같았다.

소(牛)도 10여 마리가 건재하고 식량도 충분히 확보할 수 있을 만한 고장으로 판단되었다.

소(農牛)를 잡는 것은 "사기막리"에서 경험했기에 잘들 해냈다.

이 부락은 동쪽 해안선으로부터 내륙에 이르는 진입로와 삼산리 방면, 그리고 북쪽은 눈이 쌓여 있어 자연방어가 잘 되어 있으므로 적의 침입이 없을 것으로 생각되었다.

1951. 2. 17 강원도 명주군 연곡면 퇴곡리에 도착한 결사 제11연대 장병의 영상 이미지

채 대장은 1951년 2월 18일 작전참모(전인식 대위)와 정보참모(최윤식 대위)에게 결사 제11연대 소속 장교의 소양시험 실시를 명함과 동시에 전술(戰術)에 대한 시험문제는 자신이 직접 출제하였다.

이 시험결과 성적이 극히 불량한 대위 2명과 중위 1명, 소위 2명 등 5명이 보직해임과 동시에 강등처분 되었다.

참모장 겸 제1대대장이던 이태윤 대위는 무능한 장교라고 보직해임 되는 등 4명의 강등과 보직이 박탈되었고 그 수만큼 현규정 보좌관을 임시 대위로 계급을 부여함과 동시에 1대대장에 보하고 윤철섭 중위를 대위로, 한갑수 소위를 중위로, 김흥복과 이명우 상사를 임시소위로, 수색소대장과 연락장교로 특임하는 등 진급자도 선발했다.

우리 장병들은 고산지대를 누비는 15일 이상의 강행군으로 여기까지 진출했으니, 휴식과 체력보강이 무엇보다도 긴요했고 지휘체계 확립 등 절박하던 때이기도 했다.

여기 퇴곡리까지 오는 동안 지역부락민이 스스로 유격대에 자원한 자(남, 녀) 4명과 퇴곡리에서 자원한 자 9인 등 민간인 자원자 13명을 확보하기도 했다.

이때 확보한 식량도 쌀밥을 지어 먹는 것도 아니고, 죽지 않을 정도로 미숫가루 등을 확보할 수밖에 도리가 없는 것이지만……

그런대로 전력은 보강된 셈이다.

요사이 이 전기(戰記)를 읽은 어느 대학생이, 군부대를 침투시켰으니 낙하산 보급이나 헬리콥터로 보급하면 될 것이 아닌가?

"라면"도 없단 말인가? 라고 말하더란다.

그런 생각을 할 수도 있을 것이다……. 만약에 적지에 투입되어 있는 유격대에게 공중에서 보급품을 투하(投下)한다면, 적에게 아군의 위치가 폭로되므로 모두 다 죽게 되는 결과를 가져오는 것이 아닌가!

아군의 본부에서도 불쌍하다고 생각했을 것이지만, 작전명령에서와 같이 보급은 현지조달 또는 적의 보급소 등으로부터 충당하도록 …… 이것이 유격대의 기본이 아닌지 ……

현지 조달은 불가능하였고, 추가 보급을 기대할 수는 전혀 없는 노릇이었다.

특히 강원산간 부락에서는 식량조달이 극히 어렵고 또 봄이나 여름철이 아닌 겨울이라 소나무 껍질 등의 대용식도 전혀 기대할 수 없는 형편이었다.

젊은 20대의 장병들이 굶고, 허기지게 되었으니 큰 걱정이 아닐 수 없는데, 동해안으로 북진하는 수도사단이 꽤나 빠른 속도로 진격해 왔으므로, 우리는 결과적으로 아군 진영 전방에서 어른거리고 있는 꼴이 되어버린 것이다.

그래서 희생은 적었을 것이지만 …… !!

다시 북쪽으로 연곡천을 넘어 서북방인 중부지방으로 ……

즉, **강원도 명주군 연곡면 퇴곡리**로 진출하여 여기서 다시 최종 마무리 정비를 한 다음, 중북부 산악지대로 침투하기로 하였다.

※ 여기 **퇴곡리(退谷里)**에서는 육군본부 직할 결사 제 11, 12, 13연대 **647명**이 통합되어 백골병단(白骨兵團)이 창설된 고장이다.

(3) 결사 12연대의 참전

1951년 2월 18일 퇴곡리 부대 숙영지 부근에서 결사 제11연대 수색대가 중부지역을 수색 정찰하던 중, 결사 12연대원과 조우하였다.

결사 제12연대 병력은 당초 편성이 361명이었으나, 육군본부가 소규모 단위의 부대 즉 1개 대대급을 연대로 편성 투입하고자 결사 13연대로 임시장교 19인과 병사 12인 등 31명을 전출함으로써, (정보학교 기록으로 판명) 330명으로 편성한 것으로 알려졌으나 그 근거 등은 확인되지 않는다.

1951년 2월 7일 오후 10시경 강동지서 앞을 출발, 강릉 시내를 거쳐 2월 9일 구정(邱井)을 경유, 대관령 방면에서 평창군 도암지구로서 북진 중 북괴군의 공격과 아군으로부터 적으로 오인되어 피해를 입었고, 공군기의 공습으로 후미 부대가 분산되었다고 하는 사실은 그 당시 수도사단 전면의 전투정보 보고(II급 비밀)에도 기술되어 있어 확인이 충분하다. 이때 분산된 170여명을 제외한 160여명의 병력만이 퇴곡리에 도착했다.

▶ **51년도 전투 정보 보고**
(다음은 필자가 육군본부군사연구실 II급비밀문서고에서 발굴한 것이다.)

> 1951. 3. 15 국군수도사단 정면의 정보보고서에서
> 『아군 유격 제12R 소속 귀환병 보고에 의하면 유천 DS6669를 향하여 행군 중 E(적)와 조우하여 교전하였고 오대산에서 약 30분간 교전하여 포로 1명을 획득하여 아군 기갑연대에 인계하였다고 한다. 그 후 동 연대는 매봉산 부근에서 적으로 오인한 아군으로부터 공격을 받았고, 조개리 부근에서 아군 비행기의 공격을 받아 분산되었다 한다.』라는 그 당시의 기록이 분명한 것을 필자가 찾아 낸 것이다. 다음이 그 원문이다.

國軍旅/軍団號

國軍首都師團正面

※據 12R 所屬敗死兵 報告에 依하면 유천 DS6669 을向하여 行軍中 E와遭
遇하여 交戰하였고 五台山에서는 敵 30余명 敵과 交戰하여 1名의 捕虜를 獲得
하여 我 CAV R에 引繼하였다한다. 其后 同R는 매봉산 DS 6191 附近에서
敵으로 誤認한 我軍에게 射擊을 받었고 조개峯 DS 5888 附近에서 我軍 先行
隊에게 攻擊을 받어 分散 되었다한다.

1951. 2. 7 강원도 명주군 강동면 지내에서 적 후방으로 출동하기 전
이극성 중령과 결사 제12연대 지휘부 일동의 기념촬영
右 2번 이두병 소령, 右 4번 이극성 중령, 右 7번 장철익 대위(다발총)(재미)

주7) 1951년 2월 7일 강원도 명주군 강동면 지내에서 육해공군 총참모장 정일권 소장(중앙)은 적·후방지역으로 침투할 결사 제12연대 출동장병 330명을 사열하고, 훈시를 통해 「**조국의 자유와 평화를 위해 최후의 1인까지 멸사보국할 것을 강조하고**, 귀관들이 임무를 완수하고 돌아오면 2계급 특진과 함께 최고 무공훈장을 줄 것이며, 희망하는 부대에 배치하고, 가족은 국가가 보호한다.」라고 역설한 뒤 장병을 사열하고 있다. 이 사진은 결사 제12연대 장병이 적 후방으로 침투한 사실을 웅변으로 증명한 것이다.

사진 下 담배를 문 미군인은 한국 군사고문단의 정보수석고문관 하우스만 중령, 맨 앞은 정일권 참모총장, 송요찬 수도사단장, 이극성 중령(웃는 얼굴) 등도 보인다.

결사대의 작전 출동

주8) 적진을 향해 출동할 장병 330명의 침투작전을 격려·지원하기 위해 최전방까지 출장한 육해공군 총참모장 정일권 소장과 미군사고문단 하우스만 중령, 제1군단장 김백일 장군, 수도사단장 송요찬 준장 등 지휘부, 정일권 총참모장의 훈시 광경 (上)
(下) 좌 털모자 김백일 군단장

<때 : 1951년 2월 7일, 곳 : 강원도 명주군 강동면 강동리에서>

※ 결사 제12연대의 편성은 당초 361명이였으나 31명을 결사 13연대 등에 전출하고 330(1951년 1월 육군정보학교 기록으로 확인됨)이 1951.2.5. 정보학교에서 출동한 뒤 1951.2.7. 14시경 강원도 명주군 강동면 지내에서 정일권 총참모장에게 출동신고를 하고 22시경 적 후방으로 출동하였다.

※ 제12연대의 출동

결사 제12연대가 1951년 2월 4일 작전명령 제3호(추정)에 따라 대구 육군정보학교(육군제7훈련소)에서 간단한 환송식 후 1951년 2월 5일 출동명령에 따라 트럭에 분승하고 영월 방면을 거쳐, 경주→포항→울진→삼척→묵호(동해)로 진출, 1박하고 1951년 2월 6일 강원도 명주군 강동면 지내에서 대기중 1951년 2월 7일 14시경 강동면 강동지서 앞 눈을 치운 논바닥에 결사 제12연대 병력이 도열한 가운데

육해공군 총참모장 육군소장 정일권(후일 대장으로 예편)[주7]
육군 제1군단장 육군소장 김백일(후일 전사 중장으로 추서)
수도 사단장 송요찬(후일 중장으로 예편)
주한 미8군 정보수석고문관 미육군중령 하우스만 등

육군의 최고 수뇌부를 포함한 미군 당국자가 참여한 가운데 결사 제12연대 장병의 출동신고에 이어 열병 의식이 거행되었다.[주8]

당초 연대는 오대산(五臺山)을 경유, 양구(楊口)의 사명산을 거쳐, 인제군－양구군－사명산－신고산－회양－통천(通川) 방면으로 진출하도록 임무가 부여되어 있었다고 하나, 작전명령문이 없어서 확인이 불가능하다.

이처럼 일개 결사대 출동에 국군 최고수뇌부가 직접 최전방까지 와서 참석·격려했다는 것과 임무를 미루어 볼 때 당시 국군과 유엔군 측에서 우리 결사대에 거는 기대가 얼마나 큰 것이었나를 미루어 짐작할 수 있다.[주9]

주9) 결사 제12연대의 출동 자료는 1993. 9. 23. 육군본부 군사연구실이 한국전에서의 유격전사 집필을 위하여 발굴한 이극성 중령 제공 사진 7매를 필자에게 확인을 의뢰해 옴에 따라 생존자들의 얼굴이 뚜렷하여 비로소 **결사 제12연대 장병**의 **사열! 훈시** 한 사실이 확인되었다.
내가 발굴한 〈한국전사〉 제39장 동부전선 반격작전 강릉 부근 전투(1951. 2. 3～2. 7) p.447에 의하면, "1951. 2. 7. 총참모장 정일권 소장과 군단장 김백

> **정일권 총참모장의 훈시**
>
> ① 귀관들 결사대 장병의 어깨에는 조국의 운명이 걸려있다. 최후의 1인까지 적을 섬멸하는데 최선을 다하라.
> ② 귀관들이 임무를 수행하고 돌아오면 모든 장병에게 2계급 특진과 동시에 희망하는 부대에 배치해 주겠으며, **빛나는 최고 무공훈장**이 기다리고 있을 것이다.
> ③ 귀관들의 가족은 국가가 책임지고 보호할 것이며, 식량 등의 원호를 할 것이니 안심하고 잘 싸워라.
> ④ 귀관들 중에서 만약 무기를 잃거나 적전 이탈 또는 낙오되면 무조건 총살에 처할 것이다. 고로 한 사람도 낙오되거나 부대를 이탈하지 말라!
> ⑤ 귀관들의 무운을 빈다.

라는 요지의 격려·훈시를 들었다고 알려지고 있다.

이들 결사 제12연대의 작전기록이 정리된 것이 없어 불분명하다.

대관령을 넘어 도암지방에서는 내왕하는 적병을 생포 또는 사살한 뒤, 도암에서 약 4일간을 잠복 작전한 후, 속사리를 잇는 횡계지구로 이동하여 적의 배후를 공략한 뒤, 다시 동쪽으로 이동, 오대산맥으로 재진입하여 슬며시 연곡천의 퇴곡리 방면으로 진출하였는데, 여기서 우연히 11연대와 조우하게 되었다고 한다.

퇴곡리에서 우리는 재편성한 다음 (가칭)백골병단으로 통합하게 되었는바, 그 뒤의 전투는 …… 주10)

일 소장이 사단 전방 지휘소인 묵호를 방문하여 송요찬 준장으로부터 강릉 탈환작전의 경과보고를 받은 바 있으며, 장병의 노고를 치하한 뒤 일선을 시찰하고 육군본부로 귀임한 바 있다"라고 기록되어 있어, 결사 제12연대에 대한 출정 격려 사진 및 일정과 일치됨을 확인할 수 있다.

  정일권 총참모장은 1951. 2. 7일 태극기를 앞에 세워 놓은 뒤 국민의례에 이어 출동신고를 받았다.

  이때, 부대 전장병은 **"조국의 평화와 자유를 위하여 최후의 1인까지 싸워 이기자!"** 라는 굳은 선서를 하였다고 한다.

  출전보고 및 선서에 이어 정일권 총참모장의 격려 훈시가 있은 뒤 부대를 사열(査閱)하였다.

주10) 이 12연대의 기록은 1987. 7. 9. 당시 12연대장이었던 이두병(소령)과 12연대 출신 이남훈 동지의 증언을 바탕으로 엮은 것이다.

결사 12연대 정찰수색 중 이등상사(중사) 박용주 등이 적 2인과 여군관 1인을 생포하였고, 고교지구에서 적의 매복에 걸려 고생하였는데, 그때 북괴 2군단의 공격과 아군 9사단으로부터 북괴군으로 오인 받아 공격을 받는 등 고군(孤軍) 중 아군 전투기의 폭격을 받아 후미 1개 대대가 분산되었다."라는 증언은 앞에서 기술한 그 당시의 전투정보 보고와 관련이 된다. 주11)

1997. 6. 4. 발행 **"백골병단 전투상보"** pp.73~80에 의하면, 도암면 횡계리를 출발한 정찰조 9인이 적으로부터 공격을 받아 이재성 외 2인이 전사, 피해를 입었으나 분대장 이익재·안병희·송세용 조장 등의 반격으로 적 11명을 사살하였다는 기록은 상당한 신빙성이 있으나, 그 이외의 결사 제12연대 전공 일부 주장은 불확실한 점이 있으며, 일부 12연대 임시장교 출신 2명이 국방부 보상심의 조사 당시 어성전리 방면으로 일부 병력이 진출하였다는 증언을 하였다고 하나, 이 또한 기억의 부실로 불확실한 것으로 판단된다.

주11) **내가 직접 발굴한 한국전쟁사료 정기정보보고 제77호** p#641에 의하면 국군 수도사단 정면의 기록에서 다음과 같은 기록(1951. 2. 16)이 있다. 「**아 유격 제12R(연대) 소속 귀환병 보고**에 의하면 유천 DS 6669를 향하여 행군 중 E(적)과 조우하여 교전하였고, 오대산에서는 약30분간 적과 교전하여 1명의 포로를 획득하여 아 CAV R(기갑연대)에 인계하였다 한다. 그 후 동 R(연대)는 매봉산 DS 6191 부근에서 적으로 오인한 아군에게 사격을 받았고, 조개리 DS 5888 부근에서 아군 비행기에게 공격을 받아 분산되었다 한다.」라고 기록되어 있다. <國軍首都師團正面 기록 참조>

이것이 「도암지구 오대산 횡계방면, 상진부리 속사방면에서 적 군단 병력과 조우하여 교전 중 1개 대대가 분산되었다.」는 사실과 전투정보 기록이 일치한다.

(4) 결사 13연대의 참전

　결사 제13연대에는 제12연대 작전참모 육군 임시보병대위 김한철을 결사 제13연대에 전출하여 연대장으로 보하고, 제12연대 장교 19명 (대위 3, 중위 7, 소위 9명)(연대장 포함)을 결사 제13연대로 배속 함과 동시에 1951년 1월 21일 육군보충대에서 제2차로 선발된 220여 명 중 100여 명을 결사 제13연대 요원으로 충원하여 124명이란 설이 지배적이나 일부 136명이라는 설도 있으나 편성표 등 아무런 증거가 없어 불분명하다.

　결사 제13연대는 1951년 2월 10일까지 교육을 실시하고 편성된 대원 3인의 소대 중 소대장을 장교가 아닌 일등중사(하사)로, 중대원 9인중 중대장을 이등상사(중사)로 보하고, 대대장을 대위가 아닌 중소위로 보임하는 등 결사 제13연대의 편성은 축소한 특수 편성을 한 것으로 판명되었다. (정보사 제공 자료에서 확인)

　결사 제13연대 장병은 교육을 마친 1951년 2월 11일 대구 육군정보학교를 떠나 열차로 부산항 제4부두에 도착하였으나 기상 상태 (풍랑)가 극히 좋지 않아 승선하지 못하고

　이틀이 지난 1951년 2월 13일 수송함정(L.S.T)에 승선하여 동해로 항진 1951년 2월 14일 야음에 강원도 묵호(동해)항에 도착했다고 한다.

　1951년 2월 14일 육군본부 전방지휘소(강릉)의 지시에 따라 병력을 차량에 분승케 한 후 대관령을 넘어 평창군 횡계 방면으로 진출을 시도했으나, 대관령 중간부 7부능선 부근에 이르렀을 때 눈사태로 도로가 차단되자 도보로 대관령을 넘었다고 한다.

　1951년 2월 15일 횡계리(橫溪里)에서 내륙 도암지구로 이동하여 월정사(月精寺) 방향으로 이동 중 적병 수명과 조우하게 되자 침투로를

변경하여 70리 무인고개를 넘어, 송천(松川) 광산촌을 지나 삼산리(三山里)로 진출하였다는 주장이 있으나 확인이 불가능하다.

그들은 눈을 헤치면서 1951년 2월 18일 송천 광산촌에 도착한 뒤 그곳에서 1일간을 휴식하고 2월 19일 무사히 삼산리방면, 즉 퇴곡리 서쪽부락에 도착하였다고 한다.

이때 2월 초순 아군 9사단 전방지휘소(OP)인 정선읍 행매동에서 채명신 연대장의 명을 받고 대구로 출발(출장)했던 원응학 보좌관은 정보국의 지시문서를 휴대하고 제13연대 병력과 함께 부산-묵호를 경유하여 삼산리-퇴곡리에 도착했다.

이러한 어려운 임무를 성공적으로 수행한 "원응학 동지"의 공로에 대하여 일부 특수임무수행자 심사에서 이론(異論)을 제기하는 자들이 있는 것 같은데, 참으로 답답한 심경 금할 길 없다.

그 당시의 어려운 공훈(功勳)을 모르면 가만히나 있지 왈가왈부(曰可曰否)하는 꼴은 정녕 기분 나쁜 현상이다.

원 동지는 퇴곡리에 도착한 즉시, 육군본부의 지시문서를 채명신 연대장에게 보고하였다.

여기서 1951년 1월 30일 한국군 창군이래 최초로 출진한 결사 제11연대 병력과 1주일 뒤인 2월 7일 적진으로 출동한 결사 제12연대, 2월 14일 적진으로 침투한 결사 제13연대 등 3개 연대병력이 51년 2월 20일 퇴곡리에서 모두 합류한 것이다.

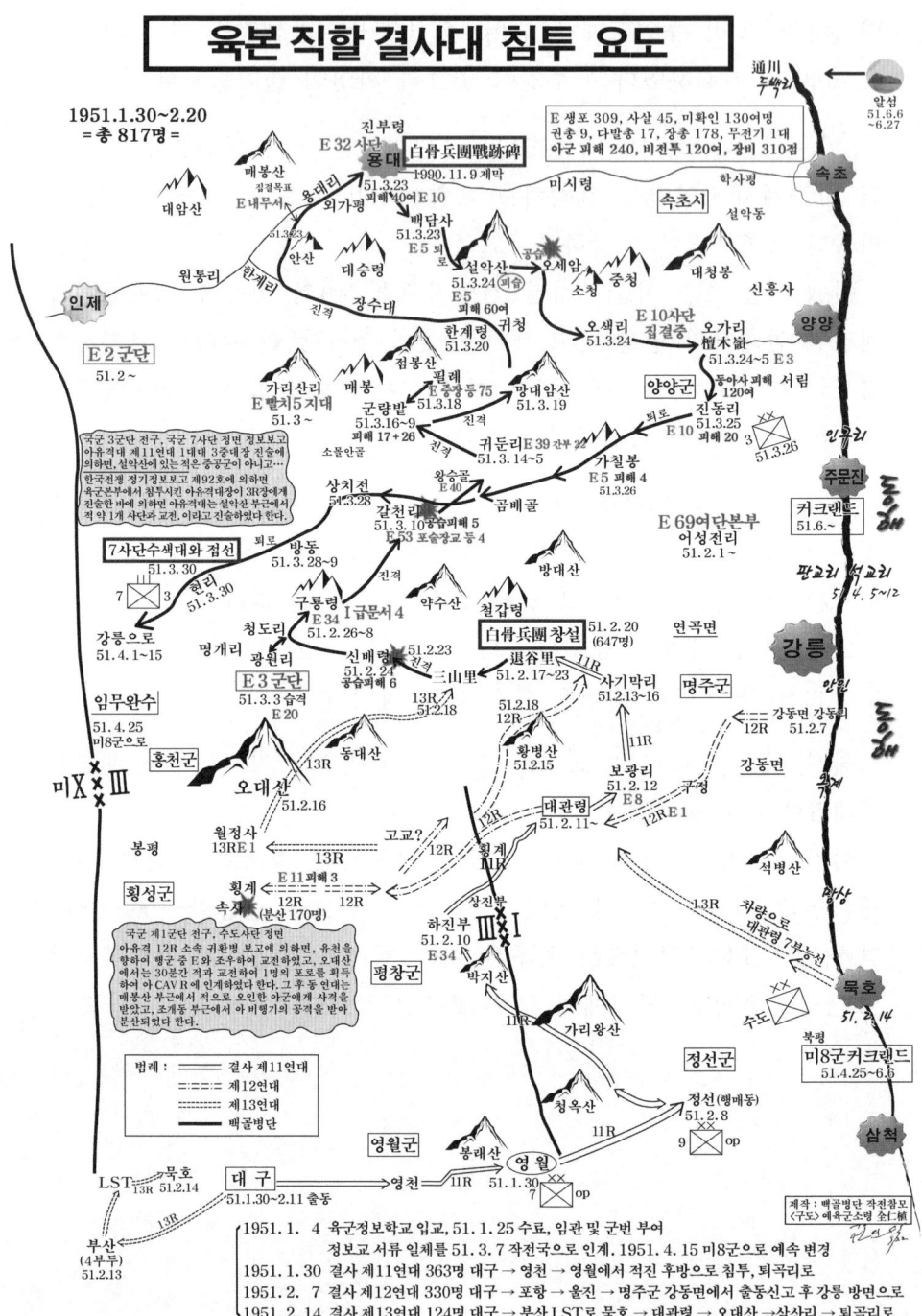

제 3부 백골병단 창설

1. 백골병단 창설

1951년 2월 20일 여기, **「강원도 명주군 연곡면 퇴곡리」**에 육군본부 직할 결사 제11연대와 제12, 13 연대 등 3개 부대가 우연히 이곳에 모였다.

3개 연대가 통합된 것이다.

이 통합부대를 **"백골병단"**(白骨兵團)! 이라 명하였다. 주12)

백골병단 창설에 관한 육군본부 당국의 일반명령이나 다른 아무런 지시가 있었던 것은 아닌 것 같으나, 적 후방지역이고 또 채명신 중령은 현역장교로 최고위직인 육군중령이었으므로 대한민국의 국권이 미치지 못하는 적진 후방지역에서 부대편성 명령을 행사한 것으로 추정된다.

그는 다음과 같이 명령하였다.

① 오늘 이 시각부터 우리 부대를 **"백골병단**(白骨兵團)"이라 칭한다.
② 사령관은 본인(채명신)이 취임한다.
③ 결사 제11연대장은 임시소령 이상섭으로,
④ 결사 제12연대장과 제13연대장은 계속 임무를 수행한다.
⑤ 백골병단 참모진은 결사 제11연대 참모진이 겸임한다.
⑥ 각 연대는 비상식량을 최대한 확보하고 장차 침투작전에 대비하라.
⑦ 출동일과 목표지역은 추후 하달한다.   이상이다.

주12) 白骨兵團이란 명명(命名)은 행정 명령 등의 근거가 있는 것은 아니고 3개 연대가 통합되어 규모가 증강되었으므로 상급부대를 창설함에 있어, 그 명칭을 강렬하게 나타내고, 또 중공군의 군단급 이상의 상급부대인 병단으로 격상하여 병력이 강대함을 나타내기 위해 명명한 것일 뿐, 특별한 의미가 있거나 일반명령 등 다른 근거가 있었던 것은 아니다. (참전전우회 일동의 증언)

이렇게 하여 육군본부 직할 결사유격대가 백골병단이란 특수(유격)부대로 적 후방지역에서 창설된 것이다.

백골병단 편성인원은 결사 제11연대 363명(일부 사상자 포함)
결사 제12연대 160명(낙오병 170 제외)
결사 제13연대 124명
계 647명과 민간참전자 15인 이다.

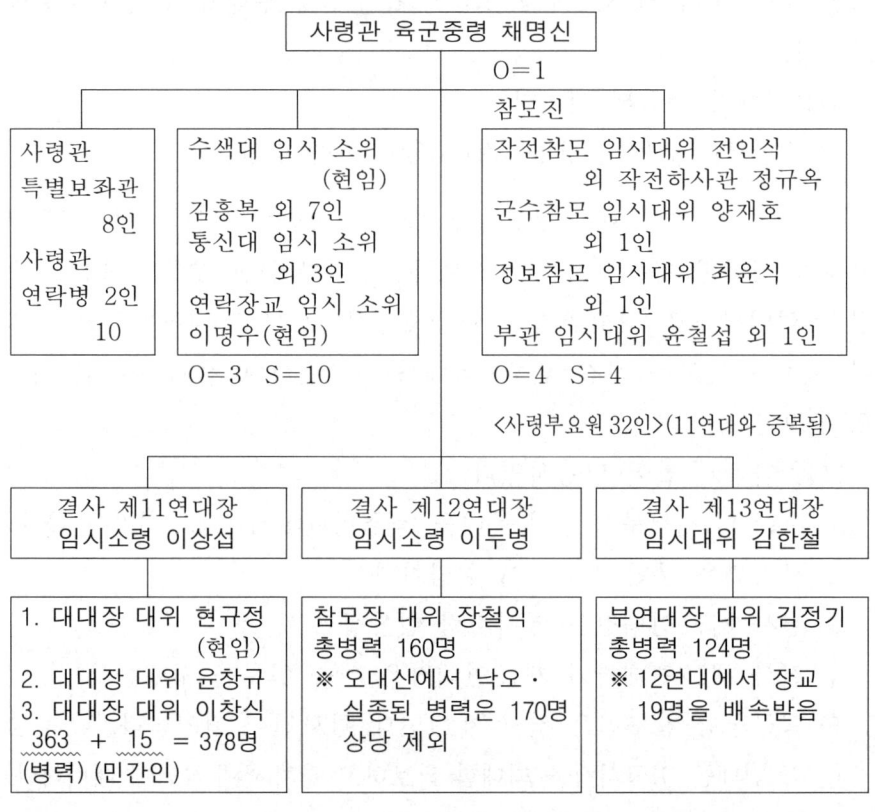

우리는 이제 각급 부대의 전투 제대도 재편성되었고, 병력의 증강(640여명), 훈련도 현지에서 상당히 실시한 격이므로 우리들 본래의 임무를 과감히 수행할 수 있게 되었다.

우리는 설악산의 서북방 지역과 오대산 북방으로 침투하여, 적 2군단과 3군단의 후방 교란을 위한 본연의 임무에 돌입하게 되었으며, 그만큼의 교육·훈련과 실전경험도 쌓았다.

퇴곡리를 떠난 것은 1951년 2월 23일로 앞으로 약 1개월간을 잘 버텨 새 봄을 넘기면 장기적인 유격전도 가능하다고 판단하였다.

이곳까지 벌써 약 1개월이 흐른 것이다.

강원도 북부 산악지대여서 그런지, 해도 빨리 넘어갔다.

눈은 아직도 온 천지가 새하얗게 덮여 있는 2월 23일 저녁 8시경, 살며시 퇴곡리를 떠나 서북방 양양군 서면 방면으로 진출하여 오대산맥 끝자락인 신배령을 넘고, 설악산맥의 중부 이북 산악 쪽으로 진출하였다.

동구 밖까지는 동북방향인 어성전(漁成田) 쪽으로 향하는 척 했으나, 이는 기도를 은폐하기 위한 속임수였다.

여기 오대산맥 북쪽을 무사히 넘은 우리는 또 한 번의 적 후방 침투에 성공한 것이다.

이것은 아군의 도움을 전혀 받지 않고, 정보도 없는 상태에서 우리들의 독자적인 적 후방 침투 작전을 한 것이다.

참으로 자랑스럽고 감격적이었다 !!

『나는 1992년 6월 6일 백골병단(白骨兵團) 전몰장병의 합동 추모식 후에 이곳을 찾았다.

내 승용차로 권영철 부회장과 함께 **41년 만에** 퇴곡리를 찾은 것이다.

퇴곡리에 이르러 주변을 살펴보니 옛날에 있었던 물레방앗간 터에는 다른 건물이 들어서 있었고,

동리에 들어가 이곳 저곳을 둘러 보았으나 산천(山川)이 모두 바뀌어 정황을 잡기가 어려웠다.』

> 그날(1992. 6.) 길 옆 평상에서 70~80세 가량의 노인 세 분이 간식 (소주)을 들고 있었으므로
> 이분들에게 6·25 전후에 이곳에서 살았는가를 물었더니
> 그중 두분이 1·4후퇴 때 까지도 여기서 살았다고 말하는 것이 아닌가. 나는 51년 2월 16~25일경으로 더 좁혀 물으니
> 그분은 **아군 유격대**가 여기 왔었다고 말하는 것이 아닌가!
> 그중 박대수(朴大洙) 씨(당시 82세)는 자기 집에도 아군 유격대가 주둔했었다고 하면서 당시의 기억을 더듬었다.
> 그 세 분 중 피흥섭(皮興燮) 씨(당시 77세)는 당시 삼산리에서 살았는데, 그곳에도 병력이 좀 있었으며, 삼산리에서 가마소를 거쳐 신배령 쪽으로 모두 넘어갔다고 확인해 주었다. 주13)

나는 "그때, 그들이 퇴곡리에서 소를 7~8마리를 잡아가지 않았습니까" 하고 물었더니,

"아마 10여 마리는 더 될 것이요" 라고, 이구동성으로 말하며, 우리들의 상황을 거의 정확히 말하는 것이 아닌가…….

그때 우리를 따라 나섰던 부락 청장년과 지원한 여인 등 10여 명은 돌아오지 않았다고 말했다. 주14)

주13) 「설날이 지난 며칠 뒤인 2월 중순경, 한 패의 인민군 복장을 한 대원이 들이닥쳐, 방 하나만 빌려 달라며 정중히 간청하기에 빈방을 하나 내 주었더니 신을 벗고 들어가더란다.
　　박 노인(박대수)은 인민군들이 들어갈 방을 빌려달라고 정중히 청하는 것도 이상하고 신을 벗고 들어가는 것은 더욱 의아스러워 자세히 말씨를 들으니 충청도 지방 말씨였기에 '어디서 오셨느냐'고 조심스럽게 물어도 답변은 없었다고 한다.」
　　몰골과 옷 매무새를 보니 틀림없는 인민군인데 행동거지가 참으로 점잖아 이상하다고 생각하면서 우선 잘 대접했는데 이삼일쯤 지나 또 한 부대가 오고, 또다시 한 부대가 와 모두 세 부대가 며칠 묵다가 삼산리 쪽으로 갔다고 정확히 기억하는 것이었다.

주14) 이때 퇴곡리에서 자원입대한 장정(壯丁) 10여명 중 살아 돌아온 전우 한 분을 2008년 9월 26일 필자가 상봉할 수 있었다. 이복규 씨(310205-)로서 삼산1리 5반 거주, 그 분과 사기막리에서 참전한 최 모씨, 퇴곡리 출신 여성 등 세 사람이 생존자로 확인되었다.

나는 그분들에게 당시의 부득이했던 상황을 간단히 말하고, 정중히 사과드린 뒤, 빳빳한 새 돈 10만원을 좌상이신 박대수 영감에게 드리니 이것이 웬 돈이냐고 하면서 세어보았다.

이분들의 증언에 따라 먼저 11연대가 51. 2. 16~17일, 그 다음 12연대는 2. 18일 경, 13연대는 19일 경, 이곳에 도착했으니 그분들의 증언은 참으로 정확하고 또 유익한 것이었다.

이분들은 처음에는 "하두 오래된 일이라서…" 하면서 망설이더니, 신들린 사람들 모양, 서로 확인하면서, 오히려 자랑스럽게 증언해주었다.

그분들 중 박영감님은 우리들이 떠난 뒤 3~4일 지나서, 밤중에 문을 두들기며, 우리는 폭격당한 뒤 고향으로 간다고 소리치며 몇 사람인지 돌아갔다고 말하면서 안타까워했다.

참으로 씁쓸한 뒷맛이었다.

여기서, 통합된 **백골병단** 병력의 **초도 작전은 1951년 2월 23일** 20시에 시작됐다.

어둠이 짙게 깔린 20시를 기해 여기 퇴곡리를 떠난 백골병단은 서북방의 홍천군 내면 방면으로 진출하여 오대산과 설악산의 경계 능선인 신배령을 넘어, 중부 이북 산악쪽으로 진출하고자 시도했다.

병단 작전참모인 나는, 주력 기간부대인 결사 제11연대를 선봉으로 삼고,

태백산맥 끝의 복룡산(1,014 고지)과 **오대산맥**의 두로봉(1,422 고지) 사이에 있는 험준한 신배령으로 진로를 결정한 다음,

예정대로 조개동 부락 쪽으로 진출하기로 했다.

이 지역의 민가는 여기 저기 1~2호씩 5호 정도가 산재되어 있어 일부의 숙영(宿營)은 가능하나 야영할 만한 침낭이나 모포 한 장 없는 장병이므로 부대는 옥수수 대 등 짚가리를 모아 덮는 야영을 할 수밖에 별 도리가 없었다.

인민군의 행색을 내기 위해서였는지 모포 한 장도 주지 않았으며 …….

담요나 침낭(寢囊) 같은 것은 더 더욱 지급해 주지 않았다.

▌퇴곡리를 떠난 백골병단(白骨兵團) ▌

퇴곡리를 떠날 때 부락민들에게는 철갑령(△ 1,012m)과 복룡산(△ 1,014m)의 사이를 경유하여 동해방면인 어성전(漁成田)으로 퇴각하는 것으로 위장하였으나 부락민 중 노인들은 우리 결사대원의 언어, 태도 등으로 미루어 국군유격대임을 이미 알았던 것 같다. (1992년 6월 그곳 거주자 박대수, 피흥섭씨의 증언 참조)

백골병단이 퇴곡리를 떠나 험준한 신배령을 넘어 서쪽에 전개되어 있는 널찍한 개활지에 도착한 뒤 이곳에서 야영(野營)하게 되었다.

이곳은 부락이라야 작은 집 서너 채가 여기저기 산재되어 있었고, 옥수수 저장 광(옥수수 대로 엮은 것)이 몇 개 있을 뿐이었으므로 부대는 야영할 수밖에 다른 방도는 없었다.

전 장병이 고생 고생하며 날을 밝혔다.

다음 날 아침, 출발준비를 하고 있던 10시쯤 기세 당당히 계곡으로 내려가 오대산 북방 홍천군 내면 청도리, 광원리 방면으로 이동하고자 준비 중에 있었다.

그 뒤에 안 일이지만 「광원리」 부근에는 인민군 3군단 지휘부가 분산 주둔 중에 있었으니 적정(敵情)을 전혀 알지 못하고 우리는 행동하였던 것이다.

아군 공군기의 오폭

1951년 2월 24일 10시경 신배령을 넘은 결사대원들이 아침을 먹고 출발준비 중인 때, 어디선가 나타난 아군 정찰기가 공중을 두 바퀴 쯤 선회하였다.

우리들은 복룡산(伏龍山)(△ 1,014m)과 두로봉(頭老峰)(△ 1,422m) 사이

에 있는 「신배령」을 넘어 넓은 개활지 화전(火田)지역에서 야영 후 휴식을 끝낼 무렵이다.

이 지역에는 인가(人家)가 1~2호(戶)씩 몇 집이 산재된 산간 오지의 마을이었다. 아군 항공기가 우리들의 주위를 선회하므로 대공표지판 赤 白을 잘 보이게 깔았더니 이것을 보았는지 그대로 돌아가고 약 30분 정도 지난 뒤 "그러먼 (Grumman)", "일명 구라망" 폭격기 3대가 또 다시 나타났다.

우리들은 아군이라고 안심하고 있었는데 ….

검은 "그러먼"(일명 구라망) 전폭기 3 대는 우리에게 집중적인 기총소사를 가하는 것이 아닌가.[주15]

폭격기는 미군기(함재기) 같았다.

우리는 곧 대공 표지판을 꺼내 잘 보이는 곳에 다시 펴 깔고 그 날의 표지판 식별 모양도 재확인 했다.

그런데 대공표지판을 잘 펴 깔았는데,

오히려, 그 주위에 네이팜탄(화염탄)과 기총소사를 더욱 세차게 가격하는 것이 아닌가.

육군 본부가 준 **대공 표지판**과 그 식별법은 완전히 틀린 것이었다.

작전명령에서 지시한 대공표지판의 표식법과 표지판은 가짜이거나 엉터리였던 것이다.

이런 고약한 양반(육군본부 정보국 고위 장교)들이 아닌가 !!

"그러먼" 폭격기는 참으로 날쌘 놈 이었다.

시꺼먼 기체가 산 능선 위에 나타났는가 하면, 갈기고 치솟는데,

주15) 필자가 육군본부 군사연구실에 보존중인 1951 년 2 월 전투정보 보고서철 (Ⅱ급 비밀)을 본인이 직접 뒤져, 발굴한 자료에 의하면,

정기 전투정보 보고 : 국군 제 3 군단 제 7 사단 정면 DS 5633 부근에서 **공군**이 **'51. 2. 23 아침 약 700 명의 적을 목격했다고 한다.** 라고 기록되어 있어, 우리들 「백골병단」 647 명을 공군에서는 정확히 적으로 파악하였음을 확인할 수 있었다.

그 폭음이 온 천지를 진동시키는 것 같이 요란했다.

모두 엎드리고 숨고, 부대는 순식간에 아수라장이 됐다.

대공표지판도 즉각 걷어 치우고 모두가 대피 했다.

네이팜 탄을 맞으니 순식간에 사람이 새까맣게 타서 숯덩이 같이 되고, 모기 소리만한 작은 목소리로 살려달라고 애원하더니 곧 운명하고 말았다.

참으로 기가 막힌 일이 아닐 수 없었다.

육군본부 정보국의 작전명령이 잘못된 것임이 밝혀졌으나 어쩔 수 없었다.

아무리 "전시"라고 하더라도 이런 고의적인 실수?를 해서는 아니 된다고 강조한다.

이건 분명히 직접·간접 살인행위가 되는 것이 아닌가……

실수를 한 것이 아니고, 적에게 노출될 것을 우려해 고의로 틀리게 지시한 것이 분명한 것이 아닌지!!……

채명신 중령은 고급장교인데 어떻게 이런 기막힌 일이…… 의심이 갈 정도였으나 그 분도 어쩔 도리가 없었다고 생각한다.

온갖 어려운 여건을 극복해 왔던 전우들이 적군도 아닌 아군 공군기의 오폭(誤爆)으로 억울하게 희생 되었다.

참으로 원통하고 분한 노릇이었다.

이 폭격으로 피신했던 결사 제12연대의 일부 병력이 삼산리(三山里), 퇴곡리 방면으로 다시 남하 이탈한 것이 그 당시 부락에 거주했던 박대수(朴大洙)씨 등의 증언이 있으나 병력수 기타를 제12연대 지휘부가 파악하지 못해 그 증언의 정확성은 불분명하다고 생각한다.

결사 제11연대의 희생은 여기서 처음 발생했다.

여지껏 순탄하게 행군과 침투를 해 왔는데, 여기서 되게 한방 얻어 맞았다. 그것도 우군 전폭기로부터 였다.

이렇게 무참히, 적군도 아닌 아군 공군기의 오폭(誤爆)으로 억울하게 여섯(6명) 동지가 희생되었다. 주16)

희생된 전우를 그 곳에 묻고, 2인은 경상이라 후송하기로 하여 그 중 1인은 급조된 간이 들것에 옮겨 하산하였다.

다음 날 경상을 입은 동지는 후송되었다.

이때 후송된 동지는 인천 도화동에 살았다는 이영하(李永夏) 소위로 기억된다.

매우 안타깝고 허전한 기분이라 모두 의기소침해 졌다.

그러나 슬퍼하기만 할 수는 없었다.

우리는 불쾌한 그곳을 빨리 벗어나려고 했다.

여기는 홍천군 내면 조계동, 동북방 5 km 지점 편평한 능선 골짜기 !

동북쪽에는 만월봉과 두로봉을 잇는 신배령 넘어 오대산맥 너머인 조개동, 목맥동 못 미쳐 무명부락이라고 기억된다.

광원리에는 뒤에 안 일이지만, 인민군 3군단 본부가 흩어져 있었으니, 위험천만한 고장이었다.

우리는 오대산 정상인 비로봉(1,563 m) 북방 6~7 km 상당에 진출되어 있고, 적의 심장부 근처에서 그런 줄도 모르고 버티고 있었던

주16) 하진부리에서 용맹을 떨쳤던 안양(시흥) 출신의 이등중사(병장) 군번 G11087 권욱상(權旭相)이 여기서 약관 20세의 청춘을 나라에 바쳤다.
　　권 중사는 서울 양정중학교 6학년에 재학 중 입대한 전우로서 건강한 체력에 장래가 촉망되던 청년이었다.
　　그의 모친께서는 우리들 전우회의 주선으로 1989년에 이르러 전사확인을 받아 유족연금을 수혜 받았으나, 2001에 별세하시어 연금은 정지되었다. 그때 화상을 입은 인천출신의 이영하(李永夏) 소위는 화상정도가 경미하여 치료를 위해 아군지역으로 후송하였다.

것이다.

우리는 다시 야간(夜間)에 잠행 행군으로 8 km 상당을 중부 산악지대로 더 진출하였다.

이곳 지형은 오대산맥(五臺山脈)과 설악산맥을 연결하는 고장으로서 보통 지형이 1,000 m 이상의 고산지대에 속한다.

수목류, 풀 등도 모두 평야지대에서 볼 수 있는 것과는 다르다.

그러나 우리들은 영월에서부터 여기까지 산악을 타고 왔으므로, 무슨 산을 즐겨 등반하는 산악 특수부대와 같이 잘 훈련된 다리를 가지게 되었다.

우리들은 참으로 신출귀몰 하였다.

광원리(廣院里) ↔ 양양(襄陽)을 잇는 도로변에 주둔한 우리는 이제 거의 완벽할 만큼 북괴군의 행세를 할 수 있게 되었고, 복장도 이제쯤은 역전의 용사답게 흐트러지고, 거칠고 험하게 변모되어 있어서 그들 북괴놈들과 섞어 놓아도 전문가 아니면 괴뢰군과 우리들을 식별하기 조차 어려울 정도가 되었다.

우리는 적 치하의 도로상에 우선 임시 검문(검색)소를 마련하였다.

이곳은 적이 장악하고 있는 지역이라 적병이 마음 놓고 내왕하는 그런 도로변에 3인 1조씩 잠복 보초병을 세워, 내왕하는 북괴군을 검문하기 시작한 것이다.

그때의 우리 아군 전황은 우리들 위치보다 30 km 상당이나 남쪽 평창군내에서 교전 중이었으므로 북괴군들은 아무런 제약 없이 아군의 공습만을 피하면서 대로를 활보하고 있었으니 수확은 클 수밖에 ……

그로부터 40여년이 지난 1992년 7월 15일 내가 특공부대에서의 "안보 강연"을 위해 강원지방을 향하던 나와 권영철 전우 그리고 신건철 전우 3인은 영동고속도로 "속사" 이승복 기념관을 지나 계방산 옆 1,080 m의 운두령(雲頭嶺)을 넘어 한참 내려가니 홍천군 내면 사무소 앞을 지나 비포장도로로 23 km 쯤 달려 구룡령 고개 밑에서 계곡길로 접어들었다.

여기는 외청도리인데?!!

비는 부슬부슬 내리고 있는데 도로를 확장하는 공사 중인지 길이 아주 나빠 차량진입이 어려워 고민하고 있을 때, 구세주와 같은 노인 한 분이 나타났다.

맞은편에서 오는 70~80세 정도로 보이는 노인 앞에 우선 차를 세우고,

그 노인에게 고향과 6·25 전후의 거주 사실을 물었더니 ……
여기가 고향이고,
6·25 때도 여기서 계속 살았다고 말하는 것이 아닌가 ……

나는 저쪽 오대산 쪽 계곡 위를 손으로 가리키며, 저 작은 능선 뒤쪽에는 밭이 있고, 그 위에 농가(집) 두세 채가 있지 않았느냐 라고 물었더니, 지금도 두 집이 있다. 라고 하므로,

그 집의 옛 주인들이 지금도 살고 있습니까? 라고 다시 물었다.

그 집의 주인은 바뀌었습니다만 ……,

> 6·25 당시는 제가(최 씨) 그 집에서 살았다고 하므로, 51년 2월 24~5일 경 그곳에 인민군 부대가 오지 아니했느냐 라고 다시 확인하였더니,
> 그 "노인" 최태원씨(77세)는 아군 유격대가 왔었다고 말하는 것이 아닌가.

나는 그들이 왜 아군 유격대 입니까?!! 하고 다시 묻자,

그분은 우리들의 대화중에, 우리 대원(隊員)이라고 부르기에 이들은 인민군이 아니라고 곧 분간을 할 수 있었다고 한다.

자기 집에는 높은 사람이 있는 것 같았다면서 진짜 인민군도 수십 명이 잡혀왔고, 지방악질들로서 피신해 있던 자들이 인민군으로 알고 해방되었다고 날뛰다가 "생목숨 끊었지요."라고 말하는 것이 아닌가 !!
우리들 사령부(사령관의 위치)가 그분의 집에 있었음이 확인 된 것이다.

신배령을 넘은 뒤 우리들은 조개동 위 평평한 밭이 있었던 골짜기에서 폭격을 당한 사실도 "최태원 씨"는 알고 있었다.
내청도리 목맥동 산간부락 작은 민가에 **지휘소**를 설치 했다.
그 집이 최태원 씨의 집이었다. 주17)
우리는 주저항선 북쪽 약 30km, 오대산 비로봉(1,563 고지) 북방 10여 km 상당에 진출해 있었으니,
결국 적군의 심장부 근처에 버티고 있었던 것이다.

부대는 다시 1951. 2. 25. 은밀한 잠행(潛行) 행군으로 6~7km 상당을 산악과 계곡을 이용하면서 더 서북쪽으로 진출했다.

구룡령을 장악하다

나는 1951년 2월 26일 하오 구룡령 진입로 주변을 완전히 장악하고 도로주변에 임시 검색팀을 설치했다.
검문·검색소라야 별다른 검문시설이 있는 것도 아니고 삼각형 대형의 3인 1조씩 병력을 배치한 것 뿐이다.
구룡령은 용(龍) 아홉(9)마리가 꾸불꾸불 도사리고 있는 듯한 영(嶺)이라는 험준한 고갯길이다.

주17) 필자가 1992년 7월 15일 계방산 운두령을 넘어 홍천군 내면 외청도리 (구룡령 입구)에 이른 때, 최태원 씨(당시 77세)를 만나게 되었는데 그 분의 말이 목맥동의 우리들 지휘소가 설치된 집이 바로 자기의 집이었다고 말하는 것이 아닌가. 나는 그 옛날 고마웠다고 하며 몇 만원을 사례하니 우중에 노상에서 이것이 웬 일이냐고 하며 고마워 했다.

구룡령 정상부 쪽에서 내려오는 오솔길 내리막에서 적병을 검문 검색하기 위한 것이다.

나는 북괴군과 똑같은 복장을 하고, 한달 가량이나 지났으며, 말씨도 황해도 사투리쯤을 "채중령"으로부터 배워 섞어 쓰고 있으니 피아(彼我)를 가리기 어렵게 변모되어 있었던 것 같다.

이곳은 삼팔(38) 선 이남지역 이지만 적이 장악하고 있고,
아군 전투지역으로부터 적 후방 30 km 이상이나 떨어진 지역이라 북괴 병사들은 마음 놓고 내왕하고 있었다.

도로변에 보초병을 세워, 내왕하는 북괴군을 검문·검색하는 척하고는 곧바로 생포하는 작전을 펼쳤다.

검문·검색이라야 별 것도 아니었다.
초소가 마련된 것도 아니고,

1951. 2. 26 구룡령 차단으로 노획한 인민군 69여단의 중요기밀문서를 확보하는 광경 재연 (좌 1번 작전참모 이미지)

우리 병사 세 명을 3점, 즉 삼각형(三角形) 대형의 축을 이루어 배치하는 것뿐이었다. (1개 분대가 3명이었음)

차단용 나무장대는 차량통행이 불가능한 곳이므로 가설할 필요도 없었고, 통행차량도 없었다.[주18)]

도로라야 겨우 사람이나 다닐 수 있는 소로였다.

눈이 덮여 차량 통행은커녕 소로길 마저도 분간할 수 없을 정도로 눈이 쌓여 있었다.

주18) 결사 제11연대가 출동할 때 채명신 연대장은 적진후방에서 제12연대, 제13연대와 조우하면 이들 연대의 지휘관들은 모두 민간인 출신 임시장교이므로 현역인 귀관(채명신)이 통합 지휘 하라는 구두명령을 받았으나, 과연 적후방에서 이들 유격동지들을 만날 수 있을까? 하는 의문을 가졌다고 회고하였다.

M채 씨는 그의 저서에서 결사 11연대의 출동병력을 200여 명이라고 기록했으나, 360여명이 정당하고 동상자 및 심신허약자 등을 5~10명 단위로 오던 길로 되돌려 보냈다고 기록했으나 그런 일은 없었다.

일부 구룡령의 실황을 기술한 사람 중에는 차량 수십 대가 헤드라이트를 켜고 왔기에 몇 대를 수류탄으로 폭파했다는 등 "소설"을 쓴 사람도 있으나, 그런 사실은 전혀 없었다.

2. 북괴 69여단의 궤멸

1951년 2월 28일 **나는** 청도리와 내청도리, 광원리를 잇는 구룡령 아래 도로변에 3개조를 배치하고 검문하는 시범을 보이고 있었다.

이때의 시범은 우리 연대 병사들이 전투경험이나 특수전 경험이 없었으므로 내가 직접 현지교육을 실시하지 않을 수 없었다.

"나는" 병력 배치 후 한가로이 낚시(?)를 드리우는 심정으로 기다리고 있는데,

큼직한 대어(大魚)가 걸려 들었다.

북괴군 69여단의 **정치부 군관**(장교)인 총위(대위 ; 소성 4개)가 부하 3명(두 명은 중위와 특무장)을 거느리고 전투상보(戰鬪詳報)와 **1급 기밀문서**를 휴대하고, 상급부대인 북괴군 제 3 군단 본부(광원리 부근 소재)에 보고하러 가는 것을 생포한 것이다.

노획한 인민군 69여단의 중요기밀문서를 검토하는 채명신 중령, 좌 작전참모의 이미지

그때 북괴군 3군단이 광원리 주변에 주둔해 있다는 것을 이놈들 덕분에 알게 되었다.

우리들은 적 군단 지휘부가 있는 근처인지도 모르고 활동한 꼴이 되었다.

잠복조 앞에 그들이 가까이 오자

"나는" "정지! 서라!"

명령한 뒤, 경계태세를 늦추지 않은 채 자연스럽게 접근했다.

"나"는 보위부에서 나온 군관(장교)이외다.
〔정치보위부는 뒤에 사회안전성(社會安全省)이라고도 함〕

> 이 곳에 "남조선 괴뢰의 낙하산 부대가 투하(投下)되었다는 정보에 따라 놈들을 소탕하러 중앙에서 왔소!
> 동무들의 신분을 확인해야 겠수다!!"

나 : "증명서 좀 보여 주우다"

그들은 우리를 전혀 의심하지 않고,
모든 증명서와 당원증, 군관증 등을 꺼내 보였다.

나 : "잘 알겠수다.
"기런데 우리는 동무들이 제시한 증명만으로는 믿을 수 없으니"
"본부에 가서 무전으로 확인할 테니 따라 오기오!"

북괴 군관 : "우리는 지금 바빠서 아니되오."

나 : "잠깐이면 되오. 따라 오기오."

총위놈의 문서가방은 그대로 두고,
놈들의 권총과 따발총을 걷어치운 다음,
이들을 데리고 우리의 사령부 격(?)인 오두막집에 도착했다.
(주 15 의 최태원 씨의 집)
이렇게 간단히 네 놈을 생포한 것이다.
여기 구룡령 차단작전에서 적병 30여명(32 ?)을 생포하는 주훈이 있었고, 결사 제11연대 수색대로 편성된 이외에 추가로 투입된 지원 병력의 활동도 컸다.
이날, 연락병 등 인근 대로변에서 이와 비슷한 방법으로
오가는 북괴군 **모두를 생포**했다.
귀중한 문서와 무기 및 탄약은 물론, 볶은 콩과 미숫가루 등 그들

이 가지고 있던 비상식량은 보통가치가 있는 것이 아니었다.

특히 그날 우리가 "적"군관으로부터 **노획한 문서는 최상급의 극비문서**였다.

단기간의 훈련만으로 적지에서 해낸 전과(戰果)는 참으로 대단한 것이었다.

그들의 보고문건에 의하면,

인민군 69여단은 양양군 인구리(仁邱里)에서 어성전리, 주문진 방면으로 포진되어 아군 수도사단의 진격을 저지할 목적으로 배치되어 있으며,

야포, 박격포, 중기관총, 경기관총, 소총 등과 탄약의 수량, 병력수 및 배치도 등이 상세히 기록된 전투상보(戰鬪詳報)로서 보급품의 부족, 탄약의 보충을 건의하는 내용 등도 포함되어 있었다.

이들 69여단의 병력은 5,403명이고,

그들은 4개 대대로 편성되어 있었다.

정치부장교인 총위는 적의 정치보위부 소속 군관(장교)으로 제법 똑똑한(?) 놈이었는데,

적의 군단 본부 근처까지 우리가 진출해 있으리라고는 꿈에도 생각하지 못했을 것이다.

다른 장교와 졸개들은 별로 쓸모가 없었지만,

총위(대위)놈만은 커다란 수확임에 틀림이 없었다.

그러나 아군지역까지는 여기서 동남방으로 사기막 부근까지 가야 하는데,

대체로 30~40km 상당은 될 것이라고 판단 되었다.

생포된 자 중의 한 놈은 중위[최(崔) 모]였는데, 이 놈은 뒤에 살려 달라고 애원까지 했다. 그 놈은 얼치기 군관인 듯하여 우선은 처형에서 제외되었다.

북괴 중위는 남하할 때, 증거물(포로)로 쓰기로 하였다.

이제까지 우리들은 몸을 단련하는 일 뿐이었는데, 슬슬 몸을 풀 수도 있게 되었고, 어렵지 않게 큰 수확을 올리게 되니 대원들의 사기는 충천하였다. 주19)

1986년 8월 8일 필자가 쓴 『못다핀 젊은 꽃』, 1951년 3월 『파랑새』에서 "69여단이 거의 전멸되었다." 라고 쓴 것에 대하여, 어떤 놈인지 알 수 없으나 전화로 똑똑히 알고 쓰라는 투의 항의를 받은 바 있는데, 그 전화소리가 약간 윙윙 울리는 소리여서 국내에서 발신한 것 같지 않아 놈들의 소행인 듯해 씁쓸하기까지 했다.

그때 생포된 북괴군 중위는 지금 대한민국 어느 곳에선가 살고 있을 것이다.

생포된 특무장(特務長)은 8·15 해방 후 서울의 D대학에 다니다 월북한 자였는데, 나도 남반부 출신 대학생이라면서 살려달라고 애원했으나 6·25때 월북했거나 의용군으로 지원한 놈이 특무장(우리로 말하면 「상사」급)까지 진급한 것을 보면, 이놈은 진짜 빨갱이가 틀림없어 보이니 살려 보낼 수는 없었다.

그들로부터 노획한 귀중한 문서와 포로는 연대장 보좌관으로 파견된 **강두성**(평북 영변 출신), **장인홍**(평양 출신) 동지 외 2인이 도보로 다시 남하하여 아군 진영에 신속히 전달하기로 했다.

주19) 필자가 발굴한 정보보고(기밀문서)에 의하면,
한국전쟁, 정보보고 제66호에 의하면, 국군 수도사단 정면의 적은 69여단(6개 대대로 편성) 본부는 인구리 DT 7801에 위치하고 있다는 기록이 있고, 〈**한국전쟁사**〉 4집 제39장 동부지구 반격작전 p. 638에 의하면, 「수도사단」 "사단에서 노획된 적 문서에 따르면, 제69여단 병력은 2월 20일(확인 3.10) 현재 5,403명이며, 그 중 군관(장교) 536명, 하사관 383명, 전사(병졸)가 3,550여 명으로 구성되어 있었다고 한다." 라는 등으로 기술하였는바, 이는 필자가 직접 생포·노획한 적 69여단의 전투상보를 수도사단에서 인계받아 기록한 것이 분명하다. 참으로 놀랍고 훌륭한 전과의 기록이다.

이로써 **수도사단 전면의 적**은 전력과 위치가 샅샅이 노출되었으니 북괴군 69여단의 운명은 가히 짐작이 갈 만 했다.

그들은 우리 육·해·공군의 협동작전으로 거의 괴멸되었다고 들었다.

강두성 보좌관 일행은 북괴군 중위(최 모) 놈과 69여단의 기밀문서를 아군 진영에 전달하기 위해, 우리들이 지나온 길을 참고로 다시 신배령을 넘고, 연곡천(連谷川) 상류쪽에서 계곡 남쪽인 산악으로 약 1주간 잠행(潛行)하여 3월 6일경 무사히 아군지역에 도착할 수 있었다고 한다.

강릉 북쪽 지역에서 아군 수도사단 수색대에 노출되자 이들은 손짓으로 신호를 하여 무사히 수색대에 당도하여 귀중한 극비정보 문서를 「수도사단」에 인계했다. 고 한다.

참으로 장(壯)한 "일"을 해 낸 것이다.

우리는 청도리에서 광원리(廣院里)로 이르는 곳에 적 3군단 본부가 있음을 알게 되었다.

1951년 3월 3일경 채 중령은 광원리 소재 적 3군단의 기습작전을 결사 11연대 2대대장 윤창규 대위와 함께 감행 했다고 한다.

이놈들을 기습하여 혼란에 빠뜨리게 하고자 시도한 것이다.

나는 구룡령과 신배령 쪽에서 광원리로 진출하는 도로를 차단하고, 노상(路上) 검문의 임무를 계속 담당, 수행했으므로 적 3군단 습격 전투에는 참가하지 못했다.

노상 검문 검색을 하던 병력이 위급해질 때, 매복조가 불쑥 길가 양쪽에서 보강하는 것이 나의 특기였다.

무장해제가 된 뒤에는 이들을 본부, 오두막으로 호송하는 그런 것이기에 3인 1조씩, 1개소에 3개조씩 잠복 또는 매복하는 것으로 편성·운용 하였다.

이런 임무는 대체로 지휘 계통이 조금도 흐트러지지 아니한 결사 제11연대가 거의 모두 전담했다.

적의 군단본부 습격을 기도했던 채 중령 등 일행은 초소 3개소를 박살내고는 더 이상 진출하지 못하고, 총성만 요란해졌으니 후퇴하여 되돌아 올 수밖에 없었다고 한다.

여기서 초소병 20여 명을 처치한 다음, 놈들의 통신 시설을 파괴하는 것으로 적 3 군단의 습격 작전은 끝났다고 한다.

부대는 구룡령을 올라가 약수산 인근에서 며칠간 대기 은폐하였는데 …… 그 이유는?!!

1951년 3월 4일 이후 3월 9일까지 5~6일 간을 왜 산중에서 귀중한 식량만을 허비하며 숨어 있었는지…….

채 사령관의 처사와 이유는 지금도 알 수 없다.

겁이 나서였을까? 왜 그랬을까?……

우리는 적의 판단과는 반대 방향인 북방으로 험준한 구룡령(九龍嶺)을 넘어 갈천리 방면으로 진로를 잡았다.

갈천리는 분지 지대라 제법 민가도 있을 것이고, 식량도 있을 법해 보였기 때문이다.

그곳은 전선도 아니므로 피난을 간 사람도 드물고 그런대로 평안하였다.

북진 당시 남으로 피난을 한 사람들을 제외하고서 말이다.

나는 북괴군 장교(군관)들로부터 노획한 군관증, 당원증, 무슨 연맹원증 등을 많이 입수하였으며, 적지의 주요도로 모퉁이에 잠복하고 지나다니는 놈들, 주로 연락병을 모조리 생포하였다.

1951년 3월 10일경 인제군 기린면 갈천리(葛川里)로 이동한 부대는 휴식 중 보초근무 중이던 이운하(李雲河) 중사(병장)에 의하여 북한군 해군 포술장교(상위) 1인과 병사 2명을 생포하였으며, 부대는 재편성을 위해 비무장상태로 이동 중이던 북괴군 53명을 생포하는 과정에서 총기를 휴대한 인솔자 같은 놈이 반항해 사살하고 나머지를 모두 생포하였다.

1951년 3월 10일 14시경 갈천리 부락 근처에서 아군 제트기(쌕쌕이)의 공습을 또다시 받아 대원 5명이 희생되었다.

두 차례의 공습으로 억울하게 장병 11명의 사상자를 냈으나 전투 중 피해는 아직 없었다.

여기 갈천리(葛川里)는 양양군과 인제군, 홍천군의 경계 지점일 뿐만 아니라, 오대산맥과 설악산맥의 연결지점이고, 또 광원리↔양양을 잇는 도로상의 요충지대 이기도 하다.

여기쯤은 아군의 작전지역으로부터 대체로 40~50km 상당 떨어진 중부 북부 산악지대였다.

그러나 우리는 여기서 더 이상 우물쭈물 배회하다가는 큰일을 당할 것 같아 보다 더 중북부 산악지대로 북진하기로 하였다.

청도리 남쪽까지 진출하니, 현리(縣里)에 이르는 약간 큰 길도 나왔다.

여기서 또 다시 도로를 차단하는 낚시질을 하기로 하였다.

우선 부근에 산재되어 있는 민가, 집터 근처에 숨겨둔 식량을 찾아내어 비상식량을 마련하게 하고, 한편으로는 검색 조를 편성하여 도로를 내왕하는 괴뢰군 놈들을 모조리 잡아들이게 하였다.

여기서도 40여명이 걸려들었다. 연락병과 보급조달병이 많았으며, 월척(越尺)은 없어도 심심치는 아니하였다.

이때쯤, 나는 그동안의 실전경험 덕분으로 작전에 상당한 자신감도 생겼고, 지휘도 제법 잘해 날쌘 행동으로 따발총을 거꾸로 둘러메고(내가 둘러맨 따발총은 서울의 D대학에 재학 중이라고 자칭하는 북괴군 특무장이 가지고 있던 것이다.) 용감하게 정찰과 지휘·독전을 하면서 돌아 다녔다.

나는 갈천리 왕승골 서북방 968고지 능선을 이용하여 북상, 양양군 서면 송천 황이리를 연결하는 북괴군의 제3군단 주 보급로를 피하여 조용히 북상하기로 했다.

18시경 왕승골 도로변을 정찰하던 제1대대 홍금표(洪金杓) 상사는 적병 3인을 지근거리까지 유도한 뒤, 앞에 있는 1명을 사살하고 2명을 생포했다고 한다.

졸개들은 모두 모아 두었다가 적당히 처치했는데, 이때에도 대원들의 사기(士氣)를 위하여 골고루 경험을 쌓을 수 있게 배려하였으니 ······
이 또한 동족상잔의 비극이 아닐 수 없다.

한 지역에서 오래 머무른다는 것은 극히 위험한 일이다. 되도록 빨리 신출귀몰한 민첩한 행동이 요구된다.

여기서 인제군 기린면 진동리(鎭東里) 진흑동까지는 도상거리 18km 정도를 순 산악으로만 행군해야 했고, 가칠봉(加漆峰 ; 1,164 고지)까지 4km를 더 진출하는 22km 이상의 긴 행군이 예상되었다.

그러나 38도선 이북인 귀둔리(貴屯里)에 이르면, 적의 내무서, 인민위원회 등 주요 행정부서가 있을 뿐 아니라 군사적 요충지(要衝地)로서 부락도 상당히 커 보급의 어려움은 없을 것이라고 대원들을 독려하면서 3일 동안 약 20여km를 계속 행군을 강행(强行)하여 귀둔리에 진입했다.

3. 감격의 38선 돌파

1951년 3월 14일 우리는 한국전쟁중 두번째, 즉 1950년 10월 1일 이후,

38도선을 넘는 영광을 기록하면서

무사히 인제군 인제면(지금은 인제읍) 귀둔리(貴屯里)로 진입했다.

즉, 우리들은 1951년 1·4후퇴 이후, 정규군보다 먼저 38도선을 다시 돌파한다는 감격을 안고 결사 제11연대 주력외 2개 부대 600여명의 대병력이 2열종대로

당당하게 귀둔리로 진입 했다.

1951년 2월 20일 퇴곡리에서 백골병단을 창설한 후 약 20여 일간 수많은 어려움을 견디어 낸 용감한 장병들은 38도선을 넘어 북한지역에 침투했다는 자긍심이 충천한 듯 했다.

적들은 우리들이 귀둔리 방면으로 진출할 것이라고는 감히 예상조차 할 수 없을 정도의 어려운 행군코스 였다.

귀둔 인근의 산에서 마을을 내려다 보니 꽤나 널찍한 분지형의 고장으로 강원도 산악지대에서는 볼 수 없을 정도로 풍요로운 고장 같았다.

3월 14일 아침 8시 인제군 인제면 귀둔리에 진입한 부대는 먼저 이 지방의 내무분주소(경찰지서 해당)요원, 인민위원장, 노동당 세포위원장 등을 모두 소집하고 부락 인민들의 협조를 당부했다.

위세 당당하게 큰소리를 치면서

각급 기관의 감시를 강화함과 동시에

리승만 괴뢰의 낙하산 부대가 투하되었다는 정보에 따라 중앙에서 놈들을 소탕하고자 급히 오는 바람에 보급이 말이 아니오!!

인민의 이름으로 식량지원을 요청 하오!!

이와 같이 공갈·협박했다.

여기서, 충분한 휴식을 취하고 난 다음, 이곳을 왕래하는 인민군을 국방군 낙하산부대 병사로 몰아 39명을 생포하고, 내무서원과 공산 악질분자 등은 떠나기 직전에 10여명 모두를 체포했다.

여기, 귀둔리는 6·25 전 접적지역이어서 진짜 빨갱이들이 득실거리는 고장이었다.

우리는 되도록 점잖게 으스대면서

중앙에서 내려온 것을 강조 했다.

"**동무들!** 앞에서와 같이 우리가 중앙에서 비밀리에 왔음을 강조하면서 …….

최대한 협조해 주우다.!!"

총칼로 무장한 600여 명의 대병력이 눈 앞에서 으스대면서 감시하고 있으니

아무리 수상쩍다 한들 동구 밖으로 빠져 나갈 수도 없었을 것이였다.

우리는 점령군으로 행세한 것이다.

우선 우리에게 적극적으로 협력하는 놈들은 일단 악질분자로 보아야 할 것이란 판단과,

우리의 작전 보안을 위해,

잘 협조하던 자들도 모두 중요 감시대상으로!!

지형이 광활하여 경계가 곤란한 지역이므로 감시를 소홀히 하다가는 큰 코를 다칠 염려가 있었다.

점령군으로 행세한 우리는 야음(夜陰)을 이용하여 남하하는 척 하다가 또다시 북상(北上) 방향으로 진로를 돌려 잡았다.

눈이 펄펄 내리는 날이었다.

우리의 발자취는 눈이 내리면서 모두 덮어 주었기 때문에 안성맞춤이었다.

이때, 그들로부터 보급을 충당 받고 잘 대접 받은 뒤 생포된 적병과 함께 내무서원 및 그 지방의 열성당원 등도 부대 이동과 동시에 모두 체포하였다.

무슨 염라대왕의 사자가 된 듯 ……

지겨운 일이었다.

여기는 경계가 곤란한 지역으로 우물쭈물 잘못하다가는 콘 코를 다칠 염려가 있다.

우리들은 야음(夜陰)을 이용하여 남하(南下)하는 척하다가 북상(北上) 방향으로 진로를 돌려 잡았다.

다음날 1951년 3월 16일 새벽녘이 되었을 때에는 하늘도 맑게 개이기 시작한 새벽, 우리는 군량밭(軍糧田)으로 진출한 것이다.

군량밭은 필례로 통하는 도로와 화전동 방향 등 3방향의 작은 길이 있는 아늑한 분지의 마을이었다.

산정(山頂)에서 내려다보니 새벽의 찬 공기 속이나, 3월 초답게 밥 짓는 연기가 여기 저기, 뭉게뭉게, 그리고 아른거리며 아지랑이 같이 피어오르는 40~50호 가량의 큰 부락이었다.

서부활극에서나 볼 수 있는 연기와 "아팟치"의 움직임을 살피는 것과 무엇이 다를 바 있겠는가?

우리들은 재빨리 움직였다.

세 방면으로 통하는 길목을 우선 모두 봉쇄해야 하고, 수색조도 편성해야 하며, 선발대와 본부의 진주에 대한 계획도 세워야 한다.

새벽녘에 나는 11연대 3대대장 이창식 대위를 선봉으로 그 부락을 완전히 포위하였으며, 새벽의 첫 햇살을 받아가면서 당당히, 그리고 점잖게 진주(進駐)하였다.

우리의 신분은 예와 같은 수법으로 "남조선 괴뢰도당의 낙하산부대를 토벌하기 위하여 중앙(평양)에서 내려왔음"을 역설했다.

이 고장에는 내무분서(內務分署)도 있고, 인민위원장, 세포위원장 등도 있어 그들의 정중한 영접을 받았다.

그들은 우리에게 음식도 제공해 주었고, 꿀(토종꿀)도 주었다.

그때 토종꿀 한말에 북괴 화폐(붉은 돈) 300원, 소 한 마리에는 3~5,000원씩 주고 민폐를 끼치지 않는 듯 사서 먹었다.

그때 쓴 북괴의 붉은 돈은 물론 모두 위조(?) 된 돈이었다.

거의 새 돈이었다.

꿀은 토종꿀 이어서 인지 조금만 먹어도 혀가 짤짤하고, 따끔거리며, 얼굴과 몸이 화끈거렸다.

모두들 포식을 하였으며, 힘을 돋우었다.

소를 잡아, 소금으로 조려 비상식량으로 하였고, 따끈한 생간은 처음 먹어 보았으나 고소했다.

이곳에서도 역시 같은 수법으로 부락 전방의 도로를 내왕하는 놈은 모조리 잡아들였다.

꽤나 여러 놈이 잡혀 들었으며, 내무서원 다섯 놈도 모조리 생포하였다.

무슨 영화의 한 장면 같기도 했다.

나는 병단 본부(사령부)를 중앙에 있는 제법 큰 집으로 정하고,

각 연대 본부는 사령부에서 70~80m 내외 정도의 거리에 두도록 배치했다.

군량밭(軍糧田)이라는 지명(地名)이 말해 주듯, 식량이 그런대로

1951. 3. 16 군량밭 지구를 접수하기 위한 선발대의 진주모습, 우 1 작전참모의 영상 이미지

풍부하여 우리는 오랜만에 따뜻한 쌀 강냉이(옥수수) 밥을 먹을 수 있었다.

강냉이밥은 큰 솥에 넣고 불을 때면서 증기가 빠지지 않게 나무 덮개를 가마니에 물을 적셔 덮으면 압력밥솥과 같이 부드러운 밥이 되었다.

쌀밥과 다를 바 없이, 맛있는 밥이 되었다.

우리의 신분은 예와 같은 수법으로 …… 위장 했다.

그 당시, 북조선은 부락과 부락사이에 전신·전화 등 통신수단이 전혀 없어,

무슨 일이 생겼을 때의 보고나 통제를 위한 통신은,

부락에서 부락으로 사람이 "릴레이" 식으로 전달하고 있었다.

사령부는 각 연대에 명하여 부락 밖으로 나가거나 들어오는 사람은 모조리 잡아들이도록 엄명했다.

부락의 외곽을 경계하던 결사 11연대 병력에 의하여 동구 밖으로 살며시 나가려던 소녀를 체포 했다.

이 소녀는 13~4세 정도로서 8·15 해방될 때, 초등학교 1학년 정도였으나 5년간의 북조선 빨갱이 교육으로 완전히 세뇌되어 있었다.

그 소녀는 곧 우리의 정체를 알게 되자

"**남조선 괴뢰 들!**
리승만 괴뢰!
미제의 앞잽이!" 등 온갖 욕설을 늘어 놓으면서,
어서 죽이라고 대들었다.

병단 사령부는 즉각 부락의 인민위원장과 세포위원장, 기타 책임자들과 부락민을 소집하여,

앞으로 우리의 지시를 위반할 때는 인민의 이름으로 처단한다고 협박하니 모두 복종하는 척 했다.

그 당시, 그 소녀는 검정치마와 버선에 검정 고무신을 신었으나,
다리 종아리는 양말도 못 신은 맨 종아리 여서,
우리들과 함께 이동하자니 서릿발 같은 눈발에 살이 찢겨 피가 흘러 다리에는 피가 검게 응고된 상태였으나,
그 애는 우리에게 "미제의 앞잽이!",
"남조선 괴뢰도당! 리승만 괴뢰놈 들!" 등 온갖 욕설을 계속 퍼붓던 소녀 였다.

8·15 해방당시 인민학교 1~2학년 정도였을 그 소녀가 4년 정도의 북괴 치하에서 붉은 교육을 받은 것만으로 이처럼 완벽하게 변할 수 있다고 생각하니
놈들의 반인륜적(反人倫的)인 교육과 세뇌사상 교육은
참으로 무서운 전염병처럼 느껴졌다.

전염병치고는 정말 지독한 전염병인 것 같았으나
그래도 잘 치료하면, 우리를 이해할 줄로 믿었는데,
그 믿음은 크게 빗나갔다.

요즈음 일부 몰지각(沒知覺)한 세대층에서는
북괴노선과 선전책동에 휘말려 **김일성의 주체사상**(主體思想)을 강습하고, 숭상하려는 좌파? 들도 제법 있다고 하니,
참으로 한심하기 이를 데 없다.

과연 13~5세 정도 되는 우리 청소년들이 북괴 치하에서 교육받은 저들 청소년들과 맞붙어 대항할만한
이념의 무장이 되어 있을까?
동포는 동포로되 그들의 정체를 똑바로 직시(直視)하지 않으면 안 된다고 확신한다.

맹목적이고 환상적인 통일론자들은 북한 인민이 단순한 동족이며, 평화를 사랑하는 백의민족(白衣民族)이라고 생각하는 것 같으나 그 애 정도의 연령층이 지금은 80세에 가까운 정도가 되었다는 사실을 바로 보아야 한다.

텔레비전에서 간혹 방영되는 북한 실정의 소개에서
그들 유아원, 인민학교 어린이들의 기계적인 **김일성·김정일 우상화** 행동들을 보노라면, 참으로 기가 막힐 지경이다.

그때, 그곳 군량밭 **인민학교의 여교사**는 결혼 후 얼마 안 된 새 아씨였는데,
우리들의 정체를 눈치 채고
우리들에게 열성적으로 협력한 뒤

우리와 함께 망대암산 쪽을 경유하여 우리부대의 퇴각에 참여하여 박달재까지 철수한 반공 애국 여성이었는데 여기서 기진하여 뜻을 이루지 못하고 저 세상으로 갔다고 들었다.

참으로 기막힌 사연 들이다.
「오렌지족」으로 대변되는 그릇된 청소년들이 과연 저들과 맞서, 이념과 체제에 대한 논쟁에서 저들을 이겨낼 수 있을 것인지?!!

비록 빗나간 사상이고, 신념이긴 하지만…….
생포된 그 애의 놀랄만한 정신무장이 과연 우리에게도 적용될 수 있을지…….

지난날, 무슨 ! 남북 공동선언 !
남북 상호 방문 !
동서에서 일부 기찻길과 고속화도로의 이어짐 !!
확 트인 동서(東西)의 넓은 포장도로 !!
탱크와 장갑차가 거침없이 내려올 수도 있게 되었는데….

식량과 비료 등의 지원 …….

많은 액수의 달러($) 지원,

예술단, 무슨 선수단 등 별의 별 단체의 교환 방문을 비롯한 행사!?

이산가족 상봉을 빙자한 흥정?!! ….

그런데 쌀과 비료지원을 중단하자, 이산가족 상봉도 중단하고 ……

금강산의 육로관광!(그들의 외화벌이)과 그 댓가 ….

개성 공단의 기업(起業)과 급작스런 조업 중단, 별의별 요구 등

백두산 관광? 가능성은 …… 정말 어처구니가 없는 노릇이다.

　놈들은 더 나아가 우리에게 국가보안법의 폐지를 주장하고 일부 동조자의 입을 빌려 떠들어대고 있는 판국이니 …….

　우리 대한민국이 **자유 민주주의 국가와 국가안전보장이** 될 수 있을는지 !

　우리 나라를 한방에 날릴 **미사일의 실험·발사 !! 일부의 실전 배치 !! 핵을 내세운 협박과 공갈** !!

이렇게 이어지고 있으니

큰 걱정이 아닐 수 없다.

저들에게 세뇌된 자들에 의해,

우리 태극기 조차 내 걸지 못하고 ……. 무슨 **한반도 깃발은** ……

태극기에 대한 경례를 거역하는 놈들 !!

참으로 구역질이 날 지경에 까지 이르렀으니 …….

저들이 우리 대한민국을 대하는 적개심! 과 이용(利用) !!

이에 반해서 우리 전후세대의 맹목적인 통일관 !

공산화가 되거나 말거나 하는 태도 …….

김일성 부자와 그 손자 놈에 이르기까지 ……

그들의 세습은 ?!!

은혜를 원수로 아는 맹목적인 반미(反美)！！

우리의 지나친 방만과 좌향(左向)을 이대로 둘 수는 없는 것이 아닌가!!

그렇게도 그곳(북쪽)이 좋으면 **말로만 떠들지** 말고
그 낙원으로 모두 보내버리면 좋으련만 …….

거기가 지상의 낙원(樂園) 이라니 …….
공연히 시끄럽게 하지 말고 …….
우리 동포니까 미사일 정도는 가져야 한다는 놈도 있으니 …….
은근히 자유와 평화를 자극하니 …… 기가 막힐 정도가 아닐 수 없다.

6·25 전쟁 세대를 일컬어
반 통일(反統一) **수구세력**(守舊勢力) 들이라고 몰아붙이고 있으니 …….
이놈의 세상 어쩌려고!!
우리나라의 적화(赤化)가 눈앞으로 점점 다가오는 듯, 지극히 걱정스럽다 아니할 수 없다.

은혜를 원수 대접하는 좌파! 맥아더 동상을 허물어야 한다면서 도끼를 들고 나섰다는 저명？ 좌파 !!
이런 자들이 나라를 김 씨 삼(3)대에 바치려는지 !!

이것이 **수구**(守舊)**반동** 88세 노병의 푸념인가 !!

6·25 한국전쟁 당시인 1951년 1월부터 그해 4 월까지 다시 6 월까지 적 후방 지역에 침투하여 600여 명의 대병력이 집단적으로 유격 특수전을 감행한 육군본부 직할 결사유격대 일명 백골병단의 실전 실화의 한 토막이기에 **놈들에 대한** 용어의 구사에서 약간 ……

제4부 적 중장 생포

1. 인민군 중장 생포

나는 먼동이 트는 새벽 공기를 가르면서 1951년 3월 16일 새벽 군량밭(軍糧田)으로 진입함과 동시에 세(3) 방면으로 통하는 길목을 우선 차단 봉쇄하고,

서남방에 결사 제12연대를,

중앙에는 결사 제11연대를 동북방 계곡 쪽은 결사 제13연대가 각각 담당하게 배치하였다.

이곳 군량밭은 부락민도 많고, 식량도 넉넉해 지원을 잘 받았다.

군량밭에 진주한 지 이틀째인 3월 18일 결사 제11연대 1대대 2중대 소속 일등중사 이영진(李榮珍)과 분대원은 필례마을에서 내려오던 자위대원 2명을 체포하여 본부로 데려왔다.

같은 날, 군량밭 서남방 약 1.5km 지점까지 전진 배치되어 있던 제11연대 2대대는 군량밭 쪽으로 들어오는 내무서원 2명을 이봉구(李奉九) 중위 등이 생포하였다.

동북방에 위치한 결사 제13연대는 보급이 부실하여 동북방 계곡 약 4~5km 지점에 있는 「필례(必禮)」 마을로 식량조달 겸 수색정찰을 나서게 되었다.

수색대원과 보급조달 병력 등 10여 명을 연대 작전관이 인솔하여 3월 18일 13시경 목적지에 도착했다고 한다.

필례마을은 한계령에서 남쪽으로 펼쳐진 야트막한 작은 능선이 중앙에 있고, 그 능선을 중심으로 동쪽마을과 서쪽마을로 갈라져 있

는데 그 북쪽은 **가리산 ↔ 한계령**이 된다.

동쪽마을은 서쪽마을보다 민가가 더 많고 제법 큰 집도 더러 있었는데, 동서 마을을 합치면 40~50호 정도 되는 제법 큰 마을이었다.

이 부락에는 약수터도 있고, 인민군에게 보급하던 "양조장(술)"도 있었다고 한다.

결사 제13연대 수색요원과 보급조달병 등은 먼저 서쪽마을을 정찰한 뒤, 동쪽마을로 들어갔는데, 부락 외딴집에 보초같은 한 놈이 서성대고 있는 것을 목격하고,

작전관(중위)은 보초가 서있는 그 집으로 접근하면서 별 볼 일 없는 놈들이겠지 하면서 ……

수색조장이 초가집에 접근한 다음, 보초에게 의젓하게

"책임자 동지를 만나러 왔소!"

보초는 별다른 의심을 하지 않은 듯 ……

대원들의 몰골이 역전의 인민군 용사로 보였을 뿐만 아니라 그중 한 사람은 군관(장교) 계급장을 달고 있었으니까 ……

집안으로 들어선 수색팀은 다짜고짜로 방문을 열어 제치면서 ….

"실례하오.

우리는 남조선 괴뢰 도당의 낙하산 부대 놈들을 토벌하러 중앙에서 왔소" 하면서 ……

"동무들의 신분을 확인해야겠수다!"

날쌘 동지 2명은 이미 방에 들어가 벽에 세워 둔 장총과 따발총을 순식간에 걷어 치웠다고 한다.

"이놈들, 이게 무슨 짓이냐?

내가 누군 줄 아냐?"

"우리는 중앙에서 왔소.

동무들은 신분을 확인할 때까지 잠자코 있소."

이때, 나이 들어 보이는 자가 손을 방석 밑으로 가져가는 것이 아닌가 !!

즉시 제지함과 동시에 방석 밑을 보니 권총이 있는 것이 아닌가 !! 이자가 조금만 빨랐어도 큰 일이 날 뻔했다.

이렇게 방안에서 3명을 생포한 것이다.

이때 생포한 놈들은 병약자 1명, 여군관 1명, 14세 정도의 소년 1명과 밖에 있던 보초병 등 4명이었다.

그들은 군복만 입었을 뿐 계급장 같은 것은 없었으나 권총이 있는 것으로 보아 군관쯤이 아닌가 했다고 ······

그 뒤, 보급품 조달 목적으로 출동한 병력에 의해 이 초가집으로 향해 오던 무전병 등 7명이 모두 생포되었고, 무전기 1대도 노획하였다.

이곳은 아군 작전 지역에서 적어도 40 km 상당은 충분히 될 만한 적 후방(敵後方)으로서, 그들은 안전지대라고 생각했으리라.

초병(아군이 가장함)이 그들의 앞에 선 외팔이 놈에게 경례를 하면서,

수고하십니다 !! 했다.

그들이 접근하여 집안으로 들어설 때 ······

집 안에 있던 일행이 손들어 ! 하자,

뒤에 있던 초병과 옆에 잠복 중이던 두 명이 일제히 이들에게 손을 들게 하니, 꼼짝 못했다.

이들은 곧이어 맨 앞 놈의 권총과 다른 일행의 총기를 모두 압수하였다.

그 두목급 놈 "외팔이"는

"이놈들" 이게 무슨 짓이냐?

나는 "참모장(參謀長)" 이다. 고함을 질렀다.

"정찰대장" 나는 "중앙" 에서 왔소.

"남조선 괴뢰도당"의 낙하산 부대가 침투했다는 정보에 따라 놈들을 토벌차 왔소 !!

동무들은 신분을 확인할 때까지 잠자코 있소 !

"외팔이 놈" 우린 그런 정보 못 들었수다.

"정찰대장" 잔소리 마 !! 확인해 보면 될 것 아이오 !

세차게 다그쳤다.

그때까지 그 놈들은 우리를 그들의 우군(友軍)으로 반신반의(半信半疑)하면서 착각했는가 보다.

어렵지 않게 이들을 모두 생포한 것이다.

이때 생포된 외팔이(오른쪽 팔이 하나 없는) **강칠성**(姜七星) **총좌**(중성 4개 대령급)와 소녀 1명도 정찰조에 의하여 생포됨으로써 모두 일당 13명 전원이 생포된 것이다.

생포된 놈들 13명 모두 군량밭으로 압송해 왔기에 나는 김한철 대위가 생포한 것으로 알았으나 김 대위는 그놈들을 데리고 온 것 뿐이며, 놈들이 어떤 놈들인지 모르고 있었는데, 채 대장과 우리가 그들을 조사한 결과 거물임이 확인된 것이다.

※ 『여기에 기술한 길원팔(吉元八) 생포기록은 생포실행자가 그 뒤 모두 전사한 듯 실행자가 없어서 구전(口傳)으로 내려오던 것을 참전자 총회의 확인을 거쳐 정리 · 재구성한 것이다.』

놈들의 문서에서 놀랄만한 사실이 발견되었다.

① 조선인민군 총사령부에서 전선사령관에게 보내는 지령문 !!
② 북괴중앙당의 지령문서 등 특급 기밀문서들이 수두룩 했다.

이때 생포된 일당 중 의젓하게 누워 있다가 생포된 자는 소위 「조선민주주의 인민공화국 중앙당 군사부 제2비서」겸 「인민군 중장」「빨치산 제5지대장」겸 「대남 빨치산 총사령관」길원팔(吉元八) 이다. 그는 군복만 입었을 뿐 계급장 같은 것은 달고 있지 않았다.

길원팔의 참모장으로 있던 외팔이는 인민군총좌(중성 4개 : 대령급)팔로군(八路軍) 출신이라 했다.

"강철성"은 8·15 이전 일본군과의 전투에서 오른팔을 잃은 그는 왼손만으로도 권총의 명사수라 한다.[주20),주21),주22)]

주20) 이태(李泰) 저 :「남부군」1988, 두레출판사, 서울, p#285~6에 의하면, 1951년 5월 중순경 송치골에서 남한 '6'도 도당위원장의 회의가 열렸는데 경남도당위원장이 남경우 였다고 적고 있다(남경우는 빨치산 제5지대 정치부지대장이었던 자이다). 따라서「남경우」는 51년 3월에 길원팔 생포이후 김일성의 명령대로 계속 남파되어 암약 중인 자 였음이 간접 확인된다.

주21) 김한철 저 : <마지막 침투한 대북 유격대>에 "① 11, 12연대는 그때 필례지구에 주둔해 있었다. ② 빨치산 병력이 필례의 산간 능선에 배치돼 있었다. ③ 총좌놈이 누런 계급장을 달고 있었다. ④ 총좌가 자기(김한철)에게 경례를 붙였다. 그래서 그를 일단 돌려 보낸 뒤에 생포했다. ⑤ 필례지구에는 가옥이 여섯채 있었다" 등으로 기술하고 있으나, 그 당시 필례 마을에는 큰 양조장도 있었고, 40~50호의 큰 부락이었다.

특히, 백골병단 산하 3개 연대는 군량밭에 주둔 중에 있었고, 빨치산 5지대 주력은 가리산리에 주둔 중에 있었는데, 길원팔 중장이 군량밭에 주둔 중에 있었다는 M채 씨의 기술도 사실이 아니며, 길(吉)원팔은 필례 약수터 인근에서 요양 중 거의 완쾌된 상태에 생포되었으니 김 씨 등의 주장은 사실이 아닌 것 같다.

(<한국전쟁 사료 정기정보보고> 56호(p#89)에 의하면, "국군 3사단 전면에 "장티푸스"가 만연되었다"고 기록되어 있다).

주22) 우리는 길원팔의 문서 중 김일성이 1950년 3월(6.25 발발 3개월 전) 전에 부산, 밀양지역까지 침투하여 철도, 비행장, 창고 등을 파괴하고 북한 정규군과 협동하라는 작전 침투명령서를 확보했다.

이 명령서는 1951년 4월 11일 채중령이 육군본부에 지참 보고 했는데, 이것이 한국전 당시의 주요 정보 보고서철에 편철된 것을 "정기정보보고" "1951. 4. 11 제101호" 육군정보국 G2 비밀문서창고에서 필자가 1993년 12월 15일 (육군본부군사연구실 소장 비밀 문서고에서) 직접 발굴했다.

이들을 심문할 때 나는 중앙에서 왔음을 앞에서의 예와 같이 강조하며, 그들을 위압적으로 대하였다.

그러나 길원팔은 적장(敵將)답게 쉽게 넘어가지 않았다.

우리 백골병단은 이처럼 우연찮게 일당 13명 전원을 생포했으니 사기는 충천했다. 주23)

우리들 "백골병단" 용사들은 비록 3주간의 교육만으로 적지에 침투했지만, 6.25 전사(戰史)에 큰 업적을 남긴 것이다.

제법 의젓한 비호(飛虎)가 되었고, 용(龍)이 된 것이다.

동서고금(東西古今)을 통하여 유격대가 적 후방지역에 침투하여 중장(中將)이란 거물을 단 한명의 희생자도 없이 생포한 예는 전쟁사(戰爭史)에 없다고 들었다.

그때, 길원팔이 방석 밑에 숨겨 두었던 소련제 때때 권총은 채중령이 가지고 다녔다.

우리들의 임무는 국민의 생명과 재산의 안전을 보호함에 있는 것이다.

이들 대남 빨치산 지휘부의 전멸은 크나큰 수확이고, 전과였다.

1951. 3. 19. 생포된 자 중 여 군관은 38이남(전남지방?) 출신으로 서울의 H여대 4학년에 재학 중 월북한 자라 한다. 그녀는 북괴군 "중위"로 "길원팔"의 직일군관이었다.

그녀는 옥수수광에 수감되어 있었는데, 새벽에 그녀가 탈출하는 불행한 사태가 생겨 아군의 정체가 폭로되게 되었다.

주23) 우리들의 주둔지가 군량밭이고 저놈들은 "필례약수터"에서 "장티푸스(열병)를 치료·요양 중에 있었으며, 보급품 조달을 위한 수색정찰병 10여명(중위지휘)에게 발견되어 집안에서 생포되었는데 길원팔 중장의 생포작전에서 적 100여명을 사살했다는 것은 가상적인 기술이며, 길원팔의 권총에 실탄 1발을 넣어 자결하게 했다거나, 나무로 그의 묘비를 세워 주고 경례를 했다는 것은 엄동설한기 였기에 땅을 팔수도 없었으니, 이와 같은 기술은 독자의 상상에 맡긴다.

우리 보초는 다쳤거나, 죽은 놈이 없었으니 크게 잘못 된 것이 아닌가? ……

우리는 그녀를 잡기 위해 수색을 벌였으나 헛수고였다.

보통 큰 일이 일어 난 것이 아니다.

두 병사는 곧 처형되기 직전에 이르렀다. 물론 새벽에 보초를 섰던 병사들이다.

그들에게는 두 자루의 삽이 주어졌다.

그들은 꽁꽁 얼은 땅을 파면서 살려달라고 애원 했다.

나는 사령관에게 그들을 여기서 처형하지 말고 병력도 모자라니 앞으로의 전투에서 활용하자고 제의하였다.

한참 생각하시던 사령관이

"귀관이 책임지고 처리하라!"라고 윤허 하시었다.

총살형의 마지막에서 나는 그들로부터 단단히 서약을 받고 총살형을 보류하였다.

그러나 그들은 특별히 경계하도록 지시되었다.

오후가 되었다.

도망친 그녀는 길원팔을 호송할 빨치산 제5지대(약 1,500명)가 있는 서북쪽으로 탈출함에 성공한 것 같았다.

그녀가 그곳에 도착하여 우리의 정체와 "길"과 그 일당이 생포된 것을 알렸을 것이니 …… 그들의 결사적인 추격이 어떠 했으랴!

그곳 부근에 있는 내무서, 지방 빨갱이들이 모두 총 동원되었다.

적 빨치산 5지대 대병력의 포위 공격도 만만치 않아 그들과의 격전 과정에서 **총기, 탄약의 부족**으로 큰 어려움을 겪었다.

결사 제12연대에 지급된 아식 소총(소련제) 몇 자루는 격발공이가 제거된 것도 있었다 하니 총이 아니라 나무 몽둥이 만도 못한 것을 준 것이다.

정말 어려운 곤경을 당해 퇴각을 해야겠는데

남쪽으로는 모두 적이 집중 방어를 하고 있고,
서남쪽도 공격이 지독하니
나는 양동(陽動)작전을 겸해 남쪽으로의 퇴각을 강력하게 위장하고
본대 주력은 **오히려 북쪽으로** 퇴각하기로 계획을 크게 변경했다.

뒷날 나에게 "길원팔"의 아들을 만나게 해달라는 전화가 있었기에 확인했더니, **길원팔 중장**(북괴군)의 "이종사촌"이라고 자기를 소개하면서, 길원팔의 아들을 만나게 해 달라는 것이다. 즉, "이산가족" 상봉을 하고자 한다고 했다. 그 분의 말이 "길원팔"은 평북 덕천군 덕천면 덕천리 출생으로 철도 종사원의 1남 2녀 중 장남이며, 원자·원실은 그의 여동생이라 한다.

그는 향리에서 중학교를 졸업하고
일본에 유학, 스가모 고등상업학교를 졸업한 후 중앙대학(주오다이가꾸)(中央大學)에 재학 중
8·15 해방을 맞아 귀향,
조선 공산당에 입당한 자였다고 한다.
"길"은 6·25사변 이전에 인민 유격대로 개편된 제5유격지대장으로 활동했다고 알려진 인물이다.

이때 **"필례"에서** 생포된 **적장 길원팔로부터 노획한 문서** 기타 중요 사항을 소개하면 다음과 같다.

우리는 **김일성이 1950년 3월**(6·25 발발 3개월 전)에 이미 부산, 밀양 지역까지 침투하여 철도, 비행장, 군용창고 등을 파괴하고
북괴 정규군이 남침할 때 협동하라는 김일성이 **빨치산 제5지대장**에게 내린 **작전 침투 명령서**도 함께 노획했다.
이 명령서는 51. 4. 11. 채 중령이 육군본부에 지참 보고 했는데, 이것이 한국전 당시의 주요 정보 보고서철에 편철된 것을 **필자가 1993.**

12. 15. 육군 본부 군사연구실 비밀 문서고에서 찾아냈다.[주24)]

주24) (한국전쟁, 정기정보보고, 제61호 pp.235~236 전투서열 부록 참조)

김일성의 지령·명령문의 내용은 다음과 같다.

(1) 제5유격지대 편성
  ① 길원팔 부대
  ② 단성(DQ 003), 산청(CQ 9819) 지구의 경남부대
  ③ 청도(DQ 7344) 지구의 독립유격중대
(2) **제5유격지대장** - 길원팔, 정치부지대장 - 남경우
(3) 활동 구역
  ① 제1거점 - 청도 운문산(EQ 0042)
  ② 제2거점 - 지리산(CQ 8519)   ※ **좌표의 진실성은 의문임**
  ③ 제3거점 - 광요산
  ④ 청도, 울산, 동래, 밀양, 마산, 김해, 부산, 단성, 산청 지구에서 활동할 것.
(4) 전투 임무
  ① 지뢰매설, 교량파괴 및 부산↔청도, 부산↔경주(EQ 2067), 삼랑진(DQ 8525) ↔ 마산(CP 6095)간의 대도로 및 운수부대에 대한 습격.
  ② 부산에서 마산, 대구, 경주 간의 철도, 철교 파괴 및 군용열차 습격.
  ③ 청도(DQ 7344), **삼랑진 터널 파괴** 및 후방 보급물자의 소각 파괴.
  ④ **부산, 밀양**(DQ 7827), **경주, 대구, 청도, 창녕**(DQ 5534), 단성, 산청, 김해 등지의 지방 행정기관의 파괴.
  ⑤ 부산진 차량 기관구, 부산 서면창고, 삼랑진↔마산간 낙동강 철교, 구포(EP 0095) ↔ 김해(DP 9098)간 교량, 낙동강 철교, 밀양 무기창고 등의 파괴.
  ⑥ 습격조를 조직하여 김해, 울산 등의 **비행장 파괴**, 부산, 김해, 울산 등의 항만시설 파괴.
  ⑦ 아군 후퇴시에는 밀양, 창녕(DQ 5534), 울산(EQ 2934)을 점령하고 대도로 분기지점에는 매복조를 잠복시킬 것.
  ⑧ 정치 공작대를 파견하여 양민 포섭공작의 강화.
  ⑨ E 의 주력부대가 남하 침입 접근시에는 상호배합하여 제1, 2, 3 (경북), 4 (전남북), 6 각 지대와 기민한 연락 구성.
(5) **각 유격지대장은 매일 2차씩 무전으로** 전황보고를 하고 1주일에 1차씩 **연락군관으로 서면 종합보고를 나에게** 제출할 것.
        여기서 "나"는 "김일성"을 말함.
(6) 제5지대 경남부대의 활동 구역.
  ① 산청, 단성, 진주일대 - 제1전투지구를 구성, 거점은 지리산
  ② 마산, 함안(DP 4798), 의령(DP 4829)에 두고 산청, 단성, 진주, 마산, 함안, 의령(DQ 8207), 창녕 지구에서 활동할 것.

(7) 제5지대 길원팔 직속 부대장의 활동 구역.

청도, 밀양, 삼랑진 일대 - 제3전투지역으로 구성. 거점은 운문산(EQ 0042)

울산, 밀양(EQ 1235), 남창(EP 2519), 양산(EQ 0312) - 제4전투지구, 거점 - 고령산, 금방산

(8) 특수공작대 조직 파견에 관하여.

후방교란 및 준동 기타 목적으로 제5유격지대는 마산(CP 6095)에 9명, 진해(DP 7089)에 9명, 안하리에 3명, 김해(DP 9098)에 6명씩 각각 특수공작대를 잠입시킨다. 이상.

<육정 정기보고 61호> 참조.

※ 당시 빨치산 제3지대장은 남도부, 4지대장 이현상 등으로 이들 모두는 대남 빨치산 사령관을 지냈다.

2. 적장(중장)의 처결

우리가 군량밭에 진주한 후 생포한 자는 길원팔 중장과 강칠성 대좌, 내무서원, 자위대원, 연락병 등 30여 명의 포로와 부락 인민위원장, 민청위원장, 세포위원장 등 민간 간부를 합해 모두 50여명 상당이나 되는데, 이들 중 빨치산 5지대장의 심부름을 하던 소년을 제외한 최소 40여명을 처치해야 할 실정이었다.

우리는 그때 500여명의 병력에 불과한데, 빨치산 5지대 1,500여 명과 대치해야 할 예상을 하니 놈들의 처치가 시급한 실정이었다.

북쪽은 산이 험준하여 자연방어가 되겠으나, 서남방은 넓게 펼쳐진 화전지대였다.

우리는 이날 저녁 이들과 격전을 벌였다.

특히, 적 빨치산 제5지대 놈들은 그들의 사령관이 생포됐으니 악착같이 추격해올 것은 뻔한 일이 아닌가!! 주25)

우리부대는 밤이 되기를 기다려 철수하되, 철수로 개척은 결사 제11연대 주력이 담당하고, 제12, 13연대는 추격 저지 임무를 담당하도록 했다.

주25) 이태(李泰) 저 : 南部軍(상) p#263에 의하면, "길원팔(吉元八)은 6.25사변 초 경북 영덕 부근까지 내려왔다가 후퇴하게 된 김무정(金武亭)의 인민군 제2군단 낙오병 집단에 길원팔 부대 약 700명이 합류하여 큰 세력을 형성했었으나 길원팔 부대는 1951년 2월 중공군과 접촉한 뒤 북으로 복귀했다."라고 적고 있으며, 동 서 p#268~270에는 북한 인민군 최고사령관 김일성(金日成)은 1950년 12월과 1951년 1월 말경 최고 사령관의 지시로 남한지구 빨치산을 제3지대장에 남도부(南道富), 제4지대장에 이현상(李鉉相), 제5지대장에 길원팔(吉元八)로 개편하였으나 1951년 2월에 길원팔은 북으로 복귀한 뒤 병력을 증강하고 만주지방에서 빨치산으로 활약한 강칠성 총좌, 강만호 등을 보강하고 병력도 1,500여 명으로 증원하여 대남 적화 야욕을 충족하려 했던 것이다. 따라서 길원팔에게 중장의 계급과 국기훈장 1급을 달아주면서 격려, 남파했다고 한다.

작전배치를 완료하고 사령부(군량밭 중앙의 큰 집)에 돌아온 나는 형식적인 약식군법회의에서 총살형이 언도된 자들을 처치해야 했다.

놈들의 처치도 화급(火急)했다.

필례 방면의 계곡 약 200여 m 지점의 후미진 개천가에서 16시경 15명의 사수에 의하여 총살이 집행되었다.

집행에 앞서 그는(길원팔) 저급한 인간은 아닌 것 같았다.

공산주의자 이기에 앞서 사회주의 성격을 강하게 풍겼다.

나와 길원팔 중장과의 설전에서 조국통일의 기본에는 서로가 동의했으나 그 성취수단이 **자유민주주의 방식**과 **사회주의 내지는 공산주의 방식의 통일** 이라는 극한적인 대립에 그자도 동의했다.

그는 우리 자유민주주의 세력에 의해 잡혀있는 몸이라 서로는 헤어져야 함에도 고개를 끄덕였다.

그는 우리의 통일에 방해물인 것이다.

이렇게 해서 그는 저세상으로 잘 모셔졌다.

총살직전에 숨기고 있던 김일성의 하사품인 싸인이 들어 있는 괴중시계를 우리 정보참모 최윤식 대위에게 주고 갔다.

내가 처형하려던 때, 최 대위가 13세의 소년을 같은 "전주 최 씨"로 동생과 같으니 처형에서 제외해 달라고 부탁하기에 나는 어린 소년이므로 그 뜻을 받아들여 살려주기로 했다.

"최" 대위(서울의 모 중학교 교장 퇴임)는 그 시계를 귀환 후에도 잘 보관했으나, 이사를 할 때 잃어버렸다고 한다.

"길원팔"은 처형장에서 그의 한을 못 풀어서 인지? 또는 다른 무슨 뜻인지는 모르나 남쪽을 바라보고 죽게 해 달라는 마지막 부탁을 했다.

집행관인 나는, 그의 소원을 들어주었다.

죽기 전 그는 조국통일 만세를 불렀다.

다른 졸개들은 김일세이 만세!

조선인민공화국 만세 등 가지각색이었는데 ……

만약 이자들 일당이 무사히(?) 남쪽나라 대한민국에 침투하는데 성공(?) 했다면 ……

우리 국내 치안은 어떻게 되었을까 ……

그때만 해도 6·25 남침 후, 북쪽으로 미처 퇴각하지 못한 10만여 명이나 되는 많은 패잔병이 지리산, 태백산 등지에서 우리 후방을 얼마나 괴롭혀 왔는가를 우리는 너무나 잘 기억하고 있다.

그는 지극히 재수없는 놈이고, 반대로 우리는 행운을 만끽할 수 있는 그런 대조적인 입장이 되었다.

그는 저급한 인간은 아니었다.

처음에는 아무말도 하지 않고 버티면서 ……

일종의 아니꼬운 듯한, 그런 건방진 태도였다.

몹시도 씁쓸했을 것이리라 ……

그때 처치에서 제외된 그 최 군은 채씨(蔡氏)로 개명하고 서울의 유명 고등학교와 "S" 대학을 졸업한 뒤 석·박사 학위도 받은 우수한 학자로 대학교수를 역임하기도 했다 한다. 주26)

주26) 그때 처치에서 제외된 소년은 평강군 세포 초급중학교 2학년 때 군당지도부에 소환되어 길원팔의 양아들과 같이 심부름을 하며 따라다니게 되었다고 한다.

그가 처치에서 제외된 것은 정보참모 최윤식 대위의 부탁이 있었기 때문으로 기억한다.

최군은 뒤에 인천에서 중학교를 마치고 서울에 와서 유명한 "S" 고등학교를 졸업한 다음, 명문 S대학을 나온 우수한 젊은 인재가 되었다.

대한민국의 품안으로 들어 온 최 군은, 채 중령의 보살핌으로 채씨(蔡氏)로, 이름도 성도 모두 개명하여, 새 사람이 된 것으로 알려졌다.

이 친구에 대한 이야기를 자세히 쓰면 더 좋은 자료가 될 수 있을지 모르나 그는 성(姓)도 이름도 모두 바뀌었을 뿐 아니라 아들, 딸, 모두 훌륭하게 장성해 있고 또 그의 나이가 지금 80을 넘긴 정도가 되었을 것이기에 그에게는 너무 가혹한 것이 아닌가 해서 이만 줄인다.

적장(중장)의 처결

나는 그들의 죽음을 확인하는 염라대왕의 사자 노릇을 했다.

그러나 오늘은 적어도 적장 중장이 내 앞에서 인생을 하직한 것이 아닌가…….

곧이어, 18시경부터 시작된 빨치산 제5지대 약 1,500명의 대규모 공격은 놈들의 두목이 생포되었으므로 악착같이 대항해와 칠흑같이 어두운 20시경까지 계속되었는데, 제13연대가 담당한 지역에서는 이를 효과적으로 제압하지 못해 많은 손실을 입었다.

적이 군량밭 서남방 715고지에서 656고지 방향으로 공격하였으므로 화력이 빈약한 13연대는 고전을 면치 못하게 된 것이다.

계곡에서도 놈들의 공격이 또다시 개시되었다.

병단사령부는 제12, 13연대 병력을 서남방면으로 집중시켜 총공격을 벌리면서 아군이 남하하려는 것 같이 양동(陽動)작전을 전개하고, 주력부대인 제11연대 1대대를 선봉으로 망대암산(望對岩山; 1,236고지) 방면으로 동북진(東北進)하기로 작전계획을 크게 변경했다.

그 이유는 적이 내무서원과 빨치산 5지대 주력과 합동하여 소몰안골과 남방 귀둔리방면을 봉쇄하고 있는 까닭에 여기서 제12연대와 제13연대가 치열한 접전을 하고 있음을 미루어 남쪽으로의 퇴출은 불가능하다고 판단한데 따른 것이다.

따라서 아군은 병력이 적은 13연대의 지원을 위하여 제11연대 3대대를 증강 지원하고, 그 전면 작전에 내가 최전방에서 보강 지원하였다.

결사 제11연대 1대대는 사령부요원과 함께 망대암산 방향의 퇴로 개척 선봉에 투입하기로 한 것이다.

아군은 작전계획대로 제13연대와 제11연대 3대대 병력 150여 명이 남하하려는 것같이 총 공격을 계속하고 있을 때, 지휘부는 망대암산 방향의 능선으로 우회하여 퇴각하기 시작했다.

제11연대 3대대는 제13연대를 지원하여 60여 명을 안전하게 퇴각할 수 있게 하였다.

1951. 3. 19 백골병단이 군량밭에서 망대암산으로 동북진하고 있는 이미지

나는 결사 13연대의 독전 중 후퇴한 병력을 규합하여

"너희 전우들이 저곳에서 적과 대치중이다."

계곡 후미진 곳에서 퇴각하는 장병을 붙들어 놓고 고립된 전우를 돕자고 역설하였다.

"누구 없나 … 없나 …." 나지막히 힘주어 말했다.

밤하늘에 눈망울만은 유난히 반짝였다.

"제가 가겠습니다."
한 병사가 손을 들었다.

"또 없나 …."

"저도 가겠습니다."

이렇게 해서 30명 상당의 전우가 어둠을 뚫고 적진을 향해 그들을 구하고자 출동했다.

참으로 용감한 전우들이였다.

이렇게 해서, **추격하는 적군 10여 명을 유인하여 지근거리에서 사살하는 등** 북괴병의 공격을 일단 저지하는데 성공했다.

3. 북쪽으로 퇴각

  1951년 3월 20일 1시경 군량밭의 포위망을 완전히 돌파한 뒤, 나는 남쪽으로 향하는 척, 적을 유도하고, 반대 방향인 험준한 내설악의 능선을 이용하여 오히려 북상하는 모험을 감행했다.

  이곳 군량밭 방어전투에서 결사 제13연대 부연대장 김정기 대위와 제12연대 권왕견 대위, 제13연대 작전관 김용구 중위 등 17명이 전사했다고 한다.

  제12연대 작전관 강창희 중위는 본대의 후퇴작전을 폈으나 총기조차 없거나 총이 있어도 실탄이 없는 병사들은 고지에서 육박전으로 대항하다가 26명이 전사했다고 한다.

  나는 망대암산 능선에 도달한 부대주력에 대하여,
지금의 한계령(寒溪嶺) 서쪽 능선을 넘고, 대승령을 거쳐 설악의 서북부 방향 안산(鞍山)을 끼고, 북진하여 매봉산을 제1집결지로 정한 퇴각로를 잡았다.

  참으로 큰 모험이요! 또 북진한다는 것도 지금 생각하면 잘한 것인지!! 잘못한 것인지!!
  정말 어려운 코스였다.
  산돼지, 노루나 다니는 그런 험준한 산악이 아니던가?!!
  산악훈련은 여기까지 오는 도중 상당한 정도로 잘 되어 있었지만, 산악장비는 로프 한 가닥도 없었다.
  백골병단은 적이 판단한 서남 방향의 정반대 방향인 동북 방향으로 포위망을 뚫고 빠져 나온 것이다.

  3월 20일 05시경 도상거리 5.5km 상당을 일곱(7)시간 정도의 강행군 끝에 망대암산의 능선을 벗어난 아군 유격대는 계속 북진하여

1157고지를 지나, 한계령 부근의 무명 고지에서 계곡을 이용하여 장수대(將帥臺) 방면으로 퇴각하였다.

적의 추격을 따돌리려면 어떻게든 이 산행(山行)으로 퇴각하지 않으면 아니 되었다.

여기 저기, 쓰러진 고목이 늘어져 있고,

지금의 한계령을 우(右)로 끼고 계곡을 내려가 다시 대승령(大勝嶺) 쪽으로 서북진했다.

설악산의 겨울 절경은 정말 대단했다.
다시 볼 수 없는 설화(雪花)의 절경!
그 절경을 구경할 겨를 없이,

우리들은 원시림의 연속인 전인미답(前人未踏)의 이 험준한 지역을 택하여 계속 북상하였다.

눈이 새하얗게 덮고 있는 산을, 알래스카의 사향 노루떼와 같이 우리는 묵묵히 북진을 계속했다.

장수대에서 대승폭포를 지나 안산(1430고지)을 좌로 하여, 매봉(1208고지)을 거쳐 용대리 "당적곡", "구만이" 부락 앞에서 개천을 건너 집결목표인 매봉산으로 향하려고 시도했으나, 이미 북괴 여러 놈의 병력이 배치되어 있어 이를 피하여 외가평 방면 하천쪽으로 우회하여 동북진 하기로 진로를 즉각 변경했다.

우리 부대가 외가평을 지나 동북 방면으로 진출하여 3월 23일 04시경 용대 부락 앞 진부령에서 내려오는 다리(교량) 부근에 이르렀을 때, 적의 대부대가 남하(南下) 중 우리를 견제하고 있었다.

예상치 아니한 지역에서 야간에 적의 대병력과 조우하게 되었으니 더 이상 북진하여 제1집결지인 "매봉산"으로 진출한다는 것은 불가능하게 된 것이다.

적은 강력한 정규 대부대인 것 같았다.

이 교전은 백골병단 결사 제11연대 제1대대[대대장 현규정 대위 (보좌관출신)]가 담당하여 적에게 수 미상의 피해를 주었으나 이 견제작전에서 아군도 윤 홍 소위 등 여러 명이 전사하는 피해를 입었다. 주27)

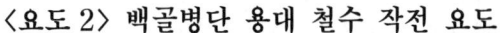

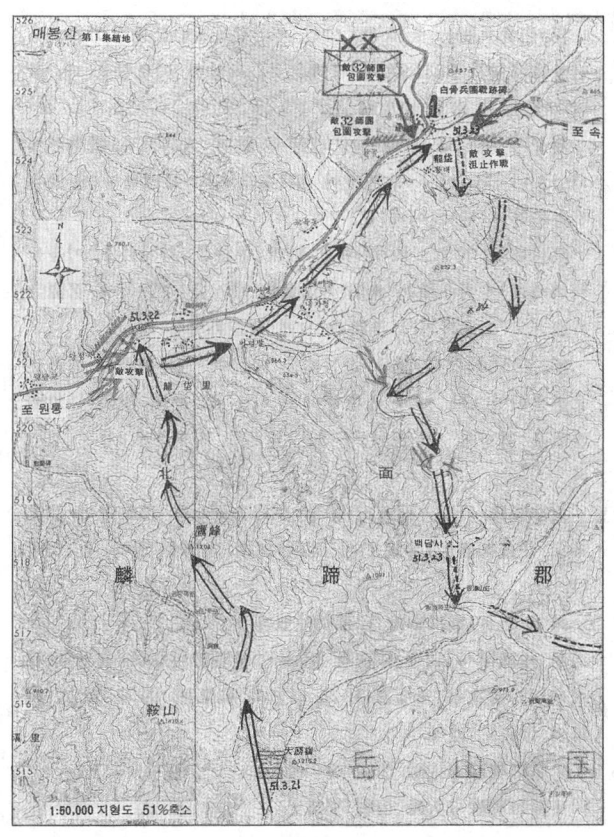

주27) 용대리까지 진출했을 때 포위 공격을 가해 온 인민군(북한군)은 <한국전쟁사> 제4집 제39장 동부지구 반격작전(p#634) "1951년 3월 24일자 정보보고에서 적 제32사단이 함남 덕원부근에서 그들의 일선 증원차 남행중이라는 정보보고의 기록으로 미루어, 3월 23일 04시 놈들과 우리들 백골병단의 접전은 원산에서 통천 → 간성 → 인제 방면으로 남하중에 있던 적 32사단과의 접전(接戰)으로 판단된다.

이들 전우의 결사적인 항전의 틈을 이용해
우리는 백담사 입구 방면으로 퇴각하는데 성공했다.

용대(龍垈)에서 남동방향의 산악으로 우회하여 백담사 입구 방면까지 후퇴한 백골병단은 3월 23일 아침 9시경까지 급한 대로 퇴각을 완료하였다.

결사 제11연대 2대대장 **윤창규 대위**로 하여금 외가평에서 백담사로의 진입로를 차단하도록 하고, 백담사 서남방 약 1km 지점의 계곡에 매복케 한 다음 전 병력은 백담사 경내에서 휴식을 취하도록 했다.

적의 공세를 차단하던 중 윤창규 대위가 적병 10여명을 사살했으나, 지휘 중 대퇴부에 부상을 입었다. 윤 대위는 6.25 전에 국방경비대에 입대한 사람으로 충남예산출신이다. 그는 광원리 북괴 3군단 기습작전에서도 용맹을 날린 바 있는 용감한 전우였다.

일부 전사(희생)한 전우의 시체도 수습할 겨를이 없었다.

우리들은 언제나 전투가 개시되면, 정규군 과는 달리 병력이나 화력의 열세를 감당하여야 하는 까닭에 부득이 퇴각하지 아니하면 아니 되었다.

특히, 비정규전인 유격전은 신출귀몰한 민첩한 기동은 물론, 동쪽을 공격하는 척 하다가, 실제로는 서쪽으로 빠져야 하는데,

우리의 경우는 항상, 남쪽을 공격하여 퇴각하는 척 하며 집중공격을 하다가, 적의 판단과는 반대 방향인 북쪽으로 더욱 깊숙이 침투하는 수법을 써 왔으므로 전투 중에 희생된 동지의 영체를 안장할 겨를이 없었다.

더욱이 그 당시는 "혹한기"였기에 땅을 팔 수도 없었으니 어쩔 도리도 없었다.

크고 작은 전투는 많이 했으나 그동안은 별로 큰 손실을 입지 아니했는데……,

여기, 용대리에서의 퇴각 작전에서 북괴군 제32사단이란 정규 사단과의 접전(接戰)은 큰 손실을 입게 된 것이다.

부대는 용대리 3리 앞 삼거리의 교량을 넘어 북진하려던 계획을 변경하여 용대리 동남쪽 산악의 소로(小路)방면으로 우회하여 백담사 쪽으로 진입하고자 시도하였다.

서남방 계곡 외가평 방면으로 오던 길을 다시 내려가려던 계획은 적의 추격으로 불가능하였기 때문이다.

1951. 4. 1 국군 제3군단 전구 국군제7사단 정면
『육군본부에서 침투시킨 아 유격대장이 3연대장에게 진술한 바에 의하면, 아 유격대는 3월 24일경 설악산 부근에서 적 약 1개 사단과 교전하였다고 한다.』라는 그 당시의 기록은 다음과 같다.

이 자료는 필자가 육군참모총장의 허가를 얻어 군사연구실 II급 비밀문서고에서 발굴한 것이다.

※ 여기서 3R장은 7사단 3연대장 정진(鄭震) 대령을 말한다.

4. 백담사 계곡의 결투

백담사에는 작은 대웅전과 입구의 문만이 남았고, 뒤편에는 나무 꿀통이 5～6개 산재해 있었으며 승려(중)는 없고, 관리인도 절뚝거리는 상이군인 비슷한 장애인이 있었으나 그는 우리의 안내요구를 거절하는 등 돕지 아니했다.

우선 급한 대로 나무통을 들어 올려 토종꿀과 벌을 함께 씹어 먹어 기운을 돋우었다.

여기서 백담계곡으로 공격해오는 적을 방어하기 위해 출동한 결사 제11연대 제2대대의 대대장 윤창규(尹昌圭) 대위가 지휘 중 적의 공격으로 다리(허벅지)에 부상을 입어 들것에 실려 퇴각하게 되었다.

들것재료 조차 없어서 급조로 만든 들것에 실려 설악의 영봉방면으로 퇴각하게 된 것이다.

나는 백담사 서남방 방면의 적 배치상황을 정찰하기 위해 정규옥 상사와 함께 정찰 중,

우리 결사 제12연대 병력이 배치되어 있어야 할 능선 위쪽에서 내가 가는 쪽을 향해 사격이 가해지는 것이 아닌가！

12연대가 능선 확보에 실패한 듯하다.

나는 의외의 공격에 놀라 우선 엎드렸고, 상황을 판단해보니 능선 위 교통호(交通壕)에서는〔능선 남쪽인 배사면(背斜面)의 교통호〕나의 노출 위치가 탄도(彈道)로 보아 사각지점(死角地點)일 것으로 판단 되었다.

"정 상사"와 나는 계곡 아래 쪽으로 뛰었다.

놈들의 기관총과 소총은 우리의 머리 위 암벽 쪽으로 떨어져 암편(岩片)과 먼지의 비산(飛散)이 요란했다.

그때 군량밭에서 아군에게 욕을 하던 그 소녀가 여기서 탈출하다가 적으로부터 총격을 받았는지? 죽어 있었다.

참으로 기분 나쁜 꼴을 본 것이다.
우리들은 총격을 피했으나……

나는 앞으로 더 전진하여 약간 넓은 개활지에서 북방의 골짜기로 빠지려고 하니, 그곳 부터는 더 이상 탈출할 수도 없게 노출되었다.
나를 향해 저격하는 놈이 있었기 때문이다.

나와 그놈의 **1 대 1 저격전**이 벌어졌다.

나는 한 아람 쯤이나 될 큰(전나무인지 무슨 큰 나무) 나무 뒤에 몸을 숨길 수 있었다.

나에게는 따발총 밖에 없었으므로 정규옥 상사의 장총을 던지라고 해서 그것을 받아 쥔 다음, 나를 저격하는 놈과 **1 대 1 의 저격전**을 벌였다.

내가 머리를 약간 내밀면, 총알이 요란하게 귓전을 스친다.
나는 총알이 스친 뒤, 곧 머리를 다시 내밀고, 적병의 동향을 살펴 보았더니…….
능선 위에 주먹 서너 개만 한 크기에 위장망으로 나뭇가지를 꽂았는지? 놈의 머리가 쑥 올라오고 좀 있다가…….

내가 머리를 나무 뒤로 숨김과 동시에

그 순간 또 한 발이 날아 온다.
거리는 300 야드(YD)쯤 인 것 같다.

그는 1 발씩 장진하는 소총으로 나를 겨냥하고 있음도 감지 되었다.
그 놈의 위치도 정확히 알았다.
나는 총알이 스친 즉시, 지체 없이 사격준비를 하고 나무에 의지하면서 그놈을 정 조준 했다.

그놈의 머리가 또 올라 왔다!!
그놈도 나를 조준(照準)하고 있을 것이다.

서로 죽기를 사양하지 않는 서부활극 쯤의 상대가 된 것이다.
나는 서서히 차분한 마음으로,
그리고 조용히 …….
하나! 둘!!
방아쇠를 당겼다!!

아무것도 생각할 겨를이 없었다.

그로부터 그의 총알은 다시 날아오지 않았다.
총을 쏜 뒤에는 의례히 쑥 들어가던 그의 머리가 살며시 뒤로 넘어간 것으로 보아 머리에 정통으로 맞은 것 같았다.

잠시 지났으나 다시는 그의 머리가 올라오지 아니 했다.

그자와 **나의 1 대 1 저격전**에서 내가 이긴 것이다.
아슬 아슬한 촌극이었다.
서부활극의 총잡이와 무엇이 다른가!

나와 정 상사는 뒤편 계곡으로 갈지(之) 자로 무작정 뛰었다.

퇴출시 적의 탄환은 빗발치는데 우리를 피해주는 듯, 우리는 안전하게 30m 정도를 뛰어 커브를 돌았다.

계곡에서 작은 산 능선을 넘어, 한참이나 뛰다시피 해서 본부 쪽으로 돌아오니, 이미 일부 후퇴를 시키면서 윤창규 대위의 호송을 위한 들것 준비가 한창이었다.

설악산 정상 쪽으로 퇴로(退路)를 잡고 남하(南下)하는 것이다.

여기까지 우리들은 작전상 후퇴를 동북방 또는 북진(北進)을 퇴로로 잡았으나,

이제부터는 방향을 남서방향으로 돌리지 않을 수 없도록 급박(急迫)한 상황이 된 것이다.

설악산으로 향하던 중, 오세암 못 미처 계곡에서 아군의 쌕쌕이(제트기)의 공습을 또 한 차례 받았으나, 깊은 계곡이라 그들도 어쩔수 없었던지 희생은 없었다.

여기까지 아군 전투기의 공격도 세(3) 차례나 받았으므로 적들과 똑같이 원망스러웠다.

앞과 뒤에서는 북괴군의 추격이 있지요!!

이따금 하늘에서 공격을 받아야 하지요.

백골병단장병들이 백담사에서 대청봉 방면으로 철수하는 상황의 재현 이미지

자유가 무엇인지! 평화가 어느 뚱딴지 같은 것인지?!!

정말, 누구를 위하여 종(鍾)은 울리는 것인가?…… !!

백담사 계곡의 결투

백담사 쪽에서 설악산 소청봉(小靑峰) 쪽으로 방향을 설정한 "나"는 선봉에서 퇴로를 개설해 나아 갔으나, 이따금 3~4m 상당의 암벽에 부딪치게 되면 그때마다 가능한 우회를 하고, 부득이한 때에는 윤창규(尹昌圭) 대위를 호송하는 들것의 새끼줄을 다시 꼬아 로프로 대용하기도 했다.

날쌘 대원으로 하여금 암벽을 기어 오르게 한 뒤, 새끼줄 로프를 나무에 묶고 기어 오르게도 하였다.

때로는 나무 뿌리가 뽑히면서 매 달렸던 대원들이 나뒹구는 불행도 겪어야 했으나 눈이 많이 쌓여 있어, 부상자가 생기지 아니했으니, 한편 다행이었다.

그놈의 대공표지판 헝겊이라도 가지고 왔다면 이런 곳에서 요긴하게 쓸 수 있었으련만?!!

동계절 작전에 대병력을 투입하면서, 그 흔한 로프 한 가닥도 주지 아니했으니, 그 당시의 군부 지휘관은 산악전! 아니, 유격전의 경험은 전무한 상태일 뿐 아니라 생존성(生存性)이란 당초에 고려되지도 아니한 듯하다.

그 당시 우리 군부의 상층부 지휘관은 산악전이나 유격전의 경험이 거의 전무한 상태였기에 아무런 준비를 하지 못한 듯 ……

5. 윤창규 대위의 자결

여기 강원도 인제군 북면 용대리(龍坮里)가 우리들 **육군본부 직할 결사대 백골병단**의 북진 최종점(最終點)이다. 주28)

나는 용대에서 북쪽으로 갈 수도 없고,
서남쪽도 불가능하니 남은 방향은 동남(東南) 쪽 뿐이므로
그 쪽으로 방향을 돌려,
백담사 쪽으로 퇴각하는 것이 가장 안전할 것 같아
설악산을 서북(西北) 쪽에서
남쪽으로 향하여 영봉(1,708 고지) 방향으로 퇴로를 잡기로 계획을 즉각 변경하였다.

왜 내가 그 위급한 때 설쳐댔는지 ….

1951년 3월 23일 아침 9시경까지 용대에서 산악으로 우회하여 백담사 입구까지 후퇴한 우리들은 일단 퇴각을 완료한 상태였다.

군량밭에서 확보한 식량은 이미 바닥이 났고,
무기와 탄약도 군량밭 전투에서 많이 소모하여 남은 탄약이라고는 1인당 5~6발 정도에 불과했다.

결사 제11연대 2대대장 윤창규 대위는 급조된 들것에 실려 함께 퇴각하기로 하고 병단의 전 장병은 긴급히 철수를 개시해,
대청봉(大靑峰) 방면을 향하여 계곡과 능선을 경유하여 계속 올라갔다.
나는 제11연대 3대대 병력을 퇴로의 전면에 배치하여 전방을 뚫

주28) 여기 용대리에 진출했을 때 포위 공격을 가해온 북괴군은 <한국 전쟁사> 제4집 제39장 동부지구 반격작전(p.634)중 "51년 3월 24일자 정보보고에서 '적 제32사단이 함남 덕원 부근에서 그들의 일선 증원차 남행중' 이라는 정보보고의 기록으로 미루어 볼 때, 3월 23일 04시 놈들과 결사대의 접전은 원산에서 통천 → 간성 → 인제 방면으로 남하중에 있던 적 32사단이 우리와 접전된 것이 분명하다."

게 하고, 병력이 적고 고생한 제1대대는 후미에 배치하여 적의 추격을 저지하도록 했다.^{주29)}

설악산 정상 쪽으로 퇴로를 잡아 이제부터는 남쪽으로 퇴각하는 것이다.

1951년 3월 24일 새벽 2시경 천신만고 끝에 설악의 어느 능선 골짜기까지 도착했다.

여기는 소청봉 옆의 **끝청**과 **귀떼기청**의 중간쯤이 아닌지 …….

이 작은 능선의 남쪽, 칠흑같이 어두운 밤중이라 정확한 지형을 알 수도 없었으나 능선으로 통할 진입로는 한 사람이 겨우 지날 수 있는 정도의 좁고 가팔라서 추격병의 저지가 용이할 뿐만 아니라 넓은 개활지가 전개되어 있어 숙영하기도 좋을 것 같았다.

여기는 지금의 남설악! 어느 골짜기!!

때는 3월 하순인데도 1,700m 상당의 고산지대여서 그런지 추위가 한 겨울 같이 대단했고, 모두가 꽁꽁 얼어붙어 있었다.

우리는 여기까지, 즉 용대리에서부터 사상 유례없는 강추위와, 눈이 많았던 그 해, 눈 위에 솔가지를 꺾어 놓고, 잠시나마 눈을 붙일 수 있었다.

이런 정황은 사령관 이하 모두가 똑같으니, 병사의 경우는 더욱 어떠했으랴?!!……

우리들은 퇴곡리의 재침투 이후에 여기까지 양말은 단 두 켤레밖에 지급받은 것이 없어, 겉과 속을 바꿔가면서 신었고, 단 하룻밤도 신발을 벗고 눈을 붙여본 적은 없었다.

주29) 이 작전 배치는 결사 제12연대 100여 명은 무장과 전투경험 등에 문제가 있고, 특히 결사 제13연대는 노획무기 부족으로 50%는 총기조차 없이 수류탄으로 무장하였고, 소대장도 장교가 아닌 부사관(일등중사)으로 보임하였으며, 나이 어린 학생이 대부분이었기에 전방 배치에서 제외되었다.

어떤 친구는 아군이 북진하게 되니까 장가를 들어, 신혼 며칠 만에 피난길을 떠났다가 입대하였으니, 새색시 생각에 홀로 눈물짓는 등, 사기는 극도로 저하되기 시작했다.

개활지 비슷한 이곳은…… 뒤에 안 일이지만 작은 폭포 비슷한 낭떠러지의 위쪽에 자리한 약간 널찍한 개활지였다.

퇴로를 마련하지 아니한 채 안일한 생각으로 우선 다급하게 숙영지를 정한 것이 잘못이다.

여기까지 철수하는데 무척이나 고생이 많았고, 또 어려웠기에 우선 쉬어야 했다.

그들의 추격도 어렵지 아니할까 하는 안일한 생각을 한 것이고, 또 우리들이 노숙(露宿) 야영하기에는 우선 그런대로 안성맞춤의 지형이라고 잘못 판단한 것이다.

특히, 정상쪽에서 오는 길목은 대단히 좁아, 그 좁은 능선만을 단단히 지키고 있으면 무사할 만한 좋은 입지라고 속단한 것도 큰 잘못이었다.

그때의 경계는 대대장의 후송만을 맡았던 11연대 2대대가 그래도 전투 손실이 적고 병력이 충실하므로, 작전관 이봉구(李奉九) 중위가 추격 저지 임무를 담당하게 하였다.

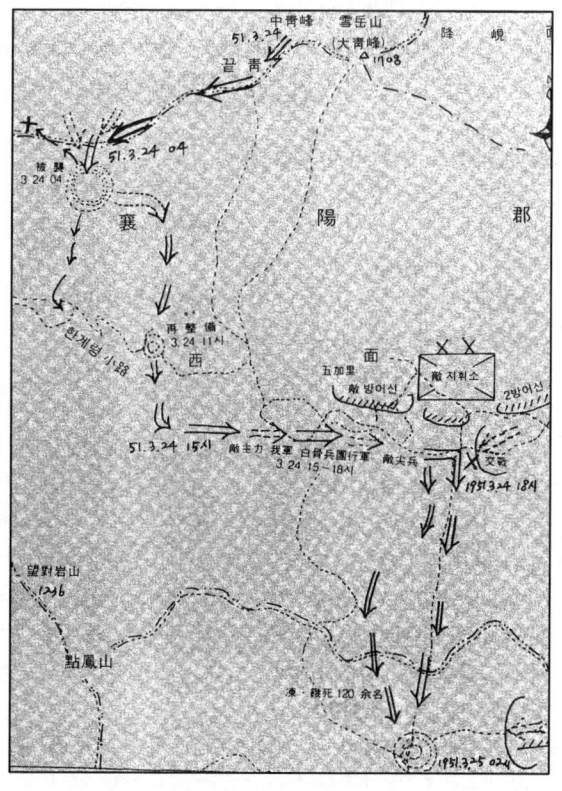

백골병단 설악산·박달령 작전 요도

그러나 안일한 우리의 판단은 빗나간 것이다.

악착같은 북괴의 추격부대가 이곳까지 따라 붙었다.

그들은 "길원팔"의 호송 임무를 맡고 있던, 빨치산 제 5 지대 놈들인 것 같았다.

사람의 능력에는 한계가 있다.

자기 혼자만의 퇴각도 어려운 조건인데 윤창규 대위의 호송까지 맡았던 2대대 병력도 어쩔 수 없었다.

굶고, 허기진 보초병이 그만 잠이 들은 것인지 ……

특히, 대대장급 이상의 장교들 옆에는 작은 모닥불까지 피웠으니, 적의 추격 부대는 우리의 위치를 쉽게 알 수 있게 된 것이 아닌가 !!

너무나 큰 잘못을 저지른 것이다.

너무 방심했던 것이다.

나는 평소와 같이 새벽 2~3시경 숙영지를 순찰했다.

보초병이 졸고 있기에 엄중히 경계할 것을 강력히 지시하고 돌아와 잠이 든 것 같았는데 ….

"따 쿵"

새벽 3~4시경 갑자기 밤의 정적을 깨뜨리는 총성이 매우 가까운 곳에서 들리더니,

연이어 **"따쿵"**, **"따쿵"** 하며 두세 발이 계속해서 울렸다.

나는 깜짝 놀라 황급히 일어났다.

즉각, 적의 기습부대가 추격해 왔구나 하는 생각이 들었다.

나는 오발(誤發)이냐 !! 하고 크게 소리쳤다. 정신이 없었다.

그 답변은 「딱쿵 딱쿵」하며, 콩 볶듯하는 것이 아닌가 ?

바로 이때, 위쪽에 있던 병력이 우왕 좌왕 하더니,

노도와 같이 밀려내려 오기 시작했다.

나도 동시에 밀리기 시작했다 !!

기습한 적의 병력은 그리 많은 병력은 아닌 듯 했으나,

이미 아군의 숙영지를 완전히 장악하고 있으니,

오직 한 방향인 남서방향의 폭포 비슷한 계곡으로 후퇴할 방도 외에는 다른 방책도 없거니와 병력이 무작정 밀려 내려오니 어쩔 도리가 없었다.

지휘는 마비되고,

숙영지는 순식간에 아수라장으로 변했다.

적의 사격이나 고함 등으로 미루어 기습 병력은 20～30명 정도인 듯 하나 칠흑같이 어두운 밤이고

기진 맥진한 심신으로 막 첫 잠에 빠졌으며,

내가 새벽에 순찰을 했을 때 경계 중에 있던 자가 방심하고 잠이 들었던 것 같다.

어쩔 도리 없이 기습당하고 말았던 것이다.

경계 보초의 태만이 부른 크나 큰 불상사 였다.

백골병단의 전 작전기간 중 첫 패전을 이렇듯 허망하게 기록하고 나니 오히려 실소(失笑)를 느꼈다.

산 위쪽 숙영지에서는 아직도 놈들이 수색을 벌리는 듯 !

손 들엇 ! 하는 고함도 들리나……, 어쩔 수 없었다……

폭포 비슷한 이곳 !

폭포 비슷한 낭떠러지의 높이는 약 10~20m 정도는 될 것이다.

그리 높지는 아니했고, 지도상에도 뚜렷하지 아니한 이름모를 그런 고장 !!

한밤중이라 더욱 어지러웠다.

나도 이곳 지형을 정확히 판단하지 못했다.

숙영지 결정이전에 정찰을 당연히 했어야 했는데 …… 아쉬운 후회가 막급하다.

병력이 폭포 쪽으로 밀려 내려오고 있을 때 ……

내 어깨 위를 어느 병사가 덮치는 바람에 팔이 부러질 것 같아 총을 벗어 던지니, 총도 없어지고, 순식간에 엉망인 수라장(修羅場)으로 변했다.

참으로 고소(苦笑)를 느낀다.

고소도 슬픔도 살아 있으니 나오는 것이 아닌가?!!

이와 같이 여기서 포로가 된 전우도 제법 생긴 것 같고, 나의 경우도 어려웠다.

정확히 실상이 파악되지도 아니했다.

사격이 잠시 멈추더니 여기저기서 손을 들라고 북괴군 놈들이 고함을 치고 있다.

나는 전우들에게 밀려 내려오다가 폭포 상단부(上端部) 끝부분의 바위 틈 사이에 몸을 의지할 수 있었다.

나보다 1초의 몇 10분의 1인가 하는 순간에 먼저 그 홈이진 바위 틈 사이에 끼어 든 동지가 하나 있었는데, 이 친구가 오돌오돌 떨기 시작하더니, 와들와들 흔들릴 정도로 떨고 있는 것이 아닌가.

그에게 꽉 껴 붙어 있는 나도 함께 흔들리면서 떨린다.

위에서 손 들엇!! 하는 고함이 여기저기서 들린다.

이때, **이 새끼들!**

내가 대대장이다!! 라고 윤대위가 고함을 지르자 즉시,

북괴놈, 저놈을 생포하라!! 어느 놈인가 외쳤다.

북괴놈들이 윤창규 대위에게 덤벼드는 듯 했다.

이때 !

윤 대위가 간직한 수류탄이 작열 함과 동시에 북괴놈들의 외마디 비명도 들렸다. **때는 1951년 3월 24일 04시경이다.**

정말 훌륭하고 **장렬하게 생을 마감하는** 순간이었다. 주30)

윤대위의 장렬한 죽음 이후에 나도 자결하려고 했으나
나는 총이 없어 죽을 수도 없었다.
나는 위쪽에 불쑥 튀어 나와 있는 총을 발견해 그 총으로 자결하려 했으나 실탄이 없었다.
죽을 수도 없게 된 나는 두 다리를 쭉 뻗고 고개를 앞으로 숙인 채 폭포를 미끄러져 내려갔다.
폭포 비슷한 이 비탈을 이탈한 나는
계속 하류 쪽으로 뛰었다.

위에서 총을 쏘는 소리가 들렸지만, 나는 앞만 보고 계속 뛰어 50 ~ 60 m 쯤 앞에 있는 커브를 돌아 적의 시계(視界)를 벗어났다. 주31)

주30) 윤창규 대위의 **살신성인(殺身成仁) 충용(忠勇)**의 "얼"을 영생토록 빛내기 위해 우리들 백골병단 전우회 회원 일동이 1,600 여 만원을 헌성하고, 육군 제3군단의 전적비 부지 사용 승인을 받은 뒤, 국가보훈처의 협찬 지원 700 만원을 얻어 총공사비 2,300 만원으로 우리들의 전적비 옆 경내에 **충용비를 건립**하여 2006. 6. 5. 제막하였다.
　한편 (고) 윤창규 대위에게 태극무공훈장의 추서를 건의했으나 수여되지 않고 있다가, 필자가 정부에 훈장수여를 재신청한 것을 다시 심의한 뒤,
　2012년 6월 25일에 이르러 **충무무공훈장**을 추서해 주시어 용산전쟁기념관 2층(6.25 기념관)에 훈장을 전시하였다.

주31) 내가 발굴한 한국전쟁사료 정기정보보고 제93호 책 p#1050에 「국군 제7사단 정면」에 의하면,
　1951. 04 02 15 30 **아 유격대 제11연대 제1대대 제3중대장의 진술에 의하면**, 설악산 DT5418에 있는 적은 중공군이 아니고 소속미상의 적 약 1개 사단이라고 하였다.
　이 보고로서 아 유격대, 즉 육군본부 직할 결사유격 제11연대 제1대대 제3중대장의 신분이 뚜렷하게 밝혀졌다.

'이제는 살았다.'

희미한 안도감이 긴 한숨으로 배어 나왔다.

나는 계곡 하류 쪽으로 계속해서 더 뛰었다.

한참 가니까 퇴각하고 있던 우리 부대의 후미(後尾)가 나왔다.

맨 앞쪽으로 더 뛰어가 퇴각을 멈추게 한 후,

재편성을 시도했다.

1951년 3월 24일 10시경 이었다.

여기까지 죽을 고생을 하면서 퇴각하던 윤창규 대위의 장렬한 전사는 말할 것도 없고,[주32]

그나마 짊어지고 다니던 배낭, 모자 등도 제대로 갖추지 못한 전우가 많은 등, 참담한 몰골들이었다.

대원의 수도 60여명은 잃은 것 같기도 했다.

이름도 알 수 없는 설악의 어느 폭포(?) 낭떠러지에서 우리들 백골병단 용사들이 허기지고, 힘겨워 누웠다가 참담한 패전을 한 것이다.

실로 어처구니 없는 노릇이 아닐 수 없었다.

일부 주요물건이 들어 있던 배낭을 잃어 버렸으므로, 이를 다시 찾기 위한 특공대의 편성도, 그리고 구출작전에 관한 논의도 있었으나 20여m의 절벽을 기어 올라가 반격을 가(加)한다는 것은 지형·무장·탄약 등의 사정으로 어려운 일이 아닐 수 없었기에 그 계획은 실현될 수 없었다.

온갖 고생을 참으면서

용감하게 싸웠던 낯익은 전우들도 일부 보이지 않았다.

[주32] 윤 대위의 시신을 찾지 못한 채 필자가 1989년 전사확인을 신청, 관계당국의 추인으로 현재 국립묘지 현충탑 위패실(동작동)에 위패가 안치되어 있고, 충용비 건립 외에 5,700여만원의 기금을 우리들이 마련하여 해마다 거행되는 6월 현충행사시 부사관을 위한 **충용특공상**을 수여(2명, 상장 및 상금)하고 있다.

이처럼 백골병단의 전사에서 참담한 피습을 당한 원인을 살펴보면,

첫째, 백담사를 출발한 부대는 상상할 수 없는 험한 코스를 자그마치 14시간 이상 강행군 했을 뿐 아니라 3월 19일부터 24일 02시까지 5일 동안 잠을 자지 못했고,

둘째, 적 정규사단의 집중 포위공격을 받아 극도로 피로해진 심신과 장비의 부실을 들 수 있으며,

셋째, 산악에 투입할 부대에 대하여 그 흔한 로프 한 가닥 없는 등 산악훈련의 부실과 장비가 전혀 지급되지 않았던 점,

넷째, 소청봉에서 서남방향으로 이동(한계령 방향으로)하다가 능선부 부근의 평편한 개활지에서 숙영하려면 최소한 능선 진입선을 2중, 3중으로 완전히 차단해야 하고, 만약을 대비한 퇴로를 확보했어야 함에도 불구하고 이를 소홀히 한 점,

다섯째, 숙영지에서 새벽 3시경 직접 순찰로 확인했음에도 순찰이 지나간 뒤에 경계병이 방심(放心)하여 잠든 사이에 기습을 당한 것으로 추정된다.

특히 기습한 적의 병력이 20~30명에 불과한데도 이를 효과적으로 제압하지 못한 것은 지휘부의 큰 실책으로 지적된다.[주33]

주33) 1970년 초에 내가 전쟁기록을 쓰겠다고 하니까 M 채 씨가 극력히 만류하였는데, 뒤에 알고 보니 그분은 이미 1956년에 「**사투만리**」 "채명신 유격대의 공적기"를 육군본부가 펴낸 책에 기고한 바 있었고, 그 뒤 1992년에는 매일경제신문의 「주간 매경(每徑)」, 「원로교우기」에 이어 "사선을 넘고 넘어"란 그 분의 회고록을 출판했다. 그런데 여기서 가장 중요한 백골병단의 창설지와 날짜 등의 기록은 없고, 오직 적장 길원팔 생포기를 극적으로 묘사하여 우리들의 위상에 흠집을 남겼다.

내가 이 실화를 담은 글을 자신있게 쓸 수 있었던 것은, 크고 작은 많은 전투에 직접 참여했을 뿐 아니라, 전진 할 때는 맨 앞에 섰기에 잘 기억하고 또 그 당시의 아군정보 보고(II급 비밀)를 육군본부 문서고에서 직접 발굴, 확인한 것을 포함하여 격전지 방문 등으로 기록을 20여년간 수집했기 때문이다.

1951. 4. 2 국군 제7사단 정면
『아 유격대 제11연대 제1대대 제3중대장의 진술에 의하면, 설악산에 있는 적은 중공군이 아니고 소속미상의 적 약1개 사단이라고 하였다.』라고 다음과 같이 기록하여 결사 제11연대 중대장의 기록을 분명하게 밝히고 있다.

國軍第3軍團戰區
國軍第7師團正面
021530 我遊擊隊第11聯隊 第1大隊第3中隊長陳述에 依하면 雪岳山 D.T 5418 에있는 敵은 中共軍이 아니고 所屬不詳의 敵 約1個師團이 라고하였다
021130 521 高地 D.T 4200 附近에서 我 第3聯隊 第1大隊 와 交戰 中이든敵約400名은 진다리 D.T 4102 方面으로 分散敗走 라고한다

(1951년 전투정보보고 원문 중에서)

6. 대낮에 적 진중 행군

나는 설악의 폭포 비슷한 낭떠러지에서 목을 뒤로 제치고 깜짝할 사이에 미끄러져 내리니 눈이 가슴쪽까지 차올라 스폰지와 같았다. 계곡에 떨어져 앞쪽 커브를 도니 사계(射界)를 벗어났다.

그로부터 2~3시간 정도 더 내려가

도로 비슷한, 약간 평탄한 곳으로 진입하기 전에 부대의 선두를 정지시키고

재편성을 시도했다.

"정규옥" 상사는 낭떠러지 폭포에서 작전지도 및 전투상보 등 중요 문서가 들어 있는 배낭을 잃어버렸다.

이거 큰일 났다!

"정" 상사는 곧, 그 폭포 웅덩이로 다시 달려가 살펴본 뒤 배낭을 찾아 가지고 살아 돌아왔다.

폭포와 같은 낭떠러지는 경사가 대단히 급해서 위에서는 사격이 어려운 곳이라, 잘 살펴보니 그의 배낭이 있더란다.

백골병단의 전투상보 등 기밀자료가 다시 확보된 것이다.

1951년 3월 24일 새벽 2~3시경 적으로부터 기습을 당하고

죽을힘을 다해 퇴각했으나,

그 곳이 어디쯤 인지도 정확하게 판단되지 않았다.

다만, 지형으로 볼 때 지금의 남설악, 오색리(五色里) 온천골 계곡 부근이 아닌지……

약간 더 진출하면, 오색 약수터에 이르게 될 것이란 판단 아래, 양양(襄陽)으로 통하는 도로(지금의 한계령을 넘는 소로로서 당시에는 등짐을 실은 소조차 다니기 어려운 험한 소로였음)에 진입할 수 있을 것이라고 판단되었다.

재편성을 하고자 했으나 모두가 기진 맥진하여 명령이 제대로 먹혀들지 않았다.

나는 우선 제11연대의 각 대대별로 10여 명씩 대오를 갖추게 하고 12·13연대도 집합을 명했다.

여기까지 퇴각한 병력은 400여 명 상당이나 되었으나,
총이 없는 자
신발도, 모자도
배낭도 없는 자 등
패잔병의 몰골들이었다.
그러나 기개만은 아직도 살아 있는 대한의 용사들이 아닌가!!

나는 외쳤다!!
여기서 주저앉으면 모두 죽는다.
부대를 따르라!! 나를 따르라!!

고함을 지르니 대오가 정비되기 시작했다.
기습을 받은 부대의 사기는 극도로 저하되어 있었다.
생(生)과 사(死)의 고비를 맞고 있었기 때문이다.

여기서 부터는 적정(敵情)을 전혀 판단할 수 없는 터라
정찰조를 앞 세워 행군 제대(梯隊) 그대로 진출하는 도리밖에 별 도리가 없었다.

나는 믿을만한 제11연대 제1대대 작전관 이만우(李萬雨)중위(경북 의성? 출신)를 맨 앞쪽에 배치하여 돌파토록 하되, 주력부대의 전방 20~30m 거리에는 정찰 결사대를 배치하고 그 결사대 전면에 내가 나섰다.

행군 도중 전방에 장승 같은 놈 두 놈이 진눈깨비 속에 나타났다.
그 날은 눈과 비가 섞여 내리는 음산한 날이었다.
자세히 보니 외투를 잘 입은 장교(군관)같은 놈들인데 우의(비 옷)

를 입고 서 있는 것이 아닌가!!

여기까지 중앙에서 지휘하던 채 중령이 앞으로 나와 중국말로 "니 하오마?"라고 인사할 때 이남학 소위 등 특공대가 그들 옆을 지나는 척하고 순식간에 놈들을 대검으로 해치웠다.

3월 24일 15시경 적 진중의 행군은 3시간 뒤인 18시경까지 계속 이어졌다.

우리는 당당하게 적의 진중에서 동해 방면의 도로로 계속 행군 했다. 이때도, 나는 최선두에서 지휘 했다.

오색에서 양양방면의 도로는 약간 큰 길이었다.

행군 중 뒤에서 갑자기 전달이 왔다.

"앞으로 전달! **파랑새 뒤로**" 하는 것이 아닌가!!
그날 나의 암호(暗号)가 「**파랑새**」였다.
뒤에서 무슨 변고가 생겼나 하고 뒤로 쳐 지니

또다시 "**파랑새 앞으로!**" 하는 전갈이 왔다.
나는 작전 보좌관인 정규옥(丁奎玉) 상사와 함께 행군 제대의 앞뒤로 뛰어다니면서 행군을 독려했다.

이때까지 백골병단의 총 병력은 410여명 상당이었다.

내가 선봉에서 지휘한 적 진중 행군은 4~5km 정도 진행되어, 박달령〔단목령(檀木嶺)〕입구 오가리(五加里) 쪽까지 이어졌다.

> 대낮에 적의 진중 한가운데로 4백명이 넘는 대병력을 이끌고 행군한다는 것은 동서고금(東西古今)을 통틀어 어느 전사(戰史)에서도 그 유례를 찾기 어렵지만 이것은 엄연한 진실이고, 또 실제의 상황이었다.

대낮에 적 진중 행군 173

파랑새 뒤로!!
나는 급히 뒤로 뛰어가니, 우리들의 뒤를 따라 북괴군의 대부대가 행군해 오고 있는 것이 아닌가,
그 수가 엄청나게 많아 구불구불 움직이고 있는 것이 아닌가!

설악산에서 기습을 받아 총과 배낭이 없는 자, 신발도 신지 못한 병사 등 정말 패잔병의 몰골들이었으나, 400여명의 병력을 맨 앞에서 선도하는 작전참모인 나는 정말 어렵고 힘든 일이었는데……

정말 큰일 날 뻔했던 것이다.
조금 전 길가에서 만난 중공군 두 놈을(무슨 고문관 쯤 인 듯한 놈) 총으로 해치우지 않은 것 만도 천만 다행 이었다.
행군이 계속되고 있을 때

앞쪽 적의 벙커에서 적병으로부터
서라!! 하는 수하를 받았다.

적병이 나에게
"서라!
동무들!! 소속이 어디메오!!" 라는 강한 수하(誰何)를 받자
나는 무슨 말을 하는지 알 수 없는 말을 하면서,
오히려 **으시대며,** 행군을 계속 했다.
무슨 대답인지 저놈들은 알 수 없었는데도 제지하지는 않았다.

나는 죽기 아니면 까무라치기 아닌가….
적의 작전지역이라 우리가 행군 했던 길의 남사면(南斜面)에서는 적의 참호가 즐비하고,
일부는 계속해서 참호를 보수 중에 있었다.

잠시 후, 우리병력의 뒤쪽을 따르던 북괴군의 첨병(尖兵)은 외투를 잘 입고

장총에 착검까지 한 네놈이 2열로 대오를 맞추어
우리들 주력을 지나 정찰병력 옆으로 다가 왔다.
그들이 나의 옆을 스쳐 지나간 직후,
나는 놈들과 10m 이내의 거리를 확보하고 속보(速步)로 양양 방면
으로 **놈들과 함께 행군**해 갔다.
우리부대 400여명을 이끌고 계속 행군해 갔던 것이다.

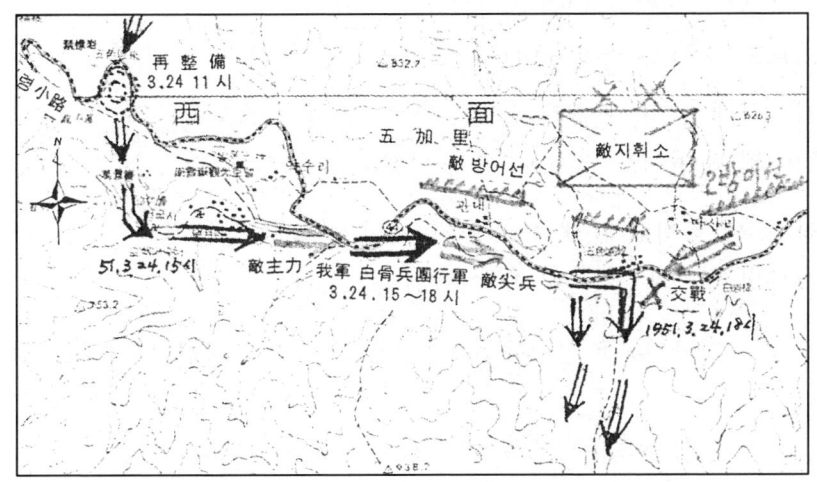

〈양양군 서면 오색리 → 오가리 대낮의 적 진중 행군 요도〉

대단한 배짱이었다.

얼마 동안 놈들을 앞세우고 행군한 뒤,
우리 부대의 후미를 보니
그 수를 알 수 없을 정도로 많은 북괴군 주력(主力)부대가 우리들의 뒤를 따라 오고 있는 것이 아닌가 !
즉, 우리는 그때, 북괴군의 주력 부대와 척후병의 중간에 끼어 있었던 것이다. 주34)

주34) 필자가 그 뒤 조사·확인한 바에 의하면, 북괴 10사단은 아군 9사단에 의해 괴멸된 다음 그 일부가 오대산 동측의 노인봉 → 송천 → 철갑령으로 북상하여 동해안의 적 69여단과 합류하려던 자 들로서, 3월 19일 이전 병력은 약

대낮에 적 진중 행군 *175*

적의 첨병(尖兵)들은 18~19세쯤 되는 애들인데, 우리 쪽을 이상한 듯 힐끔거리고 보았으나

놈들은 「워키토키」 등 비상통신(非常通信)수단이 전혀 없어

그들의 주력부대에 이런 상황을 전달할 수는 없었던 것 같다.

맨 앞쪽에 선 내가 길 모퉁이를 돌아서니 앞에서 또 갑자기
"서라!" 하고 북괴병이 소리를 쳤다.

너무나 놀라고 당황했지만
침착하게 앞의 부대와 같다는 시늉을 하니까
의아해 하면서도 그대로 통과 되었다.

잠시 후, 공회당 인지 학교 인지 제법 큰집이 있는데
그들의 전방 무슨 본부 쯤 이었던 곳으로,

우리들 앞에 나간 첨병들이 그곳에 있는 보초에게 무어라고 말 하더니,

안쪽으로 급히 뛰어 들어가는 것으로 보아
우리의 정체를 의심 했던 것 같았다.

그곳은 단목령 북쪽 편으로 우리들이 박달재에 진입할 수 있게 되었으나

개천에는 외나무 다리 한 개가 걸쳐져 있을 뿐이었다.

4,000여명이었으나 그 뒤 손실을 크게 입어 1,500명 내외의 병력이 300~400명씩 합류하여 북상했다.(한국 전쟁사 4집 제39장 동부전선 반격작전 p.634 참조) 이들이 이곳 단목령 북사면에 집결 포진 중에 있었던 것이다.

  필자가 조사·발굴한 바에 의하면,
<한국 전쟁, 제3사단 18연대 정기정보보고> 제92호 p.984 및 p.1,024 에 의하면, "국군 제3사단 전방에 북괴군 1개 사단이 오색리에 집결하고 …" 로 기록되어 있고, <한국 전쟁사> 4집 제39장에도 북괴 제2군단의 이동 및 제69여단이 제3군단에 배속된 내용 등을 수록하고 있는 것으로 미루어, 이곳에 집결 중에 있던 놈들은 북괴 10사단의 전방 지휘소쯤의 병력이 아니였나 추정된다.

여기까지 설악의 이름모를 폭포에서 퇴출(退出)한 부대가 오색리(五色里) 약수터에서 오가리(五加里) 국민학교 앞 단목령(檀木嶺) 입구까지 적의 진중(陣中)을 이열종대로 대낮(白晝)에 행군으로 퇴출했는데, 뒤에서는 대병력이 행군으로 뒤쫓아 오고 좌측(左側) 산비탈 벙커에서는 적 병력이 벙커를 보수·경계 중인 제2방어선상의 도로로 400여명의 병력을 최선두(最先頭)에서 지휘한 작전참모 ……

제5부 적진 탈출

1. 박달재의 비극

1951년 3월 24일 새벽 4시경 설악산에서 기습을 당한 뒤, 10여 시간이 지난 오후 7시쯤 박달재 입구까지 행군한 것이다.

나는 **"뒤로 전달! 일렬 종대로 다리를 건너라!"**
당시 상황이 급박하다고 느꼈으며,
일렬 종대로 건너(외나무 다리) 라고 명령했지만,

겁에 질린 대원들에게 이 명령이 먹혀 들 리가 없었다.

도로를 따라 종대(縱隊)로 오던 대열이 갑자기 횡대(橫隊)로 바뀌면서 물과 얼음이 허벅지까지 빠지는 개천을 건너 박달재가 있는 남쪽 산으로 붙게 되었다.

1951년 3월 24일 밤중에 강원도 양양군 서면 오가리에서 인제군 기린면 진동리 설피밭으로 넘는 고개
단목령(檀木嶺), 일명 **박달재**에서 일어난 비극은 끔찍한 사건으로 기록된다.

백골병단 전사(戰史) 중 가장 참혹한 비극이다.
강원 동북부의 산간 고지대
3월 하순임에도 불구하고,
강원 북부 산악지대라 그런지, 저녁·밤에는 얼어붙는 등 추위가 대단 했다.

우리들이 단목령(박달재) 입구로 접어들자,
북괴 놈들도 우리의 정체를 알은 것 같았다.

날은 이미 칠흑 같은 어둠이 깔리기 시작한 때였다.

맨 앞에서 부대를 지휘하던 나는 외나무 다리를 건너 모퉁이를 막 도는 순간

어깨에 전화선(電話線)을 둘러 맨 북괴군 세 놈과 맞닥 뜨렸다.

그놈들이 나를 보고 제지하는 것이 아닌가!!

비와 눈이 섞여 내리는 어두운 밤중에 ….

나를 먼저 발견한 그들 중 한 녀석이 나에게 총구를 들이 댔다.

너무나 갑자기 당한 일이라 멈칫하며 손을 드는 척 하면서

힘차게 소리 쳤다.

"나는 군관이다.!"

그러자 다른 한 녀석이 미심쩍다는 듯 내 옆으로 와 머뭇거리더니

그 놈이 **"손들엇!"** 하는 것이 아닌가!!

나는 손을 들기는 커녕

지체 없이 그놈을 쏘았고,

엎드리는 두 놈도 그대로 갈겼다.

삽시간에 세 놈을 해 치운 것이다.

이 총성에 부대원들은 모두 놀랐다.

나는 주위의 전우들을 따라 산 위쪽을 향해 뛰었는데, 한참을 뛰던 중 발을 잘못 디뎌 미끄러지면서 그만 물웅덩이에 빠지고 말았다.

웅덩이 속에서 간신히 헤어 나오니 곧바로 옷이 얼어붙기 시작 했다.

거기다가 왼쪽발에서는 쥐(마비)까지 나서 도저히 움직일 수 조차 없게 되었다.

이때, 옛날 스승의 말씀이 생각났다.

해방직후 내가 중학교에 다니던 시절 "정규택" 이라는 체육(수영) 선생님이 수영중 발에 쥐가 나면 물속에 가라앉아 다리를 쭉 뻗고

엄지발가락을 앞으로 잡아 당겨 꺾으면 응급조치가 된다고 가르쳐 주셨다.

나는 그 선생님 말씀대로 하려 했으나 누비바지의 끈이 미끈대면서 도저히 풀리지 않았다.

대검을 가진 전우를 찾아도 모두 정상쪽으로 퇴각하기 급해서 도움을 받을만한 전우가 없었다.

하는 수 없이 **"나는 파랑새 다!**

나를 따르라!" 하고 나지막히 외치자 곧이어 7~8명이 모였다.

나의 그날 "암호"가 "파랑새"였다.

그들의 도움으로 바지 가랭이 끈을 끊고 왼쪽 엄지발가락을 꺾으니 쥐가 멎고 괜찮은데, 또다시 오른발에 쥐가 올랐다.

하는 수 없이 두 발의 엄지발가락을 모두 꺾고 비비대는 마사지를 하여 간신히 죽을 고비를 우선 넘겼다

온몸이 얼어 붙기 시작해, 얼어 죽게 된 형국이었다.

나는 전우의 도움으로 겨우 살아난 뒤 산정(山頂)을 향해 뛰면서 전우를 모으기 시작했다.

"파랑새 여기다!

파랑새 여기다!

나를 따르라!" 나지막하게 힘주어 외치면서,

정상 쪽으로 대원을 이끌고 고개 위로 향 했다.

박달재 계곡의 개울은 눈 녹은 물이 흘러내리면서 곳곳에 웅덩이가 생겨 났다.

밤이 되면 개울마저 얼어붙어 잘못하면 물웅덩이로 미끄러지게 마련이다.

진눈깨비를 흠뻑 맞은 옷은 밤 10시경부터는 얼어붙기 시작했다.

어디선가 **"능선으로 올라가라"** 라는 고함소리가 들렸다.

모든 대원들은 계곡에서 벗어나 능선방향의 정상을 향하여 계속 올라갔다.

그런 위급한 때, 어디선가 …….

"옥저야! 옥저야!"

누군가 옥저를 찾아 부르는 소리가 들렸다.

'옥저'란 이름의 여대원은 강릉 K여고 5학년에 재학중이던 여학생으로 매우 열렬한 반공 여학생이었다.

그녀는 사천냇가의 부락 제법 큰집에 피신해 있다가 우리에게 자원하여 함께 행동하게 되었다.

그녀는 퇴곡리의 백골병단 창설이후 여기까지 계속 함께하고 있어서 우리 대원 모두가 잘 알고 있었다.

그러한 그녀의 이름을 크게 부르는 사람도 알만 했다. 이런 위급한 때 ……

자신의 위치를 우리들에게 알리려는 뜻이 포함되어 있으리라는 점도 쉽게 짐작할 수 있었다.

"파랑새 여기다!

파랑새 여기다! **나를 따르라!"**

나는 사령관이 계실법한 박달재의 정상쪽으로 대원을 이끌고 가면서, 고개위로 향 했다.

얼마 동안을 무작정 걸으니 정상 부근에 다다른 것 같다.

3월 하순이지만 일부 양지바른 쪽을 제외하고는 잔설(殘雪)이 아직도 온 누리를 덮고 있었다.

추위에 떨고, 피로에 지친 장병들이 여기 저기 쓰러져 있었으나, 어느 누구 한사람 그들을 구하거나 부축할 힘도 없었다.

나는 정신없이 계속해서 걸었다.

한발 한발 걸을 때마다 쥐가 났던 다리는 바늘로 찌르는 듯한 통증이 오고

물웅덩이에 빠졌던 바지는 얼어붙어 사각 사각 소리를 냈다.

너무 힘에 겨운 나는 한참을 가다가 말고 그만 주저앉은 것 같았는데, 그 자리에서 잠이 들어버렸나 보다.

주저앉아 잠들었던 시간이 어느 정도 지났는지 알 수도 없다.

얼마동안의 시간이 흐른 뒤, 누군가 나를 흔들어 깨웠다.

정신을 겨우 차려보니

나를 따르던 전우들은 하나도 없었다.

칠흑 같은 밤이라 그들은 내가 주저앉은 것도 모른 채 모두 가버렸던 것이다.

"아니, 작전참모 아닙니까?" 이거 큰일 납니다.

"빨리 내려가야 합니다."

하면서, 부축해 주는 사람은 상사(上士)였다.

그는 나의 생명의 은인이다.

그가 나를 깨우지 않았더라면 나는 그대로 조용히 얼어 죽은, 즉 동사(凍死)하고 말았을 것이다.

나는 그들의 도움을 받아 일어나려 했으나,

무릎 아래쪽의 감각이 전혀 없었다.

그와 또 다른 전우 한명이 나를 양쪽에서 부축 해 주어

발을 질질 끌면서 한참을 갔는데도 감각은 되돌아 오지 않았다.

내 자신이 괴롭기도 하고 그들에게 미안하기도 해서 나를 그냥 내버려 두고 가라고 애원(?) 했으나,

박달재의 비극

그들은 나를 계속 부축하면서 내려 갔다.

나는 그들의 채근과 도움으로 황천행(黃泉行)에서 살아났으며, 얼마를 부추겨 발을 구르며 끌려갔는데도, 감각은 되돌아오지 않았다.

이곳 박달재에서는 수십 명, 아닌 수백 명은 쓰러져 있었는데, 그 가운데서 나 한 사람은 구명(救命)되었으니, 그래도 나는 감투 덕을 또 한 번 크게 입은 셈이며, 그때까지는 크고 작은 전투에서 언제나 앞장을 섰고, 그들과는 늘 가까운 사이여서 구원을 입은 것이리라!

나는 이름도 알 수 없는 두 명의 전우 덕분에 죽음의 문턱에까지 갔다가 되돌아 온 셈이다.

빨치산은 굶어 죽고,
얼어 죽고,
맞아 죽는다고 하는데 이들의 전우애는 고전 화랑(花郞)의 귀감이 아니던가……

굶고 허기져 쓰러져, 많은 전우들이 얼어 죽었다.
참으로 기막힌 일이다.
그 중에서 겨우 10여명만이 살아남은 것이다.

적으로부터 공격을 받은 곳은 양양군 서면이요,
우리장병이 수없이 많이 **얼어 죽고, 굶어 죽은 곳은**
인제군 기린면 진동리 북방 박달재 고개 남쪽 편평한 **설피밭 삼거리** 부근이다.

여기에 꽤나 많은 120여의 시체가 널려져 있었는데,
그들의 복장이 북괴군 모양의 것이기에……
뒷날 아군 3사단 18연대 수색대가 "카이로 라인"인 이곳에 진격해 왔을 때, 입고 있는 몰골(?) 때문에……
또 한 번의 서러운 대접을 받았다고 들었다.

내가 전우의 도움을 입어, 간신히 부대의 뒤를 쫓아 채 중령이 계신 설피밭 삼거리 부근에 이르렀다.

1951년 3월 25일, 먼동이 어슴프레 밝아오는 **여명의 새벽**, 채 중령이 계신 곳에 도착한 것이다. 주35)

이 곳은 인제군 기린면 진동리 설피밭 삼거리 38도선 접경지로서 작전상 요충지였으므로

이곳은 6·25 이전에 부락민을 모두 다른 지방으로 이주(移住)시킨 듯 흙벽만이 앙상하게 남아있는 제법 오래된 빈 집터였다.

죽을 뻔한 말을 들은 사령관께서는 비상용 미숫가루 조금 남은 것을 나에게 끓여주도록 지시하면서 벽을 의지하여 불을 피워 주도록 배려해 주셨다.

크게 고마웠다. 그는 작전참모를 살려내라고 강력히 명령하였다.

나는 그 덕에 불을 쪼였다.

내가 입고 있는 바지에서는 김이 무럭무럭 났으나, 갈아입을 바지도 없었다.

주35) 필자가 조사 확인한 자료에 의하면,
  〈한국 전쟁사〉 제4집 제39장 동부지구 반격 작전 p.635에는 "제1군단 및 제3군단은 1951. 3. 25~26일 양일간에 공격을 개시하여 담당지역 내의 카이로(Cairo)라인(동해안 양양으로부터 서쪽으로 영덕리-현리-어론리를 연하는 38°선 북쪽선)을 점령하라는 육군본부 작전명령 제263호 수정 작전 지시 제10호(51. 3. 25. 08:00)에 따라 수도사단은 카이로 라인 진출 및 양양을 공격하고, 제9사단은 그 서쪽을 방어하면서 점차적으로 진출하도록 군단장이 명하였다. 라고 기록되어 있고, 한편 북괴 2군단은 3월 24일 지휘소를 현리 부근인 궁동에서 다시 후퇴 북상시켜 인제 부근의 덕산리로 집결하고 있었다"고 기록되어 있다.
  또한 "수도사단은 51. 3. 25. 작전명령 제128호로 예하 제26연대에 대하여 주문진에 진출하여 양양을 공격 점령하라. 제1연대는 명지리선에서 좌일선으로 우암리-양양 서쪽을 점령 카이로선을 확보하라"는 대목도 기록되어 있다.
  이러한 때, 백골병단은 적 제1, 2방어선의 축선상(軸線上), 즉 카이로 라인 북방에 위치했었음이 전사(戰史)에 의해 확인된다. 참으로 급박한 환경 이였음을 알 수 있다.

옷을 벗으니 살에서도 물이 흐른다.

내 몸이 얼었던 것이다.

나는 지금도 그때의 동상(凍傷) 영향을 받고 있다.

나는 지금도 밤에 이불속에 들어간 뒤 1시간 이내에는 발이 얼음장이나 마찬가지다. 체온유지(體溫維持)가 되지 아니하는 얼음장과 같다.

내 뒤에 이덕일(李德溢) 보좌관이 살아서 또 왔다. 미숫가루 죽을 그에게 조금 나누어 함께 먹었다.

이덕일 전우(사령관 보좌관)는 함북 청진(淸津) 출신의 서울대 법과대학(法大) 3학년에 재학 중인 엘리트로서 채 중령의 연락병으로부터 받은 미숫가루 죽을 작전참모가 나누어 주어 함께 먹었기에 살았다고 말하고 있다. 이 동지는 현재 뉴욕에 거주 중에 있으나 건강상 문제로 서울에는 오지 못하나 안부전화를 자주하는 열혈 참전전우이다.

불을 피웠더니 적의 소총탄이 날아와 황급히 불을 껐다. 그 시절, 참으로 어려운 세월을 보낸 것 같다.

우리가 도착한 이곳은 북괴군의 최 전방인 주저항선(主抵抗線)과 박달재 넘어 오가리 부근의 제2 방어선 상 공간지대인 것 같았다.

동쪽으로는 1,136m 의 높은 산이 있었지만 주위가 800~900m 상당의 고산(高山)지대이므로 야산 정도로 밖에 보이지 않았으며,

능선 또한 대체로 평편 했다.

나는 작은 개울을 건너 가칠봉 쪽을 향하여 우회하는 수정된 계획대로 서남방으로 진출 했다.

여기서, 나는 **결사 제11연대 1대대장 현규정**(玄奎正) **대위**(보좌관 출신) 에게 진동리 진흑동 방면을 정찰 **공격하는 척 하다가 돌아와** 본대와 함께 가칠봉 쪽으로 퇴출(退出)하도록 양공(陽攻)의 임무를 부여했는데, 현 대위는 어차피 죽을 바에야 놈들을 하나라도 더 처치하고 죽겠다고

마음 먹었는지 결사적으로 적의 대부대에 선제공격(先制攻擊)을 감행하여 적 10여명을 사살하였으나 1대대장 자신도 여기서 전사하였다. 주36)

1951. 2. 20 채 중령의 호위 겸 보좌관의「리더」격인 **현규정을 임시대위**로 특진과 동시에 결사 제11연대 제1대대장으로 부대를 지휘했는데,

이태윤 군은 살고(현재), 현규정 대대장은 여기서 용감히 전사하였다. 나는 그 뒤, 현 대위의 유해를 발굴한 뒤, 대전 현충원 장교묘역에 안장하였으니 사람 팔자 정말 알 수 없는 노릇이다.

나는 현규정 대위에게 2004년 이후 무공훈장수여를 계속 주장했으

주36) 현규정 대위 등이 설피밭 삼거리를 떠날 때는 몹시 흐린 날씨였고 진눈깨비가 흩날리던 음산한 날이었다.
　나와 전우들이 89년 4월 26일 진동리에서 그 분이 전사한지 38년 1개월이 되는 날 현지를 탐방하여 확인한 바, 당시 그는 설피밭에서 지금의 진동 2리, 즉 38선 남방 1km 지점까지 4.5km 상당을 진출한 것 같았다.
　저녁 어둡기 직전에 이곳에 도달한 현 대위 일행 30여명은 남쪽 진흑동 방면에서 북상(北上) 퇴각하는 북괴 3군단 예하 정규군과 조우하자, 이쪽에서 먼저 사격을 가하였다고 한다. 곧이어 남쪽에서 올라오던 적군들이 일제히 반격을 시작하여 치열한 격전을 벌였다고 한다.(이는 그 당시 그곳에 거주했던 **이동균 씨의 증언**이다.)
　이씨에 의하면 남루하고 피곤에 지친 몰골의 인민군들이 계곡을 통해 올라오던 많은 인민군들에게 먼저 사격을 가하여 남쪽에서 올라오던 인민군이 많이 죽었다고 한다.
　날이 어두워지자 그들은 조명탄과 기관총을 쏘고 수류탄까지 던지면서 격전을 벌였다고 한다.
　1989년 7월 12일(음 6월 10일) 결사 제11연대 제1대대 소속 특전용사의 유해 발굴에 참여한 필자 등 참전전우 18명과 803 정찰대대 장병에 의하여 유해 발굴을 했는데 이날이 공교롭게도 **나의 환갑(還甲)날**이다.
　세상사는 일이 왜 이다지도 …….
　나는 환갑까지 살아 있으니 **염라대왕**의 보살핌 인지도 ….
　이 유골이 정녕 현규정 대위 것이었는지는 확실히 알 수 없었지만, 유골은 아무런 말이 없었다. DNA고 뭐고 하는 따위는 요사이의 일이니까……
　여기서 발굴한 유골에서 가장 뚜렷한 정황은 아군의 경찰관 복장 단추였다. 단추 속에 무궁화 무늬가 뚜렷했기 때문이다.

나 그동안 훈장수여가 되지 않고 있다가 2012년 6월 25일에 이르러 현규정 대위가 전사한지 61년 3개월 만에 정부가 **충무무공훈장을 추서해 주시어** 나는 그 훈장을 용산 전쟁기념관 2층(6.25 전쟁관)에 기증하여 전시하게 하였다.

여기 전투에서 탄약의 부족과 누적된 심신의 피로, 엄폐물이 없는 개활지라는 지형적인 불리 등으로 대대장 자신과 이등상사 류동현(柳東鉉) 등 20여 명이 장렬하게 전사하는 비운을 맞았으며,

제1대대 대대장과 함께하던 선임하사 홍금표(洪金杓) 상사는 적의 공격을 제압하며 퇴각하였다고 한다.

이곳에서 치열한 전투가 벌어지자 지원 임무를 담당하고 뒤따르던 제11연대 본부중대장 김영돈(金榮敦) 중위 등 10여 명도 계곡 입구에서 다시 북상하여 간신히 돌아왔다.

이곳 진동리 설피밭, 박달재의 전황은 기억하기조차 괴롭다.

22시경 현규정 대위 등 제1대대가 귀환할 수 없음을 파악한 나는 저들을 구출할 수도 없는 것으로 판단하고, 주력부대는 928고지의 북방계곡을 이용하여 남하 하기로 작전계획을 크게 변경 했다.

여기서 적정을 살펴보니, 가칠봉(1,164고지)과 동쪽 1,104고지를 연결하는 선이 적의 방어진지 라인 일 것으로 판단 되었다.

가칠봉 남동 방면에 이르니, 오히려 이곳이 완전한 적의 제2방어선과 주저항선 진중(진지 중심부) 같았다.

여기서 정찰팀을 자원으로 모집하여 8~9명을 확보했다.
개인거리 5~6m씩 갈 지(之)자로 배치하여 지뢰탐지를 하게했다.
작은 계곡과 언덕을 2개쯤 넘었다.
총성도 제법 먼 뒤쪽에서 간간이 들릴 뿐이다.

맨 앞쪽에서 지뢰를 밟으면 그 폭발력으로 뒤따르던 두 번째까지

는 다치게 마련이다.

지뢰가 폭발한 자리에는 직경 1.5m, 깊이 60~70cm 쯤의 웅덩이가 파졌는데, 그 곳에서 정세균(鄭世均) 중위가 폭사하고 말았다.[주37]

우리는 갈갈이 찢겨진 그의 시신을 수습하여 지뢰폭발로 생겨난 웅덩이에 폭파된 흙과 눈으로 묻어 주었다.

정중위의 앞에 있던 김수창(金壽昌) 중사가 폭파된 흙덩어리, 시루떡과 같은 덩어리가 허리를 때려 부상을 입기도 했다.

이때 우리들은 모두 지쳐있고 그 동안 보급을 전혀 받지 못해 탄약도 거의 전무(1인당 5~6발정도)해 참으로 큰일이 아닐 수 없었다.

[주37] 고 정세균 중위는 학도병으로 출정하여 지구(地區) 미상에서 전사한 것으로 그의 부친께서 처리했으나, 「1989년 4월 권영철 부회장이 서울대 치과대학 학적부에서 본적지를 확인한 뒤 필자와 함께 육군본부에 전사확인 신청을 하여 군번 GO1010, 계급 중위로 전사 확인을 받은 다음 국립묘지(동작동)에 위패를 안치하였다.」

지뢰 폭발 시 그의 바로 앞에 가던, 김수창 중사는 허리를 다쳐 움직일 수 없으므로 내가 그 자리에서 "처치(안락사)" 하라고 지시했다는데, 그의 고향 출신인 임병훈 중위가 데려가겠다고 해서 살아 돌아왔다고 한다.

이 이야기는 88년 5월, 38년 만에 만난 김수창 동지가 나에게, 원수인 작전참모를 이제 만났다고 하면서, 섭섭해 하기에 덧붙인다. 내가 그 따위 사소한 것을 어떻게 기억할 수 있겠는가! 대를 위한 희생을 요구했던 것도 같다……
아무튼 미안하게 생각한다.

전우의 유해발굴 및 위령제

 1989년 4월 3일 예년과 같이 매년 4월 3일이면 이곳 박달령(檀木嶺)입구 아늑한 숲 속에서 분향의 향기가 온 영내(嶺內)에 퍼지는 속에서 전몰장병의 위령제가 거행되었다. 이 부근이 내가 51년 3월 물웅덩이에 빠진 곳 근처가 아닌지? !!
 위패를 병풍에 붙이고 제물을 준비한 다음 회장이 고사(告辭)를 읽고 있다. 모두 숙연하게 전몰동지의 넋을 위령하고 있다. 올해에는 이곳 주둔부대인 특공연대의 조화가 한층 돋보였다.

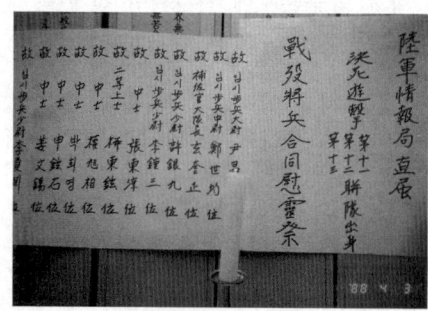

1989년 4월 25일 강원도 인제군 기린면 진동리 진동분교 인근 산 허리 지하 20cm에 방치된 유해 발굴 전 개토제와 첫 삽을 든 전우회장인 필자.
 이날 발굴된 유해는 결사 제11연대 제1대대장 현규정 대위, 이하연 소위, 이완상 병장으로 밝혀졌다.

DNA라는 말이 없을 때인 1989년
 부락민의 제보에 따라
◀ 유골을 발굴하는 필자와
 인접부대 대대장 백행기 중령

유골의 발굴 개시 광경
▼

▲ 유골이 발견되었다. (1989년 4월 26일)

유골 옆에 또 다른 유골이 나왔다.
 이 가시덤불 속 지하 20~25 cm에서!!
 그대는 누구인가? 왜 말을 하지 아니하는가!!
 이 유골이 우리 동지들의 것이건 인민군 놈들의 것이건 죽은 자 에겐 이념이고 사상이고 그 무엇이 있겠는가?!! 이 산하는 우리 민족 모두의 것이고 그 책임은 바로 악랄한 북괴놈들에게 있는 것이 아닌가!!
 현 대위는 경찰전문학교 출신 "경위"였기에 경찰관 단추는 그의 것이다. 우리들의 유골이 틀림없다. 군화도 현규정 대위의 것이 분명하다.

박달재의 비극 *191*

간단한 제례준비물을
차리고 있는
권영철 부회장과
필자

유골 발굴에 앞서
산신위령제(지신제)의
준비광경

　1989년 4월 26일 강원도 인제군 기린면 진동리 산비탈에 묻혀져 있다는 동지들의 유골을 찾아 확인 발굴 전에 산신제를 지내고 있다. (위)
　(下)는 유골이 묻혀져 있다고 하는 구역을 측정하는 필자와 백행기(白幸基)중령(특공연대4대대장)의 모습
　결사유격 제11연대 제1대대장 현규정(玄奎正) 대위는 여기까지 특공대를 이끌고 진출, 적 3군단 후퇴주력에 대하여 선제공격을 가한 후 전사하였다.

2. 흰 눈의 구원

박달재(단목령)를 넘어 인제군 기린면 진동리 설피밭에서 남쪽인 대동재 방면으로 퇴출을 시도했으나, 그 곳은 1대대장의 전사 등 북괴군의 대부대를 돌파해야 할 위험이 큰 것으로 판단되었다. 따라서 부대는 서남방(西南方)으로 우회 퇴출하여 가칠봉 인근의 무명산악에서 독립고지를 확보하여 적정(敵情)과 아군의 진격 동향을 살피고자 시도하였다.

나는 좌우(左右)에 있는 능선에 부대를 배치하고 중간부에 있는 독립고지에서 부대를 지휘할 수 있는 지휘·통제소를 마련하기 위해 정예(精銳) 병력 15명을 선발 했다.

나와 대원들이 북쪽에서부터 남쪽으로 말의 안장과 같이 생긴 능선의 교통호로 기도를 은폐하면서 살며시 그 독립고지에 접근하니 벙커가 있고,

그 벙커에서는 불빛이 새어 나오고 있었다.
지휘소 같은 "벙커" 안의 적병은 4~5명이 있는 듯 싶었다.
두런거리는 소리도 들렸다.

나는 11연대 본부 중대장 김영돈(金榮敦) 중위(화성군 출신)와 허은구(許銀九) 소위(경주 출신)에게 놈들을 수류탄으로 박살 내라고 지시 했다.

그들은 살금살금 교통호를 통하여 벙커로 접근한 뒤, 수류탄의 안전핀을 뽑고 나서 1~2초쯤 지난 뒤 슬쩍 굴려 넣었다.

"꽝! 꽝!" 동시에 폭파되었다.

놈들은 외마디 소리조차 지르지 못하고 벙커는 곧 조용해 졌다.
내가 재빨리 벙커에 들어가 보니
벙커 안은 온통 화약 냄새와 피비린내가 진동 했다.

다섯(5) 놈이 순식간에 죽어 있었다.

살점이 벙커에 걸쳐 놓은 나무토막 여기 저기에 붙어 있는 정도였으니 처참한 죽음이 아닐 수 없었다.

그들은 우리가 습격 하리라고는 꿈에도 생각지 못했던 듯 손에 총을 잡고 있는 놈은 한 놈도 없었다.

우리는 그들을 벼랑 밑 계곡으로 굴려버린 다음 피가 낭자한 거적을 뒤집어 다시 깔고,

남쪽과 동, 서쪽 전방을 주시(注視) 경계 했다.

그들이 가지고 있던 총과 탄약도 요긴하게 쓸 수 있게 확보 됐을 뿐 아니라 굶주림에 지쳐있던 우리에게는 그들이 가지고 있던 볶은 콩과 미숫가루 등 비상식량은 정말 요긴 했다.

이때 갑자기 제11연대 3대대 이창식 대위가 점령해야할 능선과 제12연대 병력이 점령했어야 할 959 고지 쪽에서 우리가 방금 점령한 독립고지 쪽으로 사격을 가해오는 것이 아닌가.

무전기가 없어 정확한 상황을 알 수 없었으나 3대대와 12연대가 적의 고지 확보에 실패한 듯 했다.

날은 훤히 밝아 왔다.

우리는 독립고지에서 더 이상 버틸 수가 없게 된 것이다.

연락병을 보냈으나 아무런 소식이 없다.

세 번째 연락병을 보내도 아무런 소식이 없었다.

이제는 본대와의 연락은 도저히 기대할 수 없게 된 것이다.

나는 이곳을 자력으로 퇴출(退出)하지 않으면 안 되었다.

하늘은 우리를 끝내 버리지 않았다.

때마침, 하나 둘 흩날리기 시작하던 **눈발이 차츰 함박눈으로 변하더니** ……

갑자기 앞을 분간하기 힘들 정도로 **휘몰아 치면서 퍼붓기 시작**했다. 3월 하순인데 전방 5~6m 정도도 분간할 수 없을 정도의 **함박눈이 퍼 붓는 것**이 아닌가 !!

바로 "**이때 다.
지금 철수 한다.**"

눈발이 적의 시계(視界)를 가리고 있을 때 철수해야 한다.

나는 2진으로 나누어 일부는 엄호사격을 ……

집중 사격을 하며 ……

일부는 독립고지의 능선을 빠져 나가게 했다.

우리는 이곳 가칠봉 인근의 독립고지 점령과정에서 적 5명 외에 수 미상의 적을 사살했으나 아깝게 연락병 등 4명의 전우를 잃었고,

허은구 소위도 여기서 장렬하게 전사 했다. 주38)

1951년 3월 26일 16시경 이었다.
가까스로 본대가 있던 곳으로 돌아왔으나
본대는 오간 데가 없었다.
사방을 두루 살피면서 주력부대가 퇴각했을 것으로 보이는 지형을 살펴 보았으나

주38) 독립고지 점령의 영웅 (고) 허은구 소위는 본인(저자)의 주선으로 1987년 3월에 이르러 비로소 전사 확인을 받고, 그의 모친께서 유족연금을 받았으나 1년여 뒤 모친의 서거로 연금 수령이 겨우 1년 만에 지급 정지되었다.(위패 동작동 장교/14)
　　(고) 허은구 소위의 형님이신 '허재구' 씨는 1951년 8월경 소속 중대장이던 정윤화 중위로부터 전사 소식을 들었으나 국방당국에 74회에 걸친 전사확인 탄원도 받아들여지지 않았었는데 1987년 2월 못다핀 젊은 꽃(국방영화 3부작) 방영 이후 필자에게 연결되어 필자가 제공한 임관 특명 사본 등의 증거를 보강하여 36년여 만에 겨우 전사확인을 받게 되었다고 한다. 이것이 우리 육군본부 직할 결사대(일명 백골병단)의 전사확인 제1호로 기록되고 있다.

흰 눈의 구원　*195*

함박눈 폭설이 5~6cm 상당이나 쌓여 있어 확실한 판단이 서질 않았다.

'도대체 어느 방향으로 갔을까?'

북서 방향으로 제법 전진했으나 부대가 지나간 흔적을 전혀 찾을 길이 없었다.

나를 믿고 뒤 따라오는 부대원들을 보니 책임감이 무거웠다.

나는 불현듯 이쪽으로 가서는 안 되겠다는 생각이 들었다.

무엇이라 설명할 수 없는 예감 같은 것이었다.

오던 길로 되돌아 섰다.

거의 30분 가량을 허비하면서 본대가 있던 곳으로 다시 되돌아와 서남방 쪽으로 방향을 돌려 잡았다.

부대원에게 사주경계(四周警戒)를 엄히 하라고 지시하면서

한참을 전진하니까

나뭇가지 하나가 꺾인 흔적이 발견 되었다.

병력이 지나간 흔적이 탐지된 것이다.

발자국 비슷한 것도 탐지되었다.

안도의 한숨이 저절로 나왔다.

우리들이 적의 전방지휘소를 점령하기 위해 전방에 나갔는데

아무런 연락도 없이

자기들 끼리만 살짝 이동했다는데 생각이 미치자 참으로 서운 했다.

얼마를 더 뒤 쫓아가니 부대의 후미를 따르는 낙오병이 보였다.

"야!"

우리 모두는 누가 먼저랄 것도 없이 나지막 하면서도 환희에 찬 환호성을 나지막히 질렀다.

우리가 그때 북서방향으로 계속 갔더라면 모두 죽었거나 포로가 되었을 것이다.

또 한차례 아찔한 고비를 넘긴 것이다.
이때 쯤에는 눈은 슬슬 멎고 있었다.

하늘이 우리를 도운 것이다.
어쨌든 나는 또 한번 살았다.
내 명(命)이 꽤나 길었는가 보다.
「조상의 묘가 명당(明堂)인지도 모른다.
남들이 명당에 내 증조 부모님을 모셨다고들 했다.
우리 고향 만우리 산 "속칭" "비둘기 바위" 아래에 모셨다.
내가 6·25 피난길을 나갈 때, 내 조부께서 장손(長孫)인 나에게 족보를 가져갈 수는 없으니 집안의 소족보 같은 가승(家承)을 주셨다.
그 시절에는 비닐 포장지도 없던 때라, 양담뱃갑의 파라핀 종이로 몇 겹을 싸서 주신 것인데, 이것을 몸에 지니고 다녔다.

그때의 것을 적 후방에서 귀환한 뒤 현재까지도 잘 보존하고 있다.

내 조상이 보살펴 주신 것이라 나는 믿고 있다.」
어쨌든 나는 또 한 번 살았다.

내가 살아 돌아온 것을 본
채 중령은 나에게 **"작전참모 미안하다."** 라고 하면서,
수고 했다!! 라고 위로해 주었다.

아무래도 좋다.
섭섭이고 무엇이고 따질 겨를도 없었다.

나는 또다시 부대의 앞장에 섰다.
우선 전방의 진로를 개척할 만한 전우가 없기 때문이다.
전투경험이 그리 많지도 아니한 내가 왜 우쭐대면서 항시 앞장을 섰던지?!! 지금도 알 수 없다.

다른 연대장이나 대대장들도 다 있었는데 …

왜 내가 꼭 앞장을 서야 했는지 ……

성격 탓 인지!!
무엇에 홀린 것인지?!! 앞장을 섰다.
뒷날 어느 현역군인이 말하기를 연대 참모가 대대장이나 다른 연대장까지 지휘했다니 말이 되나 ……
엉터리 같이 자기자랑을 하는 것이 아닌가?!! 하는 핀잔도 들었는데 …….

이 말은 엄연한 사실임을 참전 장병 모두가 인정하는 것이니까 ……
당시의 정황을 모르면 가만히나 계시지 ……

3월 27일 10시까지 서남방면 인근의 탐색과
가칠봉 방면을 정찰한 나는 우리가 아군과 적의 주 저항 선상 공간지대에 진입해 있는 것으로 판단하고,
되도록 기도를 은폐한 뒤
밤이 되기를 기다려 20시경 서남방으로 출발 했다.

섣불리 남쪽으로 가다가는 적과 마주칠 것 같아 서남방으로 향한 것이다.

또다시 부대의 맨 앞장에 선 나는 눈 덮인 산길을 헤치면서
계속 전진 했다.
그날 밤을 꼬박 새면서 계속 진출 했다.
지도 상에는 가옥 표시가 몇 개 있으므로 혹시나 하는 기대 때문이기도 했다.

3. 산간 오두막

부대의 맨 앞장을 선, 나는 눈길을 헤치면서 서남방을 향하여 계속 전진 했다.

여기쯤은 **38선 이남지역**으로 판단되는데, 이 험준한 산 중에 있는 오두막 집은 북괴 놈들도 남침 당시 전략상 별로 쓸모가 없는 고장으로 판단한 듯, 무슨 "정감록"에 나오는 피난처 쯤이 아니겠는가 하는 생각도 들었다.

이제 부대 병력은 완전히 녹초가 된 몰골이었으나 나는 독립고지에서 놈들을 처치한 뒤, 확보한 미숫가루와 콩 볶은 것도 조금 먹었고, 또 약간 가지고 있기에 그런대로 생기를 유지할 수 있어 다행이었다.

7~8미터의 암벽이 병풍처럼 가려진 비탈을 천신만고 끝에 간신히 도달한 곳에는 아늑하고 평편한 분지 비슷한 곳이 있는데, 집이 있는 것 같았다.

작은 집이 몇 채 있었으나 사람이 살고 있어야 할 텐데……

유격대 "빨치산"은 인민을 떠나서 살 수 없음은 마치 물고기가 물을 떠나서는 살 수 없는 것과 같다고 하는데…….

이런 말은 적 빨치산에만 적용되는 것이 아니고 우리들도 같은 것이 아닌지……

여기서, 식량보급이 되지 아니하면 우린 **모두 굶어 죽게 되어 있다.**

맨 앞장을 선, 나에게는 그 만큼 막중한 사명과 임무가 주어진 것인데…….

하기야, 나 혼자만의 책임은 물론 아니지만! 우리 전우 모두는 일단 내 뒤를 따르고 있는 것이 아닌가?!!

별의 별 생각이 다 스쳐갔다.

바윗길을 돌아 더 이상은 진출하기 어려운 때, 한쪽 옆으로 겨우 진입할 수 있는 암벽길이 또 있는 것이 아닌가!

사람이 살고 있을 것으로 보이는 집이 몇 채 있었다.

부락이래야 겨우 오막살이집 3~4호 가량이지만 거의 완벽한 것이 분명 사람이 살고 있을 것으로 판단 되었다.

때는 칠흑같이 어두운 밤이였다.

1951년 3월 28일 02시 나는 인제군 기린면 방동리 북방 약 5km 지점의 이름을 알 수 없는 고장에 도착한 것이다.

이곳은 38선 남방 3~4km 정도의 가칠봉 서남쪽 상치전 부근이 아닌지……. 정확히는 알 수도 없는 고장이다.

높은 산으로 둘러싸인 분지 같은 고장인데, 민가에는 소(농우)도 있고 닭도 있었다.

워낙 깊은 산골이라 적군이나 아군들도 지나간 일이 전혀 없어 전쟁의 피해가 없는 고장 같았다.

우리들은 강원도 인제군 인제면 가리산리 군량밭에서 강원도 인제군 북면 용대리와 설악산, 박달재 등을 거쳐 여기까지 이르는 동안 일주일 정도 굶고 허기에 지쳐 우선 소를 잡아 나누어 먹었다.

물론 주인에게 형식적인 양해를 구하기는 했지만 아무런 보상을 해 줄 수는 없었다.

이곳 부락민들은 남녀 노소 모두 10여명이 한 가족처럼 단란하게 살고 있었다.

그 분들은 우리를 진정 따뜻하게 맞아 주었는데,

우리는 그 분들의 삶의 수단인 소를 잡아 먹었으니….

1995년 가을에 이곳을 다시 찾아 위로하고자 했으나, 무·배추를 추수한 잔재 이외에 집도 없었으며, 이 부근에 사람이 살고 있지 않아 그 옛날 지은 죄를 사죄할 수도 없었다.

나는 그 분들에게 늘 미안하게 생각하고 있다.

이 부락은 너무 험준한 분지 지대로 저 멀리 앞쪽에는 현리 쪽으로 통하는 길이 있기는 하나

그 곳까지도 5~6km 이상은 족히 험로를 내려가야 했다.

전쟁의 참화는 이 평화스러운 산간 오지의 마을에도 불똥이 튀긴 것이다.

나는 장병들에게 밥을 먹인 뒤, 모두 충분히 휴식을 취하도록 했다. 밥은 강냉이 쌀로 지었는데 쌀밥과 다를 바 없었다.

장병들이 모두 편안하게 잠든 것을 확인하고

나는 또다시 작전계획을 세워야 했다.

여기까지 이르는 동안 나는 수많은 접전(接戰)경험과 일선 지휘 등을 통해 제법 역전의 용사가 되었는지…….

혼자서 작전계획도 세우고 적정(敵情)에 따라 임기응변 할 수 있을 만큼 성숙되어 있었던 것 같다.

그러나 안일하게 훈련받은 6·25 전쟁에도 참여하지 아니한 어느 분이 나를 **대낮의 도깨비 소동**의 주동자로 매도하고 있는데 그 따위 어른?이 ……

내가 군대 정규과정을 이수하지 못한 임시장교였기 때문에 대낮의 도깨비가 되었는지도 모르겠다.

채 중령이 쓴 사투만리(死鬪萬里) 등 무용담을 각색한 소설 백골병단(白骨兵團)을 그 당시 참모총장의 명으로 육군본부 군사 연구실이 군 예산으로 5,000부를 제작하여 부대 **"영구보존"** 이란 명시와 함께 전 군에 배포했다고 하는데

이 책은 1956년경 채 중령이 쓴 전쟁수기 "사투만리„를 정훈장교

출신자가 각색한 소설로서 "실전실화"와는 거리가 먼 단순한 군사 '소설'이었지만, 6.25 한국전 당시 **육군본부 직할 결사대**(공식명칭) **백골병단**이란 유격부대를 육군본부가 편성하여 적후방에 침투시켰다는 사실이 전 육군 부대 내에 널리 알려진 것만은 사실이니 그런대로 고맙다. (뒷날 특별법으로 인정되었지만)

비록 잘못된 내용뿐이지만 ……

북괴군 복장을 한 결사대(일명 백골병단) 장병의 이미지

어쨌든 정규군인이나 정규장교가 해낼 수 없을것 같은 전공을 세운 육군본부 직할 결사대 장병을 비하하는 사람들은 ……
다시 한 번 반성해야 할 것이다. 라고 힘주어 경고한다.

1951년 3월 28일 강원도 인제군 기린면 지내의 무명 부락인 산간 오두막에 숨어 지내고 있을 때,

새벽 4시쯤 채 중령이 나에게 철수(남쪽)할 것을 명령했으나, 내가 그 명령을 이행하지 않았다.

나는 명령불복종으로 총살될 운명에 있었으나,

왠지 불길(不吉)한 생각이 들었다고 사정하니 총살을 보류하고 확인하기로 했다.

뒤에 수색정찰병을 보내 확인하였던 바, 채 중령이 철수를 지시한 그 시각에 인민군 제3군단의 주력부대가 우리들이 숨어 지내고 있는 앞 방동지방을 지나 양양지방으로 후퇴하였음이 척후 정찰로 확인된 것이다.

즉, 현리에서 인제방면으로는 2군단이, 박달재와 서림리(西林里) 방면으로는 적 3군단이 각각 퇴각한 것이 판명된 것이다.[주39)]

즉, 국군 수도사단은 '카이로 라인'의 양양 방면으로,
국군 9사단과 임무 교대한 제3사단은 단목령 방면으로,
그 좌측은 국군 7사단이 인제방면으로 각 공격을 개시하여
북괴 2군단은 인제 방면으로,
북괴 3군단과 69여단은 양양·속초 방면으로 각 패주(敗走)하였던 것이다.

만약 우리가 28일 04시에 방동(芳東) 방면으로 철수·이동 했다면 적의 철수로 전면(前面)을 가로질러야 했기 때문에 큰 희생을 입었을 가능성을 배제할 수 없었다.

무슨 미신같은 영감이 부대의 안전에 기여한 것이다.

어쨌든 나의 "명령불복종"이 부대 전체를 살려냈다.

즉, 나의 명령불복종 덕에 화(禍)를 면할 수 있었으니 어찌 보면 오히려 전화위복(轉禍爲福)이 되었는지도 모른다. 그래서 나는 명령불복종이란 중죄(重罪)를 면할 수 있었다.

참으로 기이(奇異)한 일도 다 생겼다.

여기는 북괴군의 주저항선(主抵抗線) 상이고, 아군의 공격선 전방 공간(空間)지대쯤이 아닌가 판단되는 지역이었다.

주39) 필자가 그 당시의 정보 보고서를 조사 확인하였던 바,
〈한국 전쟁사〉 및 정기 정보보고 84호 p.864~5 및 86호 p.885, 88호 p.961 등에서 적 2,3군단 예하 주력부대 모두가 3월 27일~29일 사이에 현리, 박달재, 서림리(西林里) 방면 등 3방면으로 퇴각한 것이 판명되었다.

제6부 감격의 개선

1. 영광의 개선

1951년 3월 30일 이곳, 깊은 산중 이름을 알 수 없는 (상치전?) 부락에도 **여명**(黎明)은 밝아 왔다.

부락민의 협조로 오랜만에 식사도 했고, 잠을 푹 자고 난 뒤였다.

병사들의 건강도 문제였는데, 이 곳 주민들의 협조가 좋았고 휴식을 취하기가 비교적 좋은 고장이라 쉬고 있는데,

저 건너 바라보이는 7~8km 전방의 앞산에 오전 10시경 은빛 날개를 반짝이는……

몸통 두개짜리 대형 수송기가 낙하산에 매단 **보급품을 투하하고** 있는 것이 목격(目擊)되었다.

"야! 이제 살았다."

우리는 모두 환호성을 질렀다.

그러나 나는 이럴 때 더욱 더 조심하라고 엄하게 지시했다.

여기는 매우 위험한 지역이라고 판단되었다.

아군의 수색대가 진출해 있거나 적의 최후 저지선일 가능성이 있기 때문이다. 따라서 경계를 철저히 해야 한다고 장병들을 다그쳤다.

나는 병력을 점검하면서 마무리 경계의 철저를 기하도록 지시하고 직접 확인 했다.

주위 경계를 철저히 하지 않았다가는 자칫 아군의 공격을 받을 우려마저 있었다.

더욱 조심하면서 풀포기 하나, 나뭇잎 하나도 이상이 없는가를 잘

살펴야 했다.

아군과 접선할 때 우리의 신분을 확인시킬 인식표지(認識標識) 헝겊과 태극기도 준비했다.

최종 마무리가 무엇보다도 중요한 것이다.

북괴군은 이제 완전히 물러난 것 같았다.

우리는 아군과 북괴군의 중간 지대에 끼여 있는 것으로 판단 되었다.

오후 2시가 약간 지난 다음, 용감한 척후병 몇 명을 앞세우고 전방에 있는 아군 진영에 접선 시키기로 했다.

나는 **이덕일**(李德鎰), **원응학**(元應學), **신효균**(申孝均) 동지 등 채 중령의 보좌관과 **이만우**(李萬雨) 중위, 김흥복(金興福) 수색대장 등 12명을 편성하여 남쪽 분지마을로 출발 시켰다.

나는 전날 채 중령의 명령불복종으로 근신 중이였으나, 중요작전에는 또 참여한 것이다.

계곡을 따라 오솔길로 5~6km 가량 내려가니 약간 널찍한 개활지가 전개되었다고 한다.

방동(芳東), 현리(縣里) 방면으로 통하는 도로 가까이에 이른 것이다.

계곡 길을 거의 다 내려왔을 때 300~400m 전방에서

오후의 햇살을 받아 무엇인가가 움직이는 것이 서너개 보였다고 한다.

이 지역은 오늘 아침 공중보급을 받은 곳으로부터 2~3km 정도 북쪽이니까 아군이 이 곳까지 진출되어 있을 것 같았다고 회상한다.

본대 주력은 뒤쪽 계곡에 숨어 경계하고 수색대는 앞으로 약간 더 나아간 후

작은 언덕을 방패삼아

대기 엄폐 하였다고 한다.

자세히 살펴보니 틀림없는 아군이었다고 한다.

우리 수색정찰대원은 **장총(長銃)에 태극기를 매 달았다.**
그리고 **좌우로 서서히 크게 흔들었다.**

전방의 아군병사가 서서히 포복 전진하여 앞으로 나와
근접 지역에까지 와서는 크게 외쳤다.
"쏘지 마라"
"우리는 국군이다."
척후조로 나가 있던 우리 대원들이 덩달아 외쳤다.

"우리도 국군이다." 라고,

"알았다." 엎드려 있던 전방의 병사가 약간 일어나면서
손을 흔들었다.
참으로 감격적인 순간이었다.

전방에 있던 아군 본대가 모습을 드러내며 소리 쳤다.
"이제 손 들고 서서히 나오라"
우리 정찰대는 머리 위에 손을 얹고 아군 앞으로 나아갔다.

앞으로 포복해 나온 병사는 아군 7사단 3연대 수색대의 상사였다.
그는 매우 용감하고 판단이 빠른 병사(부사관)였다.
그의 침착한 기지(機智)로 우리는 교전 없이 개선(凱旋)할 수 있었다.
이 얼마나 감격스러운 일인가! 주40)

우리 7사단 제3연대 수색대원들과의 감격적인 포옹.

대원 모두가 감격에 겨워 눈시울만 붉힐 뿐 말을 잇지 못했다고 한다.

주40) 〈육군 정기정보보고〉 제88호(p.932)에 의하면, "51. 3. 27. 8시 HID 보고에 의하면 방대산 DS 4394에 적 500명이 진지를 구축 중에 있고, 첩자의 보고에 의하면 3월 26일 16시 현재 '두무터' DT 1911에 적 1개 사단 병력 약 5,000명이 방어진지를 구축 중에 있었으며, 3월 29일 11:30 하치전 DT 4801에서 아군 3연대 1중대는 적 1개 중대와 교전 중이라 한다." 라는 기록이 있고, "백골병단은 쌍방이 대치중인 전선에서 1951. 3. 30. 제7사단 제3연대 전투전면으로 귀환한 것을 육군본부 소장 정보보고서철 92호 1024쪽에 주)"와 같은 내용을 기록하고 있어 확인이 충분하다.

감격의 뒤에는 아픔도 있기 마련이다.

출동 당시 647명(白骨兵團)이던 병력이 여기까지 살아 돌아온 전우는 겨우 260여명 뿐이었다.

2개월여 동안의 적 후방 전투에서 3분의 2에 가까운 전우를 잃은 것이다.

육군본부 직할 결사 제11, 제12, 제13연대 장병 260여명이 모두 강원도 인제군 기린면 방동 북방으로 개선한 시간은……

1951년 3월 30일 17시경 이었다.

적 진중을 퇴출하는 영상장면, 맨 앞은 필자의 이미지

2. 한심한 전쟁 영웅

한국군 최초의 정규 유격대(결사대) 장병 647명은 1951년 1월부터 3월 30일까지 적진 배후지역에서 60여일 간 320km의 장정(長征)을 해낸 것이다.

그 이름도 요란한 육군본부 직할 결사대 제11, 12, 13연대 「**백골병단**」 장병들이 임무를 완수하고 개선한 것이다. 주41)

개선 병력은 결사 제11연대(사령관 포함) 170여명, 제12연대 40여명, 제13연대 50여 명 등 모두 260여 명이다.

우리는 육군본부 전방지휘소(강릉)의 지시에 따라 1951년 4월 1일 강릉에 도착했다.

채 중령은 1951년 4월 3일경 우리를 강릉 북방에 남겨 두고, 측근인 최윤식 대위와 연락병, 생포한 최준결군(길원팔의 수행소년)을 데리고 내가 작성·보관중인 전투관련 문서 등을 정리한 뒤 대구 육군본부로 떠났다.

강원도 강릉지방으로 개선하니, 그 당시 육군 제1군단과 제3군단을 지휘할 육군본부 전방지휘소가 이곳 강릉에 있었는데, 우리들이 적지로 출동할 때 육해공군 총참모장이던 정일권 소장이 육군중장으로 진급은 했으나, 이곳, 전방사령관으로 밀려 나와 있었다.

육군 제9사단에는 참모장으로 5·16군사 혁명 후 대통령을 지낸 박정희 대령도 이곳 강릉에 계셨다고 한다.

주41) 내가 발굴한 한국전쟁, 정기 정보보고 제92호 제3군단 전구, 국군 제7사단 정면, (p.1024)에 "**육군본부에서 침투시킨 아 유격대장이 3R장(3연대장)에게 진술한 바에 의하면**, 아 유격대는 3월 24일경 설악산 DT 5318 부근에서 'E(적)' 약 1개 사단과 교전하였다고 한다." 라는 기록이 '51. 4. 1. "정보보고"에 기록되어 있어, **육군본부가 침투시킨 사실을 정확히 기록하고 있으며** 이는 용대리에서의 전투를 말하는 것 같다.

채 중령(백골병단 사령관)은 그분의 저서 "死線을 넘고 넘어" 1994. pp.234~5에서 다음과 같이 기술하고 있다.

<전략>

「난 그곳에서 일생을 통해 중요한 사람을 만나게 된다.

박정희 대령이 바로 9사단에서 참모장을 하고 있었던 것이다. 그는 날 아주 반갑게 맞아 주었다.

내가 극적인 대목을 말할 때마다 박 대령의 입에선 감탄사가 끊이질 않았다. 그날 난 그에게서 즐거운 저녁식사도 대접받고 야전잠바도 바꿔 입었다.

당시 난 북한 땅에서 탈출할 때 입고 있었던 잠바를 입고 있었다.

"그거 역사적인 잠바잖아. 그거 내 것하고 바꿔 입자."

그날 우린 술좌석에서 잠바까지 바꿔 입을 정도로 가까워 졌다.」<후략>

채 중령이 아군 야전잠바를 박정희 대령과 바꿔 입었다는 것은 그분이 적 후방 작전시에도 계속 입고 있었다는 것으로 유의할 대목이다.

우리들 역전의 용사들은 강원도 인제군 지내로 퇴출(退出) 개선·귀환 할 때 육군 제7사단 3연대장으로부터 "C" 레이션 등으로 환영을 받았으나, 여기 강릉시에 있는 육군본부 전방지휘소에서는 강릉 서쪽 대관령 입구쪽의 강릉도립병원 인근에 분산 숙영하라고 했다가 다시 동북방 석교리(石橋里) 방면 민가로 이동하여 적당히 분산(分散) 주둔 하라는 것 뿐, 환대는커녕 냉랭하기 그지 없었다.

전쟁영웅? 들은 슬펐다. 전공(戰功)은 어느 놈들이 차지했는지 알 수 없고, ……

저놈들이 죽지 않고 왜 살아 돌아 왔어 ……. 하는 형편이다.

우리들은 육군본부 전방지휘소의 지시에 따라 민가를 찾아 각각 적당히 분산 주둔 했으나, 그 당시 보급의 대책이 전혀 없었으며 식량 과 피복의 보급에 대한 대책도 세워주지 않아 "누비옷"을 입은 채, 이집, 저집 거지모양, 밥 동냥질을 하지 않으면 연명(延命) 할 수 없게 되었다.

입고 있는 누비옷은 인민군복을 모방하여 만든 방한복(누비바지, 저고리) 뿐인데, 그 옷은 전쟁터에서 해져 너덜너덜하게 해졌으며, 내복도 한 벌 뿐이었으므로, 영락없는 거지꼴을 하고 있었다.

1951년 2월 7일 육군 수뇌부인 육해공군 총참모장 정일권 소장은 「유격대」의 출정식에서 『귀관들이 임무를 완수하고 돌아오면 2계급씩 **특진시켜 희망하는 부대에 배치해 주겠다**』고 한 약속은 지켜지지 않았다.

정규군인 신분이 아니므로 어려웠을 것이라고 생각할 수 있으나……

관계 당국은 온갖 고생 끝에 생환한 전우들 모두에게 이등병의 대접조차도 해주지 않았다.

조국의 자유와 평화를 지키기 위하여 자신의 안일을 버리고 적진 후방지역에서 숱한 어려움을 겪은 대가가 무일푼이고 초라한 거지신세가 된 것이다.

우리들에게 육군 임시보병장교 라는 현역장병과 구분되는 엉터리? 임관사령장을 준 것이 아니었나 하는 생각이 든다.

1951년 4월 3일 대구 육군본부로 떠났던 채 중령은 4월 9일 석교리로 다시 돌아와 필자가 보관 중에 있던 전투상보를 글씨 잘 쓰는 한갑수 소위에게 정서(淨書)시켜 가지고 11일 또다시 대구로 떠나면서 고별(告別)의 말을 남겼다.

"여러분 참으로 미안하오. 본관은 최선을 다하여 귀관들의 용전분투한 노고를 상부에 건의하고 반영시키도록 최선을 다할 작정이오!"

그 분은 이 말을 마지막으로 남기고 육군본부로 원대 복귀한 뒤

다시 돌아오지 않았다.

　채 중령 혼자만은 곧 임시를 떼고 정식 중령이 되었으며, 그 뒤 승진 가도를 달려 장군까지 진급되었으며, 6.25 당시 유격대장의 경력이 인정되어 주월 한국 육·해·공·해병대 총 사령관(육군 중장)이 되셨다는 설도 있으니, 우리들 모두의 것이 인정된 것인지는 알 수 없지만, 한편으로는 영광스럽고 다행스러운 일인지도 모른다.

　그분의 **인사 기록상**에는 1951. 5. 13 까지 유격대 대장으로 5 개월 간 근무한 것으로 기록되어 있다.

　우리들 모두는 참전사실이 전혀 인정되지 않아 거의 모두가 1953 년 7월 휴전 이전에 징소집되어 재차 입대하여 병역 의무를 또 다시 이행하지 않으면 안 되었다.

　나도 갑종장교로 휴전 이전에 임관 후 전선에 투입되었으니 ……

　우리는 **어미 잃은 병아리**와 같이 지휘관 잃은 고아 아닌 고아가 되었던 것이다.

　적 후방에 침투할 때 입은 북괴제 모방의 방한복도 찢어지고 해졌으며, 4월의 따사로운 햇빛에 등 뒤에서는 쌀알톨 만한 이(蝨)가 기어 나왔다.

　불과 2개월여에 불과함에도 불구하고

**눈은 퀭 하게 패였고, 광대뼈는 툭 불거지고
어느 모로 보더라도 거지 중에서도 상거지 같았다.**

　너덜 너덜한 북괴모방 군복을 갈아입을 군복조차 주지 않았다.

　강릉으로 돌아온 며칠 뒤, 전선에서 분산 또는 낙오되었다가 구사일생으로 살아 돌아온 전우들이 하나 둘, 합류하여 그 뒤 전체 생존자의 수는 283 명으로 불어났으나 환자가 40~50명이나 되었다.

열악한 장비, **부족한 탄약과 식량,**

혹한기, 백골병단 장병은, 태백산맥, 오대산맥, 설악산맥을 잇는 종횡(縱橫) **320km 우리 릿수로 800리의 대장정을,** 그것도 영하 20℃ 내지는 30℃를 오르내리는 혹한을 이겨내면서 단, 2주일분의 미숫가루(식량)만으로 60여일을 견뎌낸 장병들로,

전사(戰死) 또는 실종된 360여명의 고귀한 희생을 딛고, 혁혁한 무공을 세웠는데, 주42)

그 공은, 그 무훈(武勳)은! 어디로 갔는지 …….

「백골병단」 장병 모두는 **투철한 국가관** 과
자유와 평화를 지키려는
자유수호 투사로서의 사생관(死生觀)은 확고했다고 자부한다.

강릉 서쪽 대관령 입구 쪽에 위치한 도립병원 부근 민가에 분산 주둔할 때,

1951년 4월초, 우리들은 전우 모두가 **각 연대, 대대별로 기념 사진**을 남겼다.

뒷날을 기약하고자 해서 …… 이것이 참전 개선 **65년의 기록이 될 줄이야 !!** 이 책의 표지사진으로도 ……

그때 찍은 사진 원본을 내가 잘 소장하고 있다가 1994년 4월 용산에 있는 **전쟁기념관**에 한국전 자료로 기증하여 전시 중에 있다.

그때의 사진을 보면 복장도 가지가지요!

모자를 쓰지 못한 전우가 20% 정도는 되는 것 같고,

주42) 내가 발굴한 한국전쟁, 정기 정보보고 제93호 p.1050, 국군 제7사단 정면에서, '51. 4. 2. 15시 30분에 **아 유격대 제11연대 제1대대 제3중대장의 진술에 의하면,** 설악산 DT 5418에 있는 적은 중공군이 아니고, 소속 미상의 적 약 1개 사단이라고 하였다. 라고 기록되어 있어 아군 유격대의 소속이 분명하게 확인되었으며, 그때 판명된 적은 32사단 또는 인민군 10사?가 아닌가 한다.

패잔병의 집단과 흡사했다.

이들 사진을 보노라면, 전우들의 얼굴 하나 하나가 새롭게 다가 온다.

사진에 나타난 결사 제11연대 생환장병은 147명이지만 뒷날 하나 둘씩 돌아온 병력까지 모두 합쳐도 170여명 뿐이므로 190명 상당은 전사 또는 실종되었다고 생각된다.

구사일생으로 살아 돌아온 전우들은 지금 어디에서 무엇을 하며 살고 있는지 ······

재차 군입대 후에 얼마나 또 희생되었는지 ······

다 살아 있기나 하는 것인지 ···

내가 파악한 양면괴지 1장에 있는 참전 당시의 전우 20여명의 고향 면장과 지서장 등에게 공문으로 전우찾기를 시도하였으나 5명만이 겨우 확인되었을 뿐이다.

전우 모두를 찾을 길 없어 마냥 옛 추억만을 더듬고 있을 뿐이다.

<○표 필자>
사선을 돌파한 육본 직할 결사 제 11 연대 강릉집결기념 (1951.4.5) 강릉 : 구 도립병원광장

대부분의 희생자는 11연대가 주축이 되어 담당했던 설악산과 박달재, 진동리 돌파 작전 등에서 였다.

이들의 고혼은 유택하나 없으니

내가 수십년간을 당국에 진정하는 등 노력한 끝에, 1990년 11월 9일에 이르러 겨우 전적비를 세웠지만……

안식을 찾지 못하고

구천(九泉)을 맴돌며 방황하고 있을지도 모를 것이다.

우리들 육군본부 직할 결사대 일명 「백골병단」은

북괴군의 중장과 크고 작은 적병의 생포·사살 등 **모두 309명을 생포하고 170여명(미확인 130명 포함)을** 사살하는 등 혁혁한 전과를 기록했다.

우리는 적 69여단의 전투상보 등 **중요 기밀문서**를 노획하여 아군 제1군단과 수도사단에 전달하여 작전 수행에 크게 기여 했고,

적진 후방에서 적의 연락병 등 다수를 생포 처치하였고, 통신선 절단 등 적을 혼란에 빠뜨리게 했다.

그러나 우리 전우도 전사, 실종 등 360여명의 피해를 입었다.

그 중 첫 희생이 어처구니없게도 아군 폭격기에 의한 오폭이었고,

가장 많은 희생은 박달재에서 굶고 얼어 죽은 120여명의 비전투 손실이 었으니

참으로 원통하고 분할 따름이다.

우리는 1951년 1월 4일 입대 후 1951년 1월 30일부터 4월 중순까지 적지(敵地)에서 60여일을 버텼다.

이 기간 중 **320 km의 대장정**(大長征)을 적진에서 해낸 것이다.

그것도 평시에는 엄두도 못 낼 열악한 장비와 영하 30°를 오르내

리는 악조건과 싸워가면서 인적도 없는 고산지대를 누비고 다녔다.

그 중 퇴곡리(退谷里)로부터 기산하더라도 40여일 정도는 적진 깊숙히 침투하여
때로는 아군 지역으로부터 60 km 이상이나 되는 북쪽으로 침투한 적 후방에서
부여된 임무를 훌륭히 완수하였고
기대 이상의 장한 성과를 올렸다.

1951년 1월 30일부터 2월 14일 사이에 3개 부대가 1주일 간격으로 적 후방으로 침투한 **817명 중** 강원도 평창군 도암지구에서 결사 제12연대 병력이 아군기의 오폭으로 분산 낙오된 170여명을 제외한 647명이 그 해 4월에 개선할 때까지 **360여명의 전사 또는 실종 등 피해**를 입었으며, 생환(生還)개선 장병은 283명으로 생존율은 34.6%에 불과했다.

이와 같이 그들은 용감히
조국의 평화와 자유를 위한 전투에서 빛나는 **승전**(勝戰)을 하였다.

1951. 4. 25 까지 개선한(살아 돌아온) 병력 283명에 대하여 **작전 지휘권**이 유엔(UN)군에게 이양된 뒤라는 이유?로,
육군본부 작전국은 1951년 4월 15일 우리들 모두를 미8군 예하로 예속을 변경시켰다.

따라서 우리들 **육군본부 직할 결사대**는 1951년 4월 14일까지 존재한 것이 된다.

총상 기타 상이자 40여명을 묵호에 있던 59이동 외과병원과 부산에 있던 5육군병원에 입원시켰다.

미8군에 예속된 부대는 **8086 기동부대** 「커크랜드 기지」 Task Force KIRKLAND 부대였다.

미 8군 마크를 단 키가 큰 중위와 「상사」 등이 G.M.C 트럭 6대를 인솔하고 강릉 도립병원 광장에 나타난 것은 1951년 4월 25일이다.

그러나 **우리들이 미8군에 이관된 날은 법적으로 1951년 4월 15일이므로 우리들 육군본부 직할 결사대(백골병단)는 이때까지 육군에서 복무한 것이다.**

육군정보학교에서는 우리들의 모든 기록을 1951년 3월 7일 육군본부작전국에 서류일체를 이관했다고 한다.

그 뒤, 육군본부는 1951년 4월 15일 미8군 작전국에 우리들의 기록을 다시 이관한 듯하다.

육군본부 직할 결사대의 참전 실화는 여기서 단원을 맺어야 하겠습니다.

이제 내 나이도 팔팔 미수(米壽)를 넘겼으니, 참전 전우들도 나와 비슷하지 않겠는가 ……

얼마 남지 않은 여생(餘生)을 보다 값지게, 조국의 평화와 자유를 쟁취하고 우리 모두의 안녕을 위하여 …… 이 말을 남길 밖에 ……

※ 미 8군에 예속이 변경된 뒤, 상륙작전 훈련을 마치고 1951년 6월 6일 원산남방 통천군 지내 두백리(荳白里) 상륙작전 등 1951년 6월 28일 내가 그 부대를 떠나 제대할 때까지에 관한 내용은 육군본부 직할 결사대와는 다른 것이므로 생략합니다.

3. 나의 병적 확인 청원서

1970. 1. 19

국방부장관　귀 하

　국토방위에 진력하고 계신 각하의 건투와 영광이 함께 있기를 기원합니다.

　본인은 현재 감사원에 근무 중인 부감사관으로서 이와 같은 청원을 드리게 된 것을 부끄럽게 생각하오나 한편으로는 영광스러운 날이 있었다는 것을 생각할 때 자위하며 이 청원을 드리오니 조치하여 주시기 바라나이다.

　청원 취지 …… 본인이 1951. 1. 4부터 1951. 7. 21 까지 사이에 육군본부 정보국 직할 결사 유격부대 작전참모로서 임시소령으로 근무한 군 복무 사실의 확인에 관한 사항입니다.

　청원 사실 증명
　　1. 현재 2군 사령관 중장 채명신(당시, 부대장)의 확인증
　　2. 임관사령장 사본
　　3. 제대증명 사본
　　4. 국방부 특명 사본
　　5. 작전명령서 사본

　본인은 1950. 11. 악랄한 중공군의 개입으로 북진통일대업이 정체되었고 전국이 위태롭게 되자 군은 적진에 무장군을 침투케하여 적의 후방교란과 군 기밀의 탐지로서 아군의 작전에 기여케 할 목적으로 대통령 동원령 제5호에 준한 국본 특별 명령(육)제22호로 설치된 결사유격대에 입대하여 대구, 달성초등학교(당시 정보학교)
　　<이하 생략>

　이 청원서에 따라 다음(별면)과 같은 병적 확인을 받았다.

◆ 전인식의 육군보병 소령 확인서

병적확인서

확인번호: 민사 제70-1호

본적	경기도 파주군 탄현면 오금리 427			
주소	서울특별시 성북구 정능 3동 640의 3.			
성명	전 인 식	생년월일	1929. 7. 27생 (만41세)	
병적기록	소속	육군본부 정보국 직할 결사유격부대		
	직위	작전참모		
	계급	육군보병 소령 (비군인)		
	군번	GO 1003	성명	전 인 식
	입대일자	1951. 1. 25.	복무기간	5월 3일 간
	제대일자	1951. 6. 28.	제대구분	명예제대

위와 같이 병적상 상위 없음을 확인
서기 1970년 2월 13일.

발행관:

1970년 2월 13일 육군참모총장 육군대장 서종철이 전인식(全仁植)의 병적을 확인한 확인서
소속 : 육군본부 정보국 직할 결사유격부대
직위 : 작전참모
계급 : 육군보병소령(비군인) 군번 : GO1003   계급에 소령이면 소령이지
입대 : 1951. 1. 25 제대 : 1951. 6. 28로 확인되었다. (비군인)이 무엇인지 ……

나의 병적 확인 청원서 *219*

(발급번호 : 538-1)

참전사실확인서

인적사항	성 명	전 인 식	주민등록번호	290727 - 102****
	본 적	서울시 성북구 정능동 640-3		
	주 소	서울시 영등포구 여의도동 30-2 삼부(아) 10동 13호		

병역사항	소 속	□육군 □해군(해병) □공군 □기타(V)		
	계 급(직급)	임시 소령	군 번	GO 1003	병 과	보 병
	입대(임용)일	'51. 1. 25	입대(임용)장소	육군정보학교
	제대(퇴직)일	'51. 6. 28	복무(근무)기간	년 5월

참전사실	기 간	부 대 명	참전지구	특기사항
	1951.1 ~ '51.6	백골병단	강원설악	유격부대
	※	※	※	※

참전군인등 지원에 관한 법률시행령 제2조제2항에 의거 위와 같이 참전사실을 확인합니다.

1995 년 3 월 16 일

국 방 부 장 관

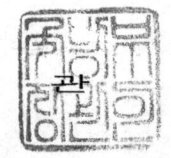

귀 하

1995. 3. 16 국방부장관은 전인식이 유격부대 백골병단에서 임시소령으로 1951. 6. 28까지 근무했다는 참전 사실확인서를 발행하였다.

220 나의 병적 확인 청원서

◆ 개선장병의 스냅

決死 第11聯隊 第1大隊 개선장병이 1951년 4월 강릉에서 기념사진을 남겼다.

① 신건철 二上 ② 元吉常 一中 ⑤ 장용문 소위(따발총)
⑧ 박종수 二中 ⑨ 이일형 二中 ⑩ 吳鳳鐸 二上
⑭ 박종황 소위(권총)   <오봉택 제공>

決死 第11聯隊 第1大隊 凱旋將兵一同의 記念撮影, 1951년 4월, 江陵에서

① 이만우 중위 ② 박종황 소위 ④ 장용문 소위
⑤ 신건철 二上 ⑦ 원길상 一中 ⑨ 박종수 二中
⑫ 이일형 二中 ⑰ 오봉택 二上 ⑳ 하태희 二上
                <사진 : 오봉택 제공>
일부 국군복은 강릉지방에서 구입한 것임.

결사 제11연대 제1, 제3대대 생환 장교

1951. 4. 12 강원도 명주군 사천면 석교리에 집결한 육군본부 직할 결사 유격 제11연대 장교의 한 "포즈", 뒷줄 좌로부터 이만우 중위, 건너 김용돈 중위, 류탁영 소위, 박종황 소위 등의 모습이 보이고, 맨아래 오른쪽 수풀사이에는 북괴로부터 노획한 다발총이 세워져 있다.

1951. 4. 5 강원도 강릉시 강원도립병원 인근의 공터에서 육군본부 직할 결사유격 제11연대 제3대대 102명 중 생환·개선 장병 일동 45명이 적지에서 살아 돌아온 한 장의 기념사진을 남겼다. 전열 중앙 국군복장 좌에서 네 번째가 권영철 중위, 철모 이창식 대위(대대장), 한갑수 (진)중위(부관), 이남학 (진)중위(주번사관), 나명집 중위,(털모자) 그 외 임동욱 중사 등과 북괴군 복장에 누비 모자가 분명하다.

4. 명예회복

▌6.25 참전용사 증서 ▌

  1997. 3. 5.에 이르러 정부는 우리들 참전자에게 6.25 참전 유공자의 증서를 주셨다.
  나는 누가 시킨 것도 아닌데 계속 명예회복을 부르짖어왔다. 그 결과 대통령명의의 국가유공자 증서를 또 받게 되었다.

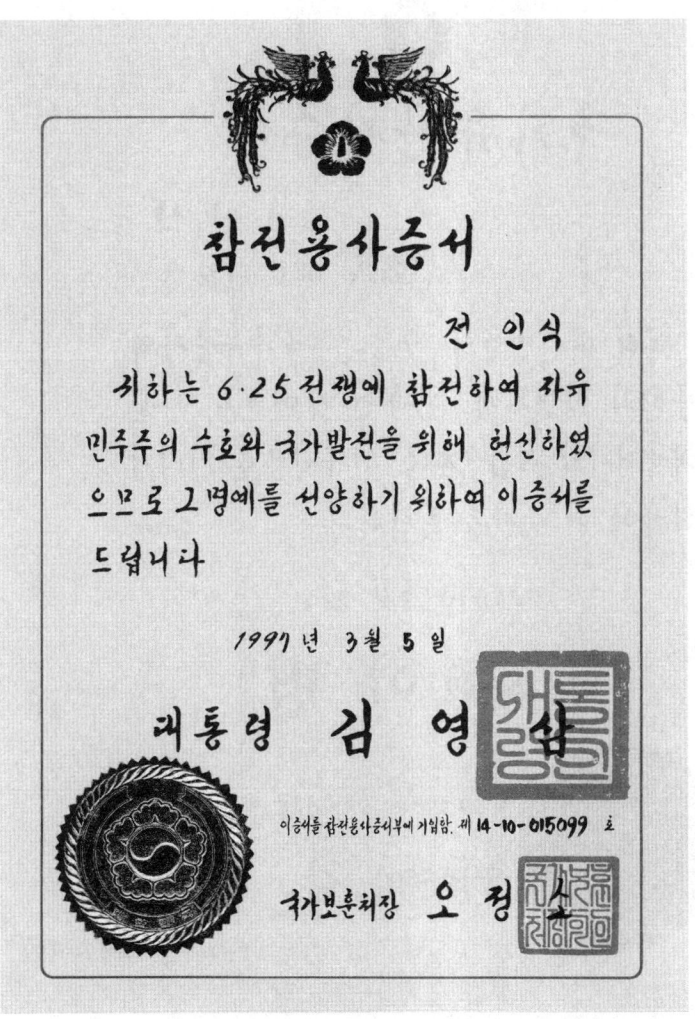

국가유공자 증서

2008년 9월 29일 대한민국 정부로부터 우리들 육군본부 직할 결사대(일명 백골병단) 참전장병 모두는 국가유공자 증서를 받았다.
〈백골병단 참전장병은 모두 국가유공자가 된 것이다.〉

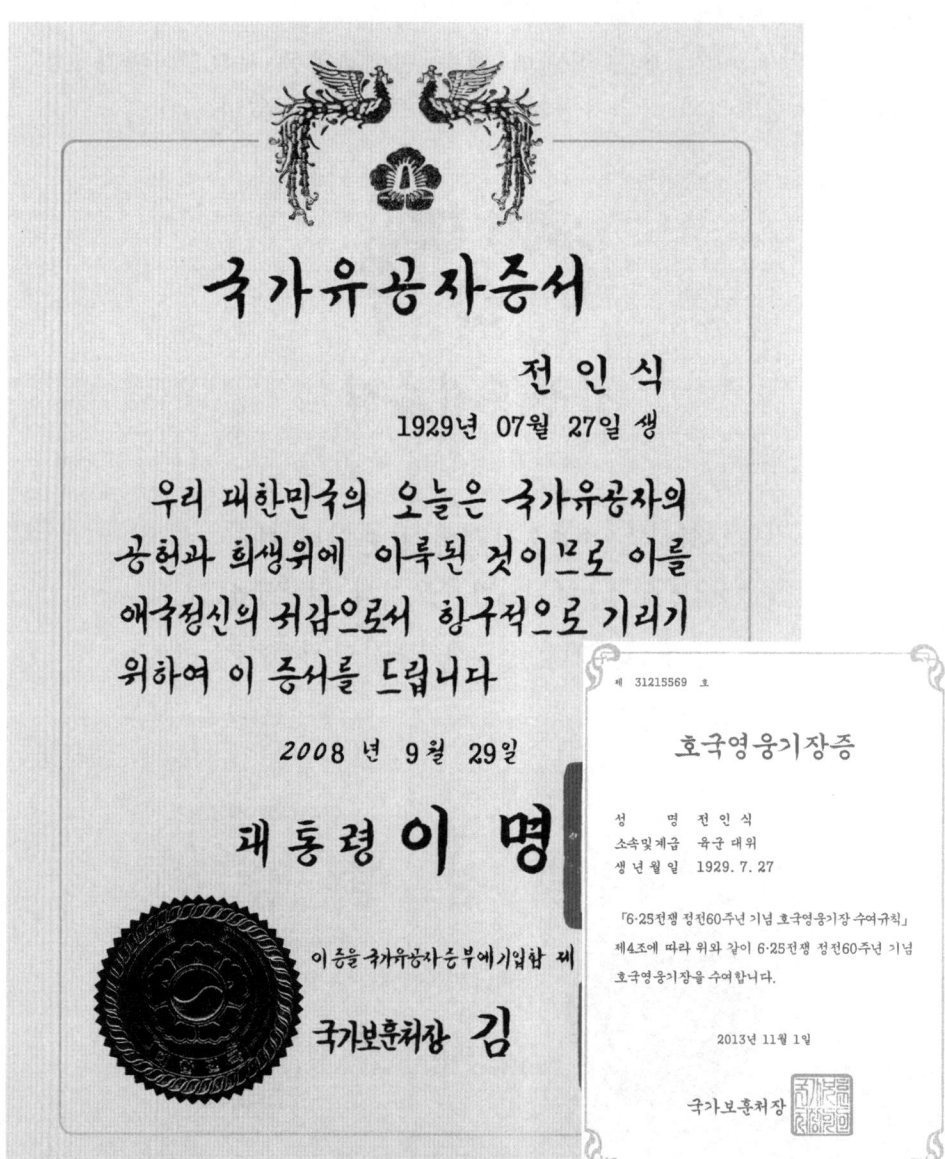

설악동지회(가칭) 설립준비

1959년 가을에 참전전우 중 연락이 가능한 19명이 전우회인 설악동지회를 설립하기 위해 필자가 명단을 정리했다. 이 중 李奉九 동지는 이미 사망하여 ㉢으로 처리되어 있다.

※ 雪岳同志會 第1次 決算書

1975年 채명신사령관이 전적비 건립비 10만원을 주었는데 이 돈을 왜 받았느냐는 항의도 있어 전인식이 보관중 1980. 4. 15까지 이자 197,460원을 전인식이 부담한 내역과 김형철이 公金으로 利子놀이 해서 86,000원, 기타 利子 103,537원이 생긴 내역 등이 기록된 결산서. 대출금 650,000원 중 이명우씨에게 대출한 300,000원(80.3.13)은 미제로 있다.

日付	내역		金額	日付	내역	金額
80.4.12	동지일동모금		101,500원	8/25	대출이자	9,000원
5/29	참전패 찬조	최윤우	50,000원	9/6	〃	10,500원
5/31	〃	장지영	60,000원	10/2	은행이자	11,146원
6/2	〃	李德溢	100,000원		대출이자	8,250원
6/21	〃	김성형	50,000원		〃	10,300원
6/24	〃	김해원	20,000원		〃	17,000원
7/14	〃	康斗星	200,000원		〃	1,700원
7/16	〃	최윤식	50,000원		은행이자	10,375원
8/19	〃	장인홍	50,000원		대출이자	4,400원
10/23	〃	元應學	100,000원		〃	6,800원
81.1.12	〃	全仁植	150,000원		은행이자	4,315원
1/19	〃	정규옥	10,000원		대출이자	3,500원
3/30	〃	申孝均	100,000원		소계	103,537원
	은행이자		6,251원			

合計 1,605,497원

支出 之部

		金額			金額
80.4/12	안내장 인쇄비	7,000원	5/19	참전패 대금	300,000원
	식사대	76,300원	5/20	회식비	107,000원
	2차식대	60,000원	〃	오정흠 찬조	20,000원
	금전출납부	100원		이봉구 딸 결혼 축의	20,000원
	이명우, 김홍복 패 발송비	960원		이두병 딸 결혼 축의	20,000원
	윤철섭 권영철 〃	780원		참전패 대금	40,000원
	강두성 축의금	20,000원		이덕일 딸 축의	20,000원
	오정흠 찬조금	30,000원	3/19	한갑수	50,000원
대출금	3/4 200,000(여운)		3/20	〃	50,000원
	3/17 50,000(〃)		4/1	〃	100,000원
	4/11 100,000(〃)		4/28	〃	30,000원
	3/13 이명우 300,000원				

小計 1,602,140원
잔액 통장 3,357원

5. 장안 20층에서의 첫 분향

1986년 8월 8일, 내가 쓴 전기(戰記)『못다 핀 젊은 꽃』의 출판을 기념하고, 20대의 꽃다운 나이에 **조국의 수호신으로 산화한 의혈(義血) 동지들**의 넋을 위로할 모임을 겸한, 자축연(自祝宴)을 가지면서 **"첫 분향"**을 우리들끼리 올리게 되었다.

그곳은 서울 태평로 **프레스 센터** 20층 대 연회장이다.

다른 출판 기념회 같으면 의례히 책에 대한 이야기로 꽃을 피우게 마련이고, 거창한 의식은 따로 하지 아니하는 것이 상례인데…

나는 몇 차례 거창한 출판 기념회를 가진 경험이 있다.

옛날 서울에서 제일 큰 호텔인 반도호텔 "다이너스티 룸"에서 2회, 여의도 전경련 회관의 대 회의실에서 1회 등 출판기념 연회를 가진 경험도 있다.

그러나 이번 출판기념회는 그 책, **"실전", "실화", "전기"**를 널리 소개하고, 흩어져 소식을 알 수 없었던 전우들이 여러 명 새로 만나게 되니까 우리들끼리 만이라도 간단히 분향소를 마련하여 분향을 올려야 되겠다고 생각하여 가장 큰 행사로 정한 것이다.

출판 기념회가 아니라, 무슨 위령제로, 둔갑한 꼴이 될 것이란 예상도 하면서…….

그런데 막상 분향을 하려고 하니, 위패(位牌)가 문제가 되었다.

누구 누구라고 정할 수도 없고, 숫자도 정확히 알 수 없으니, 우선 대체로 추정된 전사자 321여 위(位)(364를 잘못 기록하였음)에 대한 합동 분향소를 마련하기로 했다.

어떻든, 기념식장의 상석(국기 게양대) 좌측 망북(望北) 쪽에 **「육군 본부 정보국 직할 결사 유격대 전몰장병 삼백이십일 위 합동 분향소」**

라는 팻말과 함께 합동 분향소를 마련한 것이다.

국민의례에 이어 합동분향이 개시 되었다.

어떻든, 분향은 "삼백이십일 위"라고 하였으나 앞에서 말한 대로 정확한 것은 물론 아니다.

우리들이, 즉 내가 주동이 되어 몇 동지가 모여 이리 따져 보고, 저리 검토 했을 때, 대체로 그런 숫자가 집계 되었기 때문이다.

그들의 수가 그보다 많거나 적거나 하는 것이 문제가 되는 것이 아니고 **"36년이 지난날에 이르러 첫 분향을 우리들끼리 올렸다."** 라고 하는 것이 보다 중요한 의의가 되는 것 아닌가!!

이들의 분향을 어떤, 한 곳에 마련되어 있는 **"위령탑"**이나 **"전적비"** 앞에서 매년 택일하여 올릴 수 있으면 얼마나 좋을까?!!

쓸쓸하고, 아무도 찾아주지 아니한 그런 이름 모를 산골짜기에서…… 또는 능선에서, 그들의 혼이 이리저리 방황하다가, 오늘 유서 깊은 프레스 센터 20층 거창한 방 한 쪽에서 그들 앞에, 우리들 생환자 40여 명이 경건하게, 그리고 E대학 4중주악단의 주악 속에 향불이 은은히…….

그리고 그 향불 연기는 온 장안으로…….

서서히…….

유유히…….

그리고 하늘거리면서 흩어져 저 멀리, 멀리, 영겁(永劫)의 나라로 사라져 갔을 것이니…….

내빈, 기타 여러분은 숙연해졌다.

경애하는, 존경하는 **국민 여러분**!! 하고 그 무엇인가를 크게, 더 크게, 외치고 싶은 충동 이었다.

쩽 하는 햇살이 밝아오기를 기다리는 마음 왠지 조급하기만 하다. 그 까닭은, 내 나이도 자꾸만 많아지니……

우리는 분명 ! 반공을 떠나서 살 수 없고, 우리의 국체를, 민족의 "얼"을, 그리고 자유를 누릴 수 없는 것이다.

책임과 의무, 권리, 명예, 이들을 섞어 놓으면 어느 것의 색깔이 두드러질 것인가?

육군본부 직할 결사유격대 장병 !

그들은 ······.

"못다 핀 젊은 꽃", 20 대의 반공 애국청년 또는 학생의 신분이 대부분으로, 한참 피어나는, 즉 성숙 되어가기 시작하는 젊고 생기찬, 한 송이의 꽃이었으나,

> 이 꽃이 봄이 되어도 4 월이 되어도, 피지 못하고,
> 그 옛날, 백설 위에 붉은 피로 꽃을 피운 것이다.
>
> 이 꽃이 햇살을 받으면서 곧 사라졌으므로, 그 꽃을 본 사람은 아무도 없다.
>
> 꽃이 피면 열매를 맺거나 잎새가 있어야 함에도, 이들 꽃은 피다가,
> 또 피어도,
> 잎새도 없고,
> 그 아무것도 남은 것이 없는 피우다가 못다 핀 꽃인데 ······
> 그러나 그 꽃은 찬란한 빛을 영원히 간직할 수 있고, 또 그 열매는 조국의 안녕(安寧)으로, 길이 길이 이어져 남게 된 것이다.

이제 그들은, 그 열매가 익어가기 시작했다.

우리들의 전기(戰記)를 담을 전사(戰史)에도 그 발자취가 남겨지게 될 것을 믿어 의심치 아니한다.

또 일부 미진한 우리들의 **"실화 다큐멘터리"** 그 전모가 다시 바뀌게 될 것이기 때문이다.

그런 저런 뜻에서 우리들은 참으로 멋진 "플레이"를 한 것이다.

우리들은 우리들이 살기 위해서 적 후방에, 그 죽을 고장에 쳐들어 간 것은 결코 아니었다.

자기 **일신상의 안일**을 꾀했다면, 그런 엄청난 여건 속에서 인간의 체력 한계를 느끼면서,

어떻게 조국의 자유와 나라를 위하여 신명을 바칠 수 있었겠나?

조국이 누란의 위기에 백척간두에 처해 있을 때…….

나라와,

자유와,

젊은이의 책무를 다하기 위하여 참전 하였고,

용감히 맡은바 임무를 충실히 수행하다 산화한 360 여 동지의 위령탑을 겸한 "전승탑"을 어찌 우리들끼리 처량하게 세워야 한다는 말인가?

푸념은 자꾸만……. 이어지는데…….

※ **못다핀 젊은 꽃**은 국방 홍보원에서 3부작 **"다큐멘터리"** 영화로 제작되어 KBS Ⅰ Ⅱ, MBC에서 방영된 바 있다.

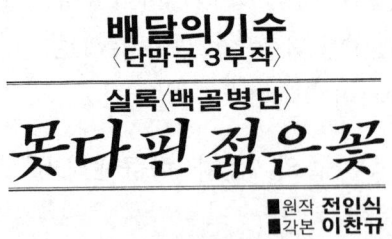

(고) 현규정 대위 유해발굴 및 영결식
전사자 유골발굴 경위서

1. 인 적 사 항

계급 임시대위 군번 GO1125 성명 현규정 (玄奎正)
생년월일 1926. 8. 11 병과 : 보병 소속 : 백골병단 결사제 11연대
본적(주소) 경남 개찬군 조양면 군우리 251 유가족 : 없음

2. 경 위 서

  1950년(일자미상) 대통령 동원령제 5호에 의거, 1951. 1. 4 국본특(육)제 22호로 편성된 육군본부직할유격대 장병 364명은 1951. 1. 25 국본특(육)제 22호 추가 1로 각각 군번 및 계급을 부여받고, 1951. 1. 28 작전명령제 2호에 따라 1951. 1. 30 강원도 영월군 영월읍에서부터 적지에 침투. 작전임무를 수행하던중 1951. 2. 20 부대병력의 통합·증강편성되어 "백골병단"을 창설(결사제 11연대 제 12연대 제 13연대 병력 643명)하고, 계속 유격작전 임무를 수행하였다.
  1951. 3. 20 북괴군 중장 길원팔과 참모진 13명 전원을 생포 처치하므로서 부대의 기도가 노출되자 귀환작전중 1951. 3. 26 18시경 강원도 인제군 기린면 진동리 속칭 설피밭부근(DT 588044)에서 적과 교전중 사망, 위 사람이 가매장(지하 20~30cm)되어 있다가 1989. 4. 24 당시의 참전 전우(생존자)인 전인식(참전당시 대위 병단작전참모) 권영철(참전당시 중위 군수장교)등과 703 특공연대 장병·지역주민등의 합동작전으로 1989. 4. 26 유해를 발굴 확인하게됨.

  ※ 확인물증 : 백골병단요원중 많은 장병이 의용경찰 출신이었기에 속에 입고있던 경찰복의 경찰관 단추 수점, 위장 인민군모표 1점, 아군용외투 단추 수점, 칼빙소총 탄창 및 실탄, 아군용 세열수류탄, 당시의 군용화 등. 〈 최종확인 89. 7. 13. 참전생환전우 18명의 입회확인 〉

        상기 사실을 확인 함.

                참전당시 백골병단 작전참모 임시대위   전 인 식
                       〃   〃   군수장교 중 위   권 영 철

        위 확인 함.

                참전당시 백골병단 사령관 육군중령   채 명 신
                       〈 예비역 중장 〉

        위에 의거 확인 함.

                제 703 특공연대 대 령 류 해 근

  1989. 6 임시대위 현규정, 임시소위 이하연, 이등중사 이완상의 유골 발굴과 안장에 관하여 사실확인과 함께 국립묘지 안장을 신청했는데, 그 유가족이 전인식으로 되어있다. 참으로 우여곡절 끝에 어렵게 안장할 수 있었다.
  개장 신고증. 인제군수에게 1990. 6. 28, 전사통지서 1989. 7. 29, 유해발굴일자 1989. 7. 23 영결식 1989. 12. 13 육군제3군단 703특공연대(연대장 대령 류해근)

임시 육군대위 (고) 현규정 외 2인의 영결식

　1951년 3월 25일 설피밭 퇴출 작전에 투입된 결사 제11연대 제1대대장 현규정 대위 등 30여 명의 장병 중 희생된 장병의 유해 3구를 전사한지 38년만인 1989년 4월 25일 발굴했다. 1989년 12월 13일 3군단 기린병원에서 703특공연대장 류해근 대령 주재하에 많은 전우회원이 참석한 가운데 영결식을 거행하고, 1990년 8월 30일 대전국립현충원에 현규정 대위와 이하연 소위는 장교묘역(744, 745호)에, 이완상 병장은 사병묘역(4591호)에 각 안장되었다.

　<육군대위 (고)현규정은 필자가 신청한 서훈 요구를 심사한 뒤 2012년 6월 25일 **충무무공 훈장**을 추서해 주시어 용산 전쟁기념관 2층 6.25전쟁관에 훈장증이 영구 전시 중에 있다.>

격전지(단목령) 전우의 유골을 찾아서

(1989. 4.22 ~ 23 인제군 기린면 진동리에서)

(상) 단목령(인제군 기린면 진동리 설피밭 야산에서 유골탐방 개토제에서 전인식 회장의 조사
(중) 개토제에 백행기 중령(대대장의 헌주)제관은 권영철 부회장
(하) 유골탐방 개토광경(현규정 대위, 이하연 소위, 이완상 병장이 이곳에서)

합동 추도식 *233*

제 7 부 전적비를 세우다

1. 충효장군

나는 국방당국과 국회 등에 명예회복을 위한 진정, 청원을 계속하면서 우리들의 위상(位相) 바로세우기를 위해 진력하던 중

1988년 6월 초 **육군 특수전 사령부** 서완수(徐完秀) 사령관의 **초청을 받아** 참전 전우들과 함께 사령부를 방문하는 차 안에서 우연히 강원도 어느 육군특수부대에 우리들의 기록이 있다는 말을 듣게 되었다.

그러나 그 부대명도 ! 정확한 위치도 알 수 없었다.

그래도 ! **혹시 !** ⋯ 하는 기대감이 있어,

나는 나의 고향 후배인 예비역 장군 황인모(黃仁模) 씨에게

강원도 인제지방에 잘 아는 사람(군인)이 있어요 ?!! 하고 물었더니

네 ! 있습니다 !! 그곳 군단장이 동기생 입니다.

하는 것이 아닌가 ⋯⋯

이렇게 해서 1988. 6. 29. 인제군 기린면 지내에 있는 육군 제3군단(山嶽 軍團) 이진삼(李鎭三) 장군(중장)을 방문하게 되었다.

우리는 그날 새벽공기를 가르면서 양평과 홍천을 거쳐 중동부(中東部) 방면으로 향했다.

수려한 강산과 나무들의 싱그러움을 만끽하면서 목적지 부대에 도착하니 **군단장 이진삼**(李鎭三) 장군께서는 벌써 현관에 직접 나와 계신 것이 아닌가.

참으로 고마운 한편, 송구스럽기까지 했다.

이곳을 방문하기 전에 나는 강원도 영월 지방으로부터 중동부전선 인제, 간성까지의 5만분의 1 지도에 작전 상황(作戰狀況)을 자세히 기록한 지도를 미리 준비해 가지고 갔다.

지도는 큰 테이블 3~4개를 합한 크기 만한 것인데 이 지도(地圖)는 3~4회 수정한 경험이 있어 지도를 펼쳐가면서 옛날의 작전 상황과 우리들이 치렀던 전투상황을 자세히 설명했다. (지금도 잘 보관하고 있다.)

그분은 지도를 일일이 보시면서 깊은 관심을 표하고,

그 지방 몇 곳의 지형을 묻기에 나는 기억나는 대로 자세히 말씀 드렸더니 어떻게 지형까지 자세히 기억하십니까 !! 하며,

감격해하시는 한편, 나에게 유격대의 임무와

침투방법,
무장, 통신,
겨울철이므로 방한대책,
생존성(生存性) 등에 대해서 자세히 묻기도 했다.

내가 겪은 사실대로 자세히 설명하니 그분도 당시의 통신과 장비 사정, 그리고 1·4후퇴 직후인 점 등을 미루어 납득하는 것 같았다.

나는 지도에 따른 전투 회고담과 1962년도 이후 관계 당국에 꾸준히 청원했으나 위정자(爲政者)들이 무성의와 냉대(冷待)로 일관하여 아직까지 전적비조차 세우지 못한 이야기 등 그동안의 상황까지 이야기했다.

나는 식사시간 장군식당에서 **여러 고위 장성들 앞에서 6·25가 누구를 위한 싸움이었고,**

무엇을 위하여 우리 전우들이 360여명이나 희생되었는가를 역설(力說)하고

이들의 충혼(忠魂)은 반드시 기려져야 한다고 강조 했다.

정예 산악 군단장인 **이진삼 장군**은 감동(感動)된 것인지, 동정(同情) 되었던 것인지, 무슨 느낌을 받으셨는지 알 수는 없으나

"선배님들과 같이 우국 충정(憂國衷情)으로 용감히 적을 섬멸 하신 분들이 계셨기에 오늘날 우리들이 안주(安住)할 수 있고, 세계 속의 한국으로 도약할 수 있었다고 생각합니다."

또 다시 전쟁이 발발한다면 나는 꼭 특전부대 지휘관을 자원하여 적으로 하여금 전쟁도발이 얼마나 무모한 짓인가를 깨닫게 해 줄 것입니다.

참으로 다부진 분이셨다.

특수전 수행이야말로 나의 주특기(主特技)라는 사실을 항상 병사들에게 강조하고 있던 차에,

6·25 당시 형편없는 화력과 장비로 험준한 산악에서 엄청난 희생을 무릅쓰고 적을 섬멸한 백골병단(白骨兵團) 선배님들의 혈전(血戰)을 들으니 참으로 자랑스럽고 감명스러웠습니다.

"전적비는 우리들 후배의 손으로 꼭 세워 드리겠습니다."
라고 힘주어 말씀하는 것이 아닌가!!

나는 감격스러워……. 벌떡 일어나 큰 절을 올리며,

감사합니다!!

감사합니다!! 를 연발하며,

하염없는 눈물을 흘렸다.

이것이 웬일인가. 내가 유격부대를 떠난 1951. 6. 28 부터 자그마치 **37년 하루 만에 일어난 기적**(奇蹟)이 아닌가 ······.

이진삼 장군은 매우 강한 의지의 표현과 결심으로 우리의 뜻을 받아 들이고,

그 자리에서 바로, **전적비의 건립 위치 선정,**

전적비의 규모, 전투경과 작전도판(圖板)**의 제작,**

사후관리 등을 휘하의 작전참모인 김명세 대령(예비역 소장)**과 양계탁 대령**(특공연대장, 예편)**에게 각별한 지시를 하기도 했다.**

나는 너무나 감격스러워 가슴이 메이고 눈시울마저 붉어졌다.

이는 동지들이 산화한지 38년만의 일이고,

나는 1951년 이후 30여 년간을 노력해 왔으나 아직 결실을 거두지 못하고 있었던 염원이었기에 다리마저 후들 후들 떨려옴을 느낄 수 있었다.

'**결사유격대 전몰 360여 장병들의 영혼**(靈魂)**이시여 !**

이제, 그대들의 영원한 안식처를 마련하게 되었다네.

왕년에 그대들이 누비고 다녔던 바로 그 고장에 그대들의 장(壯)함과 얼이 새겨진 탑(塔)이 하늘을 찌를 듯 우뚝 솟아 오르게 되었다네 ······.

이제부터는 편안히 잠드소서.' !! ······.

이제 동해(東海)방면으로 여행하는 모든 사람들은 여기 **미시령과 진부령을** 가르는 **용대리(龍垈里) 삼거리**를 지날 때,

그 앞에 세워질 높다란 전적비와 전황(戰況)을 담은 상황도판을 볼 때,

자유와 나라를 지키기 위하여 목숨을 바쳐 충성을 다했던 백골병단(白骨兵團) 전우들을 기억하게 될 것이다.

그로부터 20여 일간 나는 전적비 건립에 관한 문안(文案) 정리와 설계도를 직접 구상하는 한편,

내가 한양대학교에 대학 강사로 출강할 때 학과장이셨던 김규태(金圭泰) 교수(가야 기술단 고문)에게 주탑(主塔)의 구조계산을 의뢰하는 등 친지 여러분으로부터 협조를 받으면서

군단을 또다시 수차 방문하여 공병여단장 반웅식(潘雄植) 장군과 협의 후, 설계도서를 육군본부에 제출하게 되었다.

우리 참전 전우들도 성금을 모아 전적비 건립에 보태도록 해야 더욱 뜻이 있는 것이 아니냐 하는데 모두 뜻을 같이하고,

어려운 여건임에도 십시일반으로 모은 성금 1,000만원(그 당시는 큰 돈이었다)을 후임 군단장 박익순(朴益淳) 장군에게 전적비 건립 협찬금으로 전달하기도 했다.

나는 전적비 건립 장소를 찾기 위해 몇 차례 이곳 부근, 즉 오색리와 단목령 부근을 조사했으나, 적당치 않아 미시령 정상부까지도 탐방한 뒤, 용대 3리에 이르게 되었다. 용대리는 미시령에서 내려오는 개울과 진부령에서 내려오는 개울이 합해지는 "좌청룡 우백호"의 명당 같았다.

여기다 !! 하는 생각이 들었다.

즉시 이곳을 조사했더니, 재무부 소관 국유지가 아닌가 !!
전적비 건립에는 그야말로 최적지지가 아닌가 !!

나는 황장군과 함께 그 지방을 몇 차례 방문하는 길에 공병 여단장에게 우선 착공이라도 먼저 해둡시다.

내일 아침 장비를 투입하자고 제안했다.

한참이나 망설이던 공병 여단장의 동의로

1989년 3월 4일, 눈발이 이따금씩 흩날리는 가운데, 인제군 북면 용대리 산 250번지의 전적비 건립 현장에 포크레인(백호)과 불도저를 투입하고 공사 착공을 알리는 지신제(地神祭)가 거행되었다.

눈이 허벅지까지 빠지는 그런 산비탈에서 ….

백지(白紙) 위에 인제시장에서 마련한 제물을 차려놓고 …….

지신제에는 나와 권 동지, 황 장군, 그리고 공병의 참모장교와 대대장 이상원(李尙原) 중령 등 장병 50여 명도 함께 했다.

잔설(殘雪)이 허벅지까지 빠지는 속에서 첫 삽을 대는 불도저 운전병(병장)이 먼저 제례(祭禮)를 올리고, 그 다음으로 내가 이어 받았다.

지신제를 지낼 때 밝힌 향불 연기가 용대리 계곡으로 널리 퍼져 나가는 속에 불도저가 힘찬 굉음을 내며 첫 삽이 눈 섞인 대지를 깎아 냈다.

감격, 바로 그것이었다.

그날 밤 양양군 서면 오색리에 가서 쉬었는데 그 밤에 3월인데도 불구하고 온누리를 새하얗게 덮는 큰 눈이 1미터 20cm 가량이나 내렸다.

여관의 현관문을 열고 밖으로 나갈 수도 없게 많은 눈이 내렸다.

먼저 간 우리 동지들이 38년 만에 전적비의 착공(着工)을 보게 된 것이 너무나 기뻐서였는지 …….

포근한 이불솜으로 대지를 덮어 준 것인가?!!

2. 백골병단 전적비 기공

1989. 3. 4 용대리 현지에서 백골병단 전적비 기공 광경

<불도저 굴토 정지 광경>　　<장비투입 광경>

눈 덮인 전적비
부지에서
기공식을 위한
지신제
준비광경
앞 필자

나와 백골병단 참전용사 모두가 그렇게도 애태우며 바라던 전적비를 세우도록 도와주신 **이진삼 장군**과 많은 장병들에게 진심으로 감사드린다.

그 뒤, 설계도, 조감도, 공사 시방서, 설계내역서 등은 나의 작전 하사관이던 **정규옥**(丁圭玉) 상사의 협력을 얻어 완성했으며, 부군단장 민병선(閔丙璇) 장군, 공병 여단장 반웅식(潘雄植) 장군, 작전 참모 김명세(金明世) 대령(소장 예편) 703 특공연대 양계탁 대령과 류해근(柳海槿) 대령(중장 예편) 등 많은 분들의 도움을 얻었다.

해가 바뀌어 1990년으로 접어 들었다.

우리들이 1951년 1월 25일 대구 육군정보학교에서 교육을 받은 후, 임관하고, 군번(軍番)도 받았으니, 1990년 1월 25일은 만 40년째가 되는 날이 아닌가.

이진삼 장군은 1988. 6. 30. 육군 참모차장으로 영전되신 뒤에는 더욱 열과 성을 다하여, 우리들의 전적비 건립에 적극적으로 지원해주셨다.

그런데, 그 당시 620사업(육군본부의 이전 사업?)이란 것이 있었는데 젊은 장군들 중에는 6·25가 지난지 몇 십 년인데….

지금에 와서 …… 무슨 놈의 전적비 …….

620사업에도 예산이 모자라는데 전적비는 …… 하는 장교들이 생긴 듯하다.

이때 육군본부 군사연구 실장이던 조모 준장(대장 예편)도 마땅치 않게 여겼기에 이진삼 참모차장으로부터 꾸중 섞인 호통을 당하기도 했다.

그 뒤, 이진삼 장군은 육군 대장(大將)으로 진급과 동시에 **육군 제1 야전군 사령관으로 영진과 영전**(榮進과 榮轉)하게 되었다.

참으로 고맙고 기뻤다.

우리들 모두가 진급한 그런 기분이었다.

나는 우리 360여 전몰장병 염원(念願)의 덕이라고 생각했다.

나는 1군 사령관으로 영전한 이진삼 대장에게 새해 인사 겸 방문의 뜻을 알렸던바, 우리들의 방문일자가 1월 24일 10시 30분으로 결정되었다.

참전 전우 10명 내외의 방문이므로 지방출신을 제외하고 서울 지방에서 인선을 해야겠기에 19일 나는 방문할 전우의 명단을 마련하고 전화로 「M채 씨」에게 알렸다.

「M채 씨」는 참석자의 인선(人選)에서, 우리 전우회에는 전혀 참여 하지도 않고, 오히려 불평과 훼방이나 하는 2~3명을 인선하려 했기 때문에 의견 충돌이 생겼다.

이 장군의 '방문은 내가 주선했는데 이 분이 왜 이러시는가' 하는 서운한 감정마저 들어 나는 그 분이 추천하는 인사의 참여를 거절했다.

이런 저런 일이 있은 1개월 뒤인 1990년 동지회 정기총회(1990. 2. 20)에서 「M채 씨」가

회장직을 맡고 있는 내가 그동안 사비(私費)를 들여 행동한 전적비 건립 추진 **"못다핀 젊은 꽃"** 3부작 영화제작 등을 두고 회비 또는 찬조금 한 푼도 내지 않은 사람들이였는데,

무슨 염치로 공금(공금은 없었다)유용이라면서 나에 대한 인신공격성 발언을 강하게 표출하였다.

그로부터 2개월 뒤에는 「M채 씨」와 「이두병」, 「김한철」군 등 3인이 괴(怪) 문서인 소위 **'합의 각서'** 와 **진정서** 등을 만들어 관련기관에 제출하여 전적비 건립을 방해하는 파동으로 이어졌다.

우리 모두가 생사고락(生死苦樂)을 함께 하며, 적과 싸웠던 동지들로 한마음으로 똘똘 뭉쳐야 명예회복이나 전적비 건립 등을 할 수

있을 법한 것인데 40여 년이나 지난 이쯤에 와서, 전적비 건립이 무슨 잇권(利權)이라도 되는 것처럼 이분들이 자기들의 공훈인양 훼방까지 하였으니 여간 씁쓸한 심정이 아니었다.

그 뒤, 나는 전적비에 관한 일들을 잠시 중단하고 관망했으나, 전우들과 유가족들이 적극적으로 나서서 나를 격려해 주시기에 힘을 얻어 결실을 향하여 전력을 투구했다.

※ 백골병단 전적비 기공식

1989년 3월 4일 강원도 인제군 북면 용대리 산 250번지에서는 온 산야가 새하얗게 눈 덮인 대지 위에 전적비 건립부지의 불도저 투입에 앞서 지신제(地神祭)를 준비하고 있다.

김한철 군의 "괴 합의 각서" 파동으로 공사중단 후 40여일 만에 정식으로 1990년 6월 13일 백골병단 전적비 기공식을 거행한 후 한 장의 기념사진을 남겼다. 임석관은 제12사단장 오영우 소장(예 대장)이였다. (박익순 군단장은 휴가 중)

3. 白骨兵團戰跡碑 건립
내가 설계하고, 위치도 결정한 전적비의 위용 !!

(1990. 11. 9. 제막된 백골병단 전적비의 위용)
곳 : 강원도 인제군 북면 용대리 산 250-2

　白骨兵團 戰跡碑는 1951. 1. 4.부터 1. 25 까지 유격특수훈련을 받은 결사유격 제11연대 363명이 1951. 1. 30. 강원도 영월군 영월읍에서 적후방으로 침투한 이후 결사유격 제12, 13연대가 강원도 명주군 연곡면 퇴곡리에서 백골병단으로 통합(647명)하고, 1951. 4. 3 ~ 25까지 사이에 개선한 장병 280여 명의 염원과 필자의 노력으로 육군본부의 예산지원과 참전전우회원의 성금 그리고 육군 제3군단 공병여단과 육군 제703특공연대 장병의 지원으로 건립되었다.
　세 뿔은 **자유, 평화, 통일**을 각 상징하고 결사 **제11연대 동 12연대 동 13연대**를 주탑 높이 11m (기초포함 16.4m) **공사계획·설계 일체는 전우회장인 나의 작품**으로 공사 감리를 겸했다.

｜백골병단 전적비 비문｜

碑 文

　서기 1951년 1월 극본특(육)제22호로 편성된 육군본부 직할 결사 제11연대와 제12·13연대 장병 647명을 1951년 2월 20일 육군중령 채명신이 통합 "白骨兵團"을 창설하고, 퇴곡리에서 오대산 북방 중부내륙 청도리 방면으로 진출, 적의 배후를 유린하였다.

　1951년 2월 27일 적69여단 소속 정치군관으로부터 노획한 전투상보·작전배치 상황 등을 아군 수도사단에 속보하여 적을 괴멸시켰고, 광원리 인근 적3군단 지휘소의 습격, 적후방에서 내왕하는 연락장병의 생포·사살 등 적의 후방을 교란하였으며

　1951년 3월 18일 군량밭 지구 "필례"에서 남침준비중이던 "대남 빨치산" 사령관 인민군 중장 길원팔과 참모장 등 고위간부 13명 전원을 생포하므로서 대남 빨치산 지휘부를 전멸시켰다.

　1951년 3월 19일 가리산리에 진출해 있던 적 빨치산 5지대의 대규모 공격을 받은 "백골병단"은 남하를 위장하다가 다시 북상, 대승령 경유, 용대리방면으로 진출하였으나 적의 포위공격으로 부득이 설악산 중청 봉을 경유하여 오색리 단목령(일명 박달재) 진동리 방면으로 퇴출, 적의 주저항선을 배후에서 돌파 1951년 3월 30일 인제군 기린면 방동지역으로 철수·개선하였다.

　이 유격특수작전은 적후방지역 320킬로미터를 영하30도의 혹한을 무릅쓰고, 종횡무진, 적의 지휘통신시설 파괴, 보급로의 차단, 빨치산 지휘부 섬멸, 적 연락장병 등 309명의 생포, 사살 170여명 등 적후방지역을 교란함으로서 아군 작전에 크게 기여하는 전공을 세웠다.

　이 작전기간 중 "조국의 자유와 평화를 수호하기 위하여" 용감하게 싸우다 순국 산화하신 장병의 명복을 빌고, 백골병단 장병이 이룩한 충용의 정신을 후세에 전하고, 귀감으로 삼고자 이 비를 세우다. 　비문 : 전인식 짓고 씀

서기 1990년 11월 9일
白骨兵團 參戰 戰友會 會員一同
會 長 : 全仁植,　　副 會長 : 權寧哲
顧 問 : 예비역 육군중장 채명신
理 事 : 崔允植·申健澈·崔潤宇·安秉熙·申孝均·權一相
監 事 : 崔仁泰 (主塔 揮毫)

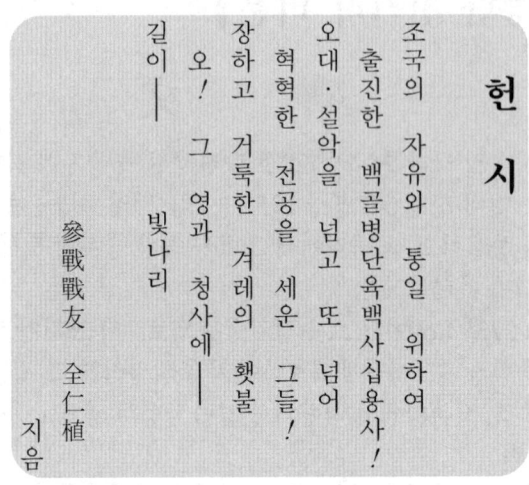

헌 시

조국의 자유와 통일 위하여
출진한 백골병단육백사십용사!
오대·설악을 넘고 또 넘어
혁혁한 전공을 세운 그들!
장하고 거룩한 겨레의 햇불
오! 그 영과 청사에—
길이— 빛나리

參戰戰友 全仁植 지음

이 한수를 동지의 영전에 바치노라!!

〈以上 碑에 刻字〉

백설이 흩날리는 51년 3월
유난히도 추웠고 지리했던 해
거지도 새옷 입는 눈 오는 날
더없이 즐거운 강아지 마냥
오대산도 설악산도 뛰어 넘고 또 넘어
청춘도 사랑도 못 다 이룬 젊은 그들
이름모를 폭포를 손오공 같이 몸 날렸네
설악의 영봉은 아는가 모르는가.

몰골은 내동포로되 옷매무새가 붉은 이리
다시한번 죽음 당하고 걸어차였네
그 한 어찌 구슬피 울지 않으리
그대들의 거룩한 발자취 여기 남았네
밝은 3월의 햇살이 더 찬란히 빛나리
그대들은 조국과 민족의 안녕 위하여
한알의 밀알 되어 영원한 삶을 누리리
3월의 흰 눈송이 그대를 포근히 안으리

=못다핀 젊은 꽃에서=

박달재를 넘고서야 허기지니
앉았다 다리펴고 그만 잠 들었네
어느새 동태되어 그 넋이 저 하늘로
젊음이 호국신으로 산화했네
포성도 총알도 없었으니 그 누가
전사했다 하겠는고 호국신이라 했겠나
그대들은 조국을 위하여 몸 바쳤네
사랑도 버렸네 청춘도 다 버렸다네.

따사로운 햇살받아 꽃피우고
이름모를 산새와 벗되어
즐거운 교향곡을 흥얼거릴세
한 맺힌 박달령에 흰눈이 다시 내려
그대들의 포근한 이불솜 되려니
장하고 거룩한 겨레의 등대되었네
결사의 백골병단 용사들이 잠든 곳
그 한은 이제 영원 불멸하리라.

파랑새 (全仁植)

건립취지문

조국을 위해 적진 후방으로 침투하여
혁혁한 전공을 세우고,
　호국의 군 신으로 산화하신 백골병단
유격장병의 숭고한 희생정신과
빛나는 위훈을 기리고,

우리 후손들에게 오로지 임무완수를
위해 종심전투를 감행 승리한 교훈을
길이 전하고자 여기에 기념비를 세우다.

1990년 11월 9일

육군참모총장 대장 李 鎭 三

《註》이 戰跡碑는 陸軍大將 李鎭三 將軍께서 1988年 6月 29日 精銳 第3軍團長으로 在職하실 때, 參戰同志會長 全仁植과 顧問 黃仁模 將軍(豫備役) 副會長 權寧哲 同志가 訪問하여, 그 當時의 作戰狀況을 說明하고 戰跡碑조차 建立하지 못한 것을 呼訴하자, 그분께서 戰跡碑의 建立 當爲性을 認定하시고 決心해 주셨으며, 곧 이를 上部에 建議하시어, 그해 11月 總長님의 裁可를 받게 해주셨고, 第1軍司令官으로 榮轉하신 뒤에도 계속 支援해 주셨습니다.

全仁植 同志는 1962年 參戰 同志會를 結成할 때부터 산파역을 맡았으며 오늘날까지 28年間을 同志會員의 結束과 그 活躍相을 世上에 알리고자 "나와 6.25 [敵 後方 300里의 血鬪]" "못다핀 젊은 꽃" "白雪의 長征" "白骨兵團" "결사11연대" 등 5卷의 冊을 펴 내면서 各界에 呼訴·陳情 數百通을 냈습니다만……

우리들 參戰戰友 一同은 勿論 遺家族, 그리고 特攻, 特戰勇士 모두의 산 敎育場과 國民安保 意識 鼓吹 向上에 크게 이바지 할 記念碑가 될 것입니다.
　　　　　　　　　　　　　　　　거듭 感謝 드립니다.

建立에 도움을 주신 분

육 군 참 모 총 장	대장	李 鎭 三
제 1 군 사 령 관	대장	李 文 錫
제 3 군 단 장 (前)	중장	朴 益 淳
제 3 군 단 장	중장	片 將 圓
보 병 제 1 2 사 단 장	소장	吳 榮 祐
제3공병여단장 (前)	준장	潘 雄 植
제 3 공 병 여 단 장	대령	金 秀 雄
제3군단 작전참모 (前)	대령	金 明 世
제 3 군 단 작 전 참 모	대령	白 南 煥
703특공연대장 (前)	대령	梁 啓 卓
7 0 3 특 공 연 대 장	대령	柳 海 權
제 1 2 5 공 병 대 대 장	중령	李 尙 原
공 병 여 단 시 설 처 장	중령	金 周 伯
육군제703특공연대 대대장	중령	朴 鍾 善
육군제703특공연대 대대장	중령	全 岱 石
8 0 3 정 찰 대 대 장	중령	白 幸 基
육군본부민사심리전참모부	중령	蘇 秉 成
設計 (주)가야기술단	대표	金 圭 泰

白骨兵團 戰跡碑 建立에 도움을 주신 분에게 參戰 戰友와 遺家族 모두를 代表하여 感謝 드립니다.

1990. 11. 9

大韓遊擊參戰同志會
會員一同

《註》위에 揭記한 도움을 주신 분 외에도 육군본부 군사연구실 관계관, 민사 심리전 참모부 소속 전사확인 담당관, 제1군사령부 공병참모부 담당관, 제3군단 관련 참모 등 여러분과 시공대대의 장병 여러분의 도움이 있었습니다.
이 뜻을 여러분에게 鄭重히 感謝한 뜻을 바칩니다. 대단히 감사합니다.

건 립 개 요

○ 위   치 : 강원도 인제군 북면 용대 3리 산 250
○ 건립기간 : 1990. 6. 13 ~ 11. 7
○ 시공부대 : 제 3 공병여단
○ 후   원 : 육군본부 군사연구실

○ **전적비 해설**
  • 주탑세뿔 : 자유 · 평화 · 호국
                        결사유격 제11, 12, 13연대를 각 상징.
  • 세 개의 주기둥이 상단 정점에서 일치 : 통일염원.
  • 비의 받침 280센치미터 : 임무완수 개선한 장병의 수.
  • 각 기둥의 폭 120 센치미터씩 3개 360센치미터 : 작전 중
                        호국의 군신으로 산화하신 전몰장병의 수.
  • 백색 : 고결한 얼이 담긴 멸사보국 · 사중득생
                        유격 특공장병을 상징함.
  • 진입 입구계단 : 36단
  • 설계구상 : 참전동지회 회장 전인식과 정규옥
○ 설계 구조계산 : (주) 가야기술단 金圭泰. (교수)

《註》이 碑는 전적비 겸 위령탑의 성격을 동시에 표상하고 있습니다. 우리들 살아 남은 280명은 전사하신 360여명의 동지가 있었기에 오늘을 살 수 있는 것입니다. 따라서 세뿔 360cm와 280cm(즉 280명)는 떼어낼 수 없는 것입니다. 高潔한 얼, 그리고 白骨, 白色은 永遠한 特攻을 상징하는 滅死報國을 나타내는 生動하는 未來 指向의 碑가 될 것입니다.

국방부 전사편찬위원회에 전적비 비문 검토를 요청한 것에 대한 회신

국 방 부 전 사 편 찬 위 원 회

전편184-218   (국7461)   1990. 8. 31.

수신   대한 유격 참전 동지회장
제목   전적비 비문 검토(고증)요청 회신

　　1. 관련근거 : 유격참전 90-8-3 ('90.8.24) "전적비 비문 검토(고증)요청"

　　2. 위 근거에 의하여 당 위원회에서 여러가지 방법으로 검토 하여본 결과 아래와 같은 사유로 인하여 고증이 불가한것으로 사료되어 통보하니 참고 하시기 바랍니다.

- 아　　　　　래 -

　　가. 검토, 고증에 필요한 귀 유격대의 작전에 관한 1차 자료(계획, 지시, 활동, 결과 보고등 문서자료)가 없으며 이들 자료를 수집하기 위하여는 상당한 시간이 소요되어 귀회의 요구일에 맞출수 없음.

　　나. 귀 유격대의 활동사항에 관하여는 이미 육군본부(귀 부대가 속한 군본부)군사 연구실에서 인정하여 책자로 출판 되었으므로 새로운 검토와 고증이 필요없을것으로 사료됨.

　　3. 정규군이 적을 유린 또는 교란, 파괴의 목적을 두고 적 후방을 침투하여 작전한건은 자료의 획득 등 어려움이 있어 전사로 편찬은 하지 못하지만 귀유격대의 크나큰 공적과 희생을 뒷받침 할수 있는 자료수집에 귀 회와 함께 노력할것을 약속드리며 귀회의 무궁한 발전을 기원합니다.　　끝.

국 방 부 전 사 편 찬 위 원 장

4. 전적비 제막 사연

내가 백골병단 전적비의 건립을 추진한 것은 1962년 8월부터였으니 28년의 세월이 흐른 것이다.

그동안 우리들은 모두 한마음, 한뜻으로 뭉쳐, 누구하나 알아주지도 아니한,
그리고 돌아오지 않는 메아리를 원망하면서도…….
꾸준히 희망을 가지고 위령비 건립을 추진했는데,
미묘한 훼방사건이 돌출하여
정식 기공(起工)이 늦어지게 되었다.

그 까닭은 채명신 씨와 이두병, 김한철 등 3인이 합의한 것이라는 괴이한 **'합의 각서'** 때문이었다.

이 투서성 합의 각서에 채명신 장군이 동조한 서명(署名)을 한 것이 군부에서는 신임하는 듯했다.
채 장군은 합의 각서의 내용을 보지도 못했는데 서명 하십시오. 하기에 서명한 것뿐이라는 것이 뒷날 밝혀졌다.
채 장군의 서명은 군부에서 상당한 영향을 주었을 뿐만 아니라 이것을 전적으로 신임하고 공사 중지가 된 것이다.

그 뒤, 나는 김한철 씨의 전화 한 통화나 얼굴 한번 보지 못했는데, **내가 추진한** 특별법 덕분에 **6·25 참전 공로자?** 가 되어? **공로 보상금을 잽싸게 받아간** 것이 뒷날 확인되었으니 체면도 염치도 없는 그런 사람이 아닌지……

그 친구는 우리들 참전전우 모두에게 몹쓸 짓을 한 사람인데 무슨 공로자 라고……
정말 알 수 없는 사람이라고 생각된다.

가만히 지켜보고만 있었어도 채 대장께서는 영웅대접을 받을 수 있었을 터인데….

정의는 반드시 승리하는 법이다.

전적비는 **미시령과 진부령**으로 나뉘는 삼거리에 …….

우리들의 전적비는 태고(太古)시절부터 이 자리는 이미 마련되어 있었던 것도 같았다.

나는 몇 번이고 되 뇌였다.

공사도중 하천에서 수집한 석괴를 본 「편장원 군단장」께서 자연석이 아닌 하천석을 쓸 수 없다고 해,

전적비 공사 중 큰 자연석을 구해온 703 특공연대 류해근(柳海槿) 연대장(중장 예편)의 노고가 지대하였다.

한송(韓松) 104그루의 식재도 적극적으로 지원해 주셨다. 감사 드린다.

제막식이 있은 1990년 11월 9일은 새벽 1시경부터 비가 내렸다. 가을비 치고는 제법 굵은 빗줄기 였다.

주최 측인 군단 고위 장교들의 말에 의하면, 제막식 날은 초속 30m 의 강풍을 동반한 50~60mm 의 강우가 있을 것이라는 기상대의 예보가 있었다고 했다.

그런 궂은 날씨인데도 나는 제막식이 거행되는 오후 3시 전후에는 절대로 비가 오지 않을 것이라고 장담을 했는데…….

무슨 예언자 처럼 …….

아니나 다를까,

그날 오후 1시반 까지도 세차게 내리던 비가 슬슬 멎기 시작하더니 제막식 50분전 쯤에는 햇살까지 잠시 비칠 정도로 개이기 시작

했으나, 바람만은 계속 세찼다.

제막식 도중에는 모든 사람들을 주목시킬 만한 기이한 미신 같은 일도 일어났다.

독립고지 벙커의 적을 박살낸 뒤 전사한 고 허은구(許銀九) 소위의 형님이신 허재구(許在九) 씨께서 분향대 앞에 서니,

**어디선가 날아와 지켜보고 있던
「까치」한 마리가 나지막이**

"깍! 깍!" 하고 두세 번 울더니, 그분이 분향 후 돌아서신 뒤에는

더욱 크게 "깍! 깍! 깍!" 하면서 울던 실황이 행사 비디오를 통해 확인되었다.

그 까치는 그 뒤, 다른 분향객이 분향을 마칠 때까지 다시는 울지 않고 어디론가 날아가 버렸다.

용대리는 워낙 바람이 세기 때문에 까치가 거의 없다고 한다.
그리고 직전의 행사에서는 수십 명이 일제히 조총을 발사했고, 군악대의 계속된 주악이 연주되었는데도 웬 까치 한 마리가 용감히(?) 날아 들었던 것이다.

허은구 소위가 까치로 변해 형님에게 안부를 알린 것일까.
참으로 기이한 일이 아닐 수 없었다.

'동지들이시여! 이제는 고이 잠드시라!

여기는 동지들의 유택 아닌 유택 일세!'

나는 속으로 나지막이 중얼거렸다.

안주(安住)할 곳이 없어 구천(九泉)을 떠돌았을 전우들의 넋이 이제야 비로소 영면(永眠)할 곳을 갖게 된 것이다.

도로에서 보면 10여 m 산 위쪽 중턱, 그 뒤로는 용(龍)바위가 깃털을 세우고 있는 형상의 바위 능선이 아래로 뻗어 있어 참으로 아늑하고 잘 생긴 터이다.

그 길지(吉地)에 16.4m 높이의 **백색 삼각주**(三角柱) 모양의 탑이 우뚝 섰으니, 평지에서 볼 때에는 30여 m 이상의 큰 탑처럼 보인다.

시공 도중 주탑이 워낙 높아 시공부대의 어려움도 매우 컸다.

그 당시에는 콘크리트 펌프카(car)의 성능이 요사이와 같이 잘 발달되어 있지 아니하여 삼각의 뿔 속을 비워(空胴으로) 하중(荷重)도 줄이고 시공도 완벽하게 하고자, 드럼통을 세워 그 세 뿔 속에 넣는 설계변경을 시도했다.

나는 이 설계변경에 동의해주었다.

주탑이 완성되었다.

탑 위의 정면에는 90cm 각의 검은 오석에 새겨진 **〈백골병단 전적비(白骨兵團 戰跡碑)〉**의 글씨가 새겨졌다.

이 대형 비문(글씨)은 결사 제11연대 2대대 1중대 1소대장이었던 **최인태 소위(진)중위** ⓒ 가 썼고,

비문과 **작전상황 도판**,
헌시 등 모두는 필자가 짓고 쓴 것이다.

비문 등 역사적인 기록은 모두 육군본부 및 군단과 전사 편찬위원회 등 관계 당국의 감수를 거친 것임은 두말할 나위가 없다.

흰색의 제막천을 16m 위로부터 벗겨 내리니 선명하게 나타난 비문과 비(碑)의 위용은 정말 멋진 예술품 그 자체였다.

전적비 건립비는 외형상 우리 전우회의 성금 약 4,000여 만원과 육군의 예산 8,000여 만 원 정도의 예산이 소요되었지만, 그 많은 기

암 괴석과 잘 생긴 소나무, 기타 조경과 주탑의 공사비 등을 외주(外注)로 발주했더라면 3~5억원은 훨씬 넘었을 거대한 전적비다.

"백설이 흩날리는 오십일년 일월 ……."

이렇게 시작되는 시구(詩句) 아닌 외침은 백골병단 장병들의 용감무쌍했던 기개와 호국을 위해 목숨을 초개(草芥)와 같이 바쳤던 우국충정을 잘 표현해 주고 있다.

이 전적비로 인해 **잊혀질 뻔 했던 육군본부 직할 결사대 일명 백골병단 장병들의 우국충정과 얼**, 그리고 정신을 모두가 영원히 기억하게 될 것이다.

그리고 '**설악의 영웅들**' 은 자유와 평화를 위해 영원한 횃불 되어 이 강산을 지켜나갈 것이다.

**1990. 11. 9. 14시 드디어 역사적인 白骨兵團 戰跡碑가
참전 개선 40년 만에** 북진 최종점에 건립·제막 되었다.

강원도 인제군 북면 용대 3 리 산 250-2 4,928 m² 의 대지 위에 **높이 16.4 m** 의 거대하고, 장엄한 전적비가 건립된 것이다.

〈 **나(全仁植)의 설계** 〉

> 탑의 세뿔은 결사 11, 12 13 연대와 자유, 평화, 호국을 각각 상징하고 위쪽 하나의 정점에서 모인 것은 통일과 3개 연대의 통합, 백골병단을 각 뜻하고,
> 주탑 길이 11 m 는 결사 11연대를, 그 아래 280 cm 는 생환장병의 수를, 세뿔을 6으로 나눈 3각과 6 꽤는 360 전몰장병의 수를 각 상징하며, 계단의 수도 36으로 설계했다.

이 전적비는 1951. 1. 초 부터 1990. 11. 까지 였으니 강산(江山)이 "네"번 바뀌기를, 즉 39년 하고 11개월 5일 만에 이룩된 역사(役

事)였다.

1987년부터 양양군 서면 오색 약수터에서 큰 밥상을 식당에서 빌려 설치하고

버스에 실어온 병풍에

고 육군대위 윤창규 외에, 50여 명의 위패를 써 붙이고

단목령(박달재) 잡목(雜木)의 숲을 헤치고

제사(祭祀)를 지냈으나 이제부터는 여기 전적위령비가 건립되었으니 그 수고는 덜 수 있게 되었다.

현충행사는 군 "의전 절차"에 따라야 하기 때문에 제사를 지내는 그런 행사는 여간 어려운 것이 아니었다.

따라서 전적비에 각인된 전사자의 명판 아래쪽에 제사상을 차려 놓고

유교식 제물은 내가 집에서 마련했다.

내가 자식노릇을 한 것이다.

그 뒤, 유가족 1~2명을 제외하고는 우리행사에 동참하지 않았다.

괘씸한 녀석들이다.

백골병단 전적비(白骨兵團 戰跡碑)의 관리는 자치단체에 예산이 없어, 사실상 관리를 하지 못하고 있다 하며, 이들 전적비들이 우리들 참전자들이 손을 놓으면 폐허화될 운명에 처하는 것은 아닌지?!!

우리 전적비는 다행히 인근에 703 특공연대가 주둔 중에 있고, 육군 제3군단장께서 각별한 관심을 가지고 도와주시기에 안심(安心)이 됩니다만, 예산이 필요한 경우 국가보훈처는 국가현충시설로 지정되어 있으므로 예산을 확보해 자치단체에 교부하거나 관리기관에 배정해 주어야 할 것임을 강력히 촉구 제안합니다.

雜木의 숲 속에 마련한 **합동 위령제의 모습**.!!
 육군 본부 정보국 직할 결사 유격 제 11,12,13 연대 출신 **전몰 장병 합동 위령제**의 글귀는 몹시도 처량하다. 故 임시 보병대위 尹昌圭, 중위 정세균으로 이어지는 이들 전몰장병은 360여명 중 확인된 23위에 대한 명단 만이 위패 안치되어 있고, 나머지 337位는 위패조차 안치하지 못하고 있다.
 1986年 8月 8日 太平路 프레스 센터에서 첫 분향이 있었고, 1987.4.3과 88.4.3일에도 이곳에서 합동 위령제가 봉행되었다.
 이제 60에서 70세를 넘긴 이들의 가슴과 가슴으로 이어지는 그 恨은 언제나 풀릴런지? 이곳 박달령(檀木嶺) 입구 아늑한 산 기슭에서는 때마침 비둘기의 울음소리가 처량하게 메아리 쳤다.

1997년 2월 초순 이곳에 내린 160 cm의 폭설로 계단 일부가 침하·파손되어 우리 전우회 회원들이 공사비로 **1,380만원**을 각출하여 전면 재시공(1997.5) 한 뒤, 2002. 4. 25. 전적비 주탑 시설을 1,760만원으로 다시 보수하는 등 그 뒤에도 큰 보수공사를 했다.

그러나 이제는 참전전우들이 모두가 늙고 병들어 더 이상 관여하기도 어렵게 되었다.

옛날의 기개를 살려야 할 터인데 …….

2014년에는 모두가 어렵지만 비 예산사업으로 국기게양대와 전적비를 조망할 수 있도록 조명투광시설을 설치하기 위한 찬조금 모금을 실시하였더니 많은 찬조금이 모였고, 국기게양대는 인제군에서 2013년 11월에 건설해 주었고,

조명투광시설은 2014년 4월에 우리들이 설치하였다.

그 영광(榮光)과 그 웅좌(雄座) 그 서기(瑞氣)여,
이 땅위에 영원하라!

여기 白骨兵團 360여 勇士들이 이름 석자를 남기지 못했으나 ……
이 추모비와 함께 永生토록 빛날지어다.

〈내가 죽으면, 유골 일부를 가져다가 여기에 적당히 뿌려 마지막 길을 함께 할 수 있었으면 ……〉

백골병단 전몰장병
합동위령제에서
편장원 중장이 전우회장과
무엇인가 협의하고 있다.
좌 1 : 12사단장 오영우 장군
우 3 : 황인모 장군,
　　　　권영철, 원응학 동지

> 전적비 제막 인사

> 1990. 11. 9 백골병단 전적비 제막식에서 대한유격참전동지회 회장 전인식이 인사말씀(전문)과 전적비 비문 등의 배치 상황을 소개한 개요

人事말씀

　오늘, 이 榮光스러운 白骨兵團 戰跡碑의 除幕 式典에 먼저 이 사람이 人事말씀을 드리게 된 것을 無限한 榮光으로 생각하면서, 우리들과 함께 參戰中 護國의 軍神으로 散華하신 많은 戰歿將兵, 同志 앞에 서 있는 것 그 自體를 한편으로 부끄럽게 생각합니다.

　戰友가 무엇입니까? 戰場에서 敵과 함께 싸우고, 戰友가 負傷을 입으면 상처를 감싸주고, 죽음에 이르면 그 屍身을 거두어 주고, 名譽를 回復해 주는 것이 戰友인데, 나는 그대들의 屍身을 거두어 주지도 못했고, 傷處를 어루만져 주지도 못한 者이고, 또 指揮官도 아닌 한 個의 作戰參謀에 不過했던 사람이였습니다. 그러나, 이 사람은 언제나 公들과 함께 苦樂을 나눈 參戰同志, 그리고 戰友였기에, 그대들의 名譽를 위하여 30餘年間 꾸준히 鬪爭하면서 오늘에 이른 것이올시다.

　적어도 一抹의 良心은 있어서, 오늘날까지 公들의 戰跡·慰靈塔 建立을 推進해 온 結果로, 오늘 이 歷史的인 除幕을 보게된 것으로써, 살아남은者의 道理中 一部分만은 다한 것이 아닌가 하는 생각을 하면서 오로지 容恕를 빌 뿐입니다.

　도리켜 지난날을 回顧해 봅니다.

　1950年 6月 25日, 平和스러운 日曜日 새벽, 놈들은 소련製 탱크를 앞 세우고, 大擧·奇襲·南侵·이른바, 6.25 戰爭을 일으켜, 未曾有의 大量 殺傷과 破壞, 그리고 同族相殘이란 稀代의 慘變을 挑發했습니다.

　우리들 愛國靑年·學生 600餘名은 奮然히 일어나, 내 兄弟·姉妹, 그리고 이웃 모두를 지키고, 不法 南侵한 敵을 응징하기 위하여 1951年 1月 陸軍情報學校에 自進 入隊한 決死 遊擊 將兵들이였습니다.

　戰局은 中共軍의 뜻하지 아니한 대거介入·參戰으로 不利한 때라, 3週間의 短期訓練만으로, 敵軍의 服裝과 武器로 僞裝하고, 미숫가루 2週日 分의 非常 食糧만을 携帶한채, 江原道 寧越 北方으로부터 太白山·五臺山·雪嶽山脈을 잇는 險山峻嶺을 零下 30度의 酷寒을 견뎌내면서 敵陣 背後 깊숙이 320km, 그러니까 우리 里數로 800里를 我軍의 支援없이 單獨으로 進擊하면서

○ 敵 1個 旅團의 壞滅에 寄與하였을 뿐만아니라
○ 敵 3軍團本部의 습격
○ 南派準備中에 있던 對南 빨치산 司令官 吉元八 中將 外 高位參謀 등 13名 全員의 生捕를 비롯하여
○ 敵陣 後方을 來往하는 連絡將兵 等 300餘名의 生捕
○ 敵 射殺 200餘名 等의 戰果로 我軍의 統一作戰에 크게 寄與하고, 1951年 3月 30日 인제군 기린면 地內로 任務 完遂·개선한 國軍 최초의 정규 유격대「白骨兵團」으로, 그 血鬪事實은 이미 널리 알려진 바대로입니다.

우리들 白骨兵團 參戰 生還將兵一同은 뜻을 함께하여 1962년부터 戰跡碑의 建立을 꾸준히 推進해 왔습니다만, 그 뜻을 이루지 못하고 있던 中, 1988年 6月, 이 地域 駐屯 精銳 山岳軍團長이셨던 李鎭三 將軍께서 戰跡碑 建立의 當爲性을 認定하시고, 戰跡碑의 建立을 決心, 이를 陸軍本部에 建議해 주셨으며, 第1軍司令官으로 榮轉하신 뒤에도 繼續 支援해 주서서, 1990年 5月 陸軍本部의 資材 및 資金支援을 받게 되었습니다.

우리들 參戰同志會 會員一同도 戰歿將兵인 戰友에게 적은 뜻이나마 보태어 戰勝紀念塔의 建立에 모두 協贊하기로 하고, 1次로 1,000萬원과 2次 300萬원 등의 協贊金을 보태어 不足한 財源을 바탕으로 工事를 着工하게 되었습니다.

工事所要 예산의 不足은 施工部隊의 어려움이 至大하였으나 그분들은 矜持와 自負心으로, 工兵旅團長의 一線 指揮와 탁월한 土木知識을 가진 大隊長 李尙原 中領(工學博士)의 努力·인접 第12師團長 吳榮祐 將軍, 우리 後輩인 703特功聯隊長 柳海樺 大領, 이 地域 保安部隊長 金聖洙 大領님 等 많은 將兵의 支援과 協力으로 遊擊將兵의 투혼과 忠·勇, 그리고 우리들 후배 特攻將兵의 龜鑑이 될 수 있는 큰 戰跡碑를 完成하게 된 것입니다.

다시 한번 지난 날을 回顧해 볼 때, 39年 8個月이란 오랜 歲月이 덧없이 흘렀습니다.

6.25가 지난지 30餘年인데, 이제와서 무슨 戰跡碑를 세운단 말인가? 라는 妄發을 하는 사람도 없지 아니합니다.

어떤 精神나간 애 들은, 우리가 北侵 했다는 얼토 당토 않은 말을 하는 沒知覺한 靑少年도 있는 것으로 알고 있습니다.

이런 世態下에서 戰跡碑를 세운다는 것은 정말 어려움이 많았습니다.

우리들이 왜 歷史를 工夫합니까?!!

歷史는 되돌려지는 것은 아니지만, 그 歷史 속에서 우리들은 未來 指向的인 새 歷史를 創造해 나아가는 것이 오늘을 사는 우리의 使命이고, 또 宿命이라

고 생각 할 때, 지난 6.25를 우리 모두가 再照明하고, 有備無患만이 나라와 겨레를, 그리고, 내 家族과 이웃을 지킬 수 있다는 所信을 다시 한번 굳건히 다져야 할 것 이라고 確信하는 바입니다.

때 늦은感, 왜 없겠습니까? 한때, 섭섭한 마음도 간절했습니다. 그러나 이제 모두 눈녹듯 다 녹아 내렸습니다.

이 碑의 雄壯함, 그리고 高潔함, 그리고 精氣어린 瑞光이 여기 龍坒里 明堂으로부터 山을 넘고, 들을 건너, 四海로 뻗어나아가 우리를 지켜주고, 보살펴 줄 것이라고 믿고, 또 바라며, 우리들 後輩 特攻將兵 모두에게도 忠·勇 任務 完遂·勝利만이 있다는 確信이 우리들 모두의 가슴과 가슴으로 이어져 **自由, 平和, 護國**의 念願이 반드시 이룩된다는 自信을 다시 한번 굳게 함에, 이곳이 그 始發이 되어야 한다는 것을 强調하는 바 입니다.

公私間 바쁘신데도 不拘하시고, 貴한 時間을 내주시어 여기 먼곳까지 찾아주신 貴賓여러분과 戰歿將兵의 遺家族 그리고 많은 參戰同志와 그 家族, 親知 여러분에게 鄭重히 感謝드리면서 人事말씀에 가름하고자 합니다.

거듭 이 碑의 建立으로 이제 한껏 나래를 펼 수 있게 된 많은 戰歿將兵에게 永遠한 빛을 안겨주신 陸軍參謀總長 李鎭三 將軍과 그분의 揮下 將兵 및 그분의 家庭에 主님의 恩寵이 充滿하시기를 간절히 바라나이다.

대단히 感謝합니다.

1990년 11월 9일

大韓遊擊參戰同志會

會長 全仁植 外會員 一同

5. 국립묘지에 위패를 봉안하다

> 2000. 8. 10 전사한지 49년여만에 국립현충원에 위패가 봉안된 사연과 함께 국립현충원을 참전전우회원 일동이 참배하는 내용을 요로에 알리고 있다. 뒷면 전사 확인장병 60위

전사한지 49년 6개월만에
국립묘지(현충원)에 위패 봉안 되다!!

전 육군본부직할 결사유격 제11연대 소속 "임시대위 金元培" 외 4인의 병장이 1951. 3. 26 강원 인제지구에서 전사!

결사유격 제13연대 소속 병장 천영식이 1951. 3. 19 역시 강원 인제지구에서 전사한 전사확인서가 2000. 4. 27 육군참모총장으로부터 발급된 뒤, 국립현충원(동작동 국립묘지)이 2000. 9. 7 위패를 봉안하게 되어 전사한지 49년 6개월만에 비로소 위패만이라도 봉안할 수 있게 되었습니다. 이에 본회는 다음과 같이 위패 봉안 추모행사를 갖고자 합니다.

다 음

1. **행사 일시** : 2000년 9월 7일 11시 국립현충원 현충문 앞 집합 완료
2. **행사 내용** : 2000년 9월 7일 11시 15분 행사장 입구 정렬 및 백골병단기 입장
    국립현충원 행사 병력 정 위치
    11시 20분 현충문 통과
    헌화, 분향, 묵념, 위패위치 확인, 참배 및 화환 증정
3. 이미 봉안된 전우의 위패 52위 참배
4. 국립 현충원의 협조사항
    헌화, 분향, 묵념시의 조총 및 조곡 연주 협조
    신규 위패위치 안내 및 기 봉안된 52위의 위패 위치 안내 협조 (별첨 기 봉안위패 명단)
5. 보도기관 및 관련기관의 협조
    조국의 자유와 평화를 위해 자신의 안일을 돌보지 않고 적·후방으로 침투하여 단 2주일분의 미숫가루만으로 60여일 동안 종횡 800리(320km), 적 3군단 배후의 습격, 적 69여단의 괴멸에 기여, 적 대남 빨치산총사령관 인민군중장 吉元八 과 참모장 대좌 姜七星 등 지휘부 13명 전원의 생포 처리로 대남 지휘부를 전멸케한 특공의 빛나는 위훈을 남기고 산화하신 분들의 명복을 빌고 그 명예가 이 땅위에 영생토록 우리 모두는 힘을 다함께 해야 한다고 주창합니다.
6. **참고사항** : 703특공 2대대장은 보관 관리중인 "백골병단기"를 2000년 9월 6일 이전까지 본회의 탁송하거나, 9월 7일 11시 정각까지 기수병사를 국립현충원에 출장토록 조치해 주실 것.

이와 같이 안내 및 협조를 부탁드립니다.

2000. 8. 10

대한유격참전동지회 회 장

수신 : 배포처 참조

戰死 確認 (位牌·安葬) 將兵

소 속	계 급	군 번	성 명			출신지	비 고
결사 11 연대	육군대위	GO 1007	尹	昌	圭	충남 예산	동작동 위패 장교/17 구역
〃	육군소위	GO 1034	李	鍾	三	충남 청양	동작동 위패 장교/17 구역
〃	육군대위	미 상	玄	奎	正	평북 개천	대전 장교묘역 2-744호 안장
〃	육군중위	GO 1010	鄭	世	均	서울 만리동	동작동 위패 장교/14 구역(유가족)
〃	육군소위	GO 1053	尹		泓	경기	동작동 위패 장교/14 구역
결사 11 연대	육군소위	GO 1039	許	銀	九	경북 경주	동작동 위패 장교/14 구역(유가족)
결사 13 연대	〃	GO 1096	朴	萬	淳	경기 시흥	동작동 위패 장교/14 구역(유가족)
결사 11 연대	〃	GO 1045	李	夏	淵	충남 청양	대전 장교묘역 2-745호 안장
결사 12 연대	〃	GO 1114	黃	炳	錫	경기 파주	동작동 위패 48-4-001(유가족)
결사 11 연대	이등상사	G 11061	柳	東	鉉	경기 시흥	동작동 위패 28/5 구역(유가족)
결사 11 연대	일등중사	G 11312	張	東	淳	경기 시흥	동작동 위패 28/6 구역(유가족)
〃	〃	G 11313	申	鉉	石	경기 시흥	동작동 위패 28/6 구역
〃	〃	G 11039	朴	鍾	萬	경기 파주	동작동 위패 28/6 구역(유가족)
〃	이등중사	G 11087	權	旭	相	경기 안양	동작동 위패 28/6 구역(유가족)
〃	〃	미 상	洪	淳	基	충남 연기	동작동 위패 28/6 구역(유가족)
결사 11 연대	이등중사	미 상	金	周	鉉	경기 파주	동작동 위패 28/6 구역(유가족)
〃	〃	G 11206	김	윤	수	충남 부여	동작동 위패 28/6 구역
〃	〃	미 상	李	相	旭	대전	동작동 위패 28/6 구역
〃	〃		趙	重	用	경기 시흥	동작동 위패 46-3-214(유가족)
〃	〃		鄭	閏	哲	경기 시흥	동작동 위패 46-3-215(유가족)
결사 11 연대	이등중사	미 상	이	석	순	대전	동작동 위패 46-3-216
결사 12 연대	〃		황	경	덕	경기 평택	동작동 위패 46-3-217
결사 11 연대	육군병장	G 11317	李	完	相	충남 청양	대전 사병묘역 11-4591호 안장
결사 13 연대	육군대위	GO 1067	金	貞	起	충남 연기	동작동 위패 48-3-269
결사 12 연대	〃	GO 1069	權	王	堅	불명	동작동 위패 48-3-270
결사 12 연대	육군중위	GO 1083	姜	昌	熙	불명	동작동 위패 48-3-271
결사 13 연대	〃	GO 1078	金	溶	九	서울	동작동 위패 48-3-272
결사 11 연대	이등중사	G 11215	姜	文	錫	충남 서산	동작동 위패 13/18 구역(유가족)
〃	〃	미 상	유	동	식	불명	동작동 위패 13/18 구역
〃	〃	〃	박	희	영	불명	동작동 위패 13/18 구역

소 속	계 급	군 번	성 명	출신지	비 고
결사 11 연대	이등중사	미 상	이 영 업	불명	동작동 위패 13/18 구역
〃	〃	〃	서 두 생	불명	동작동 위패 13/18 구역
〃	〃	〃	김 양 환	충남 부여	동작동 위패 13/18 구역
〃	일등중사	〃	洪 勝 先	불명	동작동 위패 27/4 구역
〃	〃	〃	徐 一 澤	경기 시흥	동작동 위패 27/4 구역
결사 11 연대	일등중사	미 상	장 국 환	충북 옥천	동작동 위패 46-2-183
〃	〃	〃	안 회 일	불명	동작동 위패 46-2-184
결사 12 연대	이등중사	〃	이 재 성	경기 시흥	동작동 위패 46-2-185
결사 11 연대	〃	〃	윤 동 익	경기 시흥	동작동 위패 46-2-186
결사 13 연대	〃	〃	고 석 휘	강원 정선	동작동 위패 46-2-187
결사 13 연대	이등중사	미 상	나 승 교	강원 정선	동작동 위패 46-2-188
〃	〃	〃	김 주 섭	강원 정선	동작동 위패 46-2-189
〃	〃	〃	이 운 철	강원 정선	동작동 위패 46-2-190
결사 11 연대	〃	〃	김 운 태	경기 시흥	동작동 위패 46-2-191
〃	〃	〃	천 봉 균	경기 시흥	동작동 위패 46-2-192
결사 11 연대	이등중사	미 상	안 병 철	경기 시흥	동작동 위패 46-2-193
〃	〃	〃	김 철 구	충남 연기	동작동 위패 46-2-194
〃	〃	〃	김 명 규	경기 시흥	동작동 위패 46-2-195
〃	〃	〃	현 제	강원 인제	동작동 위패 46-2-196
〃	〃	〃	구 기 덕	충남 서천	동작동 위패 46-2-197
결사 11 연대	이등중사	미 상	안 성 호	경기 시흥	동작동 위패 46-2-198
결사 13 연대	〃	〃	姜 昌 煥	불명	동작동 위패 46-2-200
결사 11 연대	〃	〃	이 정 구	충남	동작동 위패 46-2-201
〃	〃	〃	黃 忠 淵	충남 서천	동작동 위패 46-2-202
결사 11 연대	육군대위	GO 1006	金 元 培		동작동 위패 48-4-104
〃	병장	〃	박 종 수		동작동 위패 46-5-043
〃	〃	〃	이 충 구		동작동 위패 46-5-044
〃	〃	〃	박 기 석		동작동 위패 46-5-045
〃	〃	〃	임 경 섭		동작동 위패 46-5-046
결사 13 연대	〃	〃	천 영 식	화성군	동작동 위패 46-5-047
60 名					(안장 3, 위패 57)

6. 전인식의 공적비가 세워지다

육본직할 결사대 전우회 회장 吾平 전인식씨가 1961. 8월부터 2002년 10월까지 전우회원의 위상 바로 세우기 등의 공적이 현저하여 전우회원 및 유가족 일동이 공적비를 전적비 경내 아래쪽(주차장 북쪽)에 세워 공적을 기리고 있다.

강원도 인제군 북면 용대리 산 250-2 白骨兵團戰跡碑
경내 입구 주차장 옆에 건립된 吾平 全仁植의 功績碑

전인식의 공적기

백골병단 참전전우회
회장 전인식 (全仁植) 동지 의 공적

첫째 : 全동지는 1961년 8월 전우회를 발기한 이래, 40여년 동안 참전전우회 회장으로서,
1. 전국에 흩어진 참전전우의 발굴·규합에 앞장 서, 전우회원을 결속하였다.
2. 국방 당국에 군복무 사실인정에 관한 청원 등 수십통을 작성·제기하여 명예회복선양에 기여 하였다.
3. 참전 당시의 전투정보 보고 및 관련 기록을 수집 하여 전례(戰例) 자료로 활용하고, 여러 부대를 방문하여 안보 강연을 하는 등 전우회 발전과 군의 사기진작에 기여하였다.

둘째 : 全동지는 1981년 5월 전쟁수기「나와 6·25」발간 이후「못다핀 젊은 꽃」등 2001년까지 13종의 참전 기록서를 저술·발간하는 외에 영화「못다핀 젊은 꽃」,「박달령의 침묵」,「이한몸 다 바쳐」등 안보 영화의 "원고" 집필 등으로 참전전우의 자긍심 고양과 유대강화에 기여 하였다.

셋째 : 全동지는 적진후방에서 전투중 전사한 전우에 대하여,
1. 1987년 3월 "고" 허은우 소위의 전사 확인을 위시하여 60명의 전사 확인을 받아냈다.
2. 유가족에게 국가보훈 혜택을 받을 수 있게 하였다.
3. 1989년 8월 "고" 윤창규 대위 등 57위는 국립현충원(동작동)에 위패를, 1990년 8월 격전지 에서 발굴한 "고" 현규정대위 등 3인의 유해는 대전 현충원에 안장하는 등 전몰장병의 명 예를 선양하였다.
4. 1995년 3월이후, 참전·개선 장병에게 "대통령 명의"의 참전증서를 교부받게 하여 참전전우 의 위상 바로세우기에 기여 하였다.

넷째 : 全동지는 1986년 6월부터 전적·위령비 건립을 추진하는 한편, 설계를 직접 작성함과 동시 에 전적비의 구도(構圖), 비문의 작성 등 전적비 건립에 적극기여헌신 하므로써 1990년 11월 9일「백골병단 전적비」를 준공제막할 수 있게 하였다.

다섯째 : 全동지는 1994년 2월 전쟁기념관 일부를 할애 받아, 자신의 임관사령장 원본과 제대 증, 참전당시의 각종 기록사진, 작전명령 등 관련자료를 전시할 수 있게 하였으며, 전우회 관련 제 반 기록을 수집보존 관리하는 등 참전전우 및 유가족에게 희망을 준 숭고한 전우사랑 정신과 빛나 는 공을 오래도록 기리고자 이 비를 세우다.

2002. 10. 15.

全仁植 동지 공적비 건립 추진 위원회 위원 및 회원·유가족 일동

글 : 김응섭

공적비 건립기

곰平 전인식(全仁植) 참전 전우회장은 1951년 1월 4일, 육군정보학교(육군 제7훈련소)에 입교, 1951년 1월 25일까지 무장첩보 등 특수교육을 이수하고, 임시 대위로 임관과 동시에 결사 제11연대 작전참모로 명 받고, '51년 1월 30일 강원도 영월 북방, 적진 후방으로 침투 하여,

1. '51년 2월 10일 하진부리 초도 작전을 성공적으로 수행하였다.

2. '51년 2월 20일 백골병단(白骨兵團) 창단 후, 병단 작전참모로서, '51년 2월 28일 인민군 69여단의 정치군관으로부터 노획한 적의 전투상보 등 기밀서류를 아군 수도사단 에 전달케 하여, 적에게 막대한 타격을 가 하게 하였다.

3. '51년 3월 19일 인제군 인제읍 가리산리 군량밭 지구 작전에서 주도 면밀한 판단으로 적에게 결정적인 타격을 가 하는 공 을 세웠다.

4. '51년 3월 24일 오색에서 단목령(박달재)까지의 백주(白晝) 철수작전에서 인민군 사단 병력이 방어진지를 구축 중인 전면의 도로에서 적의 척후병을 아군 행군부대 앞에 세우고, 410여 명의 병력을 최선봉에서 지휘하여 부대 안전 · 퇴출에 기여 하였다.

5. 적의 전방으로 연결된 통신선을 수거·폐기하여 적으로 하여금 혼란을 유도케 하는 한편, 적병을 처치하는 등 많은 전공을 세우고, '51년 4월 초순, 영광의 개선(凱旋)까지, 적진 800리, 60여일간의 특수작전을 성공적으로 수행 하였다.

6. '61년 8월, 참전 전우회를 발기한 이래, 지난 40여년간 전우회의 발전과 전우 모두의 위상 바로 세우기와 전우나라 사랑 에 헌신기여한 공을 높이 칭송한다.

2002. 10. 15

全仁植동지 공적비 건립추진위원회 위원 및 회원유가족 일동

權寧哲 金容弼 安秉熙 // 高悌和 宋世鏞 李永九 張之永 崔潤宇 崔仁泰 //
康斗星 權泰鍾 金重信 尹範容 李南杓 李翊宰 林炳基 林炳華 曺奎喆 趙炳偰
張東說 // 姜五馨 金道中 金壽昌 金鍾根 柳卓永 朴勝錄 朴用周 朴鍾云 徐聖礎
宋景熙 申孝均 吳東洙 尹慶俊 李丙錫 李榮珍 李義宰 李興昌 林東郁 全永熹
鄭海相 車周燦 崔鍾敏 崔熙哲 權一相 金漢璘 朴昌永 // 黃泰圭 金宋奎 李南薰
李長福 趙詩衡 河泰熙 李貞子 // 安光睦 安光燮 崔聖睉 申周娟 申仙子 裵善浩
張德淳

子 : 全 熹哲 庠郁 惠燕 惠貞 美順 垠奏

2002.10.15 육군본부 주최 "合骨兵團" 참전전우회 회원·유가족 등 61인이 吾羽 全仁植 會長의 功績碑 건립을 위하여 913만원을 협찬하였으며(전회 결 부담 268만원), 함계 1,181만원으로 제막하다. <사진> 군단직할 연대장들과 전우·내빈 여러분

吾羽 全仁植의 공적비
(2002. 10. 15 제막)

7. 무명용사 추모비를 건립하다

전적비 주탑 우측(右側)에는 2003. 6. 5. 이름조차 알 수 없는 전사자 303위(位)와 민간인으로 자원 입대한 13명 등의 **무명용사 추모비**(無名勇士 追慕碑)를 참전 전우회원의 성금과 일부 국가보훈처의 지원으로 건립되었다.

나는 2003. 3. 15. 참전 전우회 확대 회의에서,

전사확인자 60위를 제외한 무명용사 303명과 민간인 참전 희생자 13명 계 316명의 **무명용사 합동 추모비** 건립을 제안·결의하고,

2003년 3월 18일 이 뜻을 관계기관에 호소한 뒤, 3월 28일 필자가 만든 설계도와 함께 구체적인 사항을 또 다시 건의했다.

나는 국가 보훈처에 설계도와 사업계획서를 보내는 등으로 추진하는 한편,

2003. 4. 12. 건립 추진위원회를 개최하고, 협찬금을 모금하여

2003. 6. 5. 현충행사와 함께 예정대로 준공 제막 했다.

무용가의 진혼무(鎭魂舞) 춤사위는 정말 대단했고, 눈시울이 붉어졌다.

백골병단 무명용사 303위와 민간희생자 13명의 무명용사 추모비 제막!!

2003. 6. 5.
백골병단 전우회
국가보훈처 지원으로
제막함.

無名勇士 追慕碑

白骨兵團 303 무명용사 추모비
나라를 위해 출진한 군인이 왜 무명용사가 되었단 말이냐?!!

2003. 4. 12 무명용사 추모비 건립 추진위원회 결성
2003. 6. 5 무명용사 추모비 제막식 거행

白骨兵團

無名勇士 追慕碑

이 비는 1950년 북한군의 기습·남침으로 조국 대한민국의 국운이 풍전등화(風前燈火), 누란(累卵)의 위기에 처해 있을 때, 자신의 안일(安逸)을 버리고, 나라의 부름에 따라, 육군정보학교에 입교한 장병 647명이 유격 특수전교육을 이수하고, 중동부 전선 적진 후방에서 용전분투(勇戰奮鬪) 했으나, 영하 30도를 오르내리는 혹한과 2주일분의 미숫가루 만으로 60여일을 견뎌야 하는 악전고투(惡戰苦鬪)로 참전장병중 364명과 민간지원 참전 13명이 아까운 청춘을 조국의 평화와 민족의 자유를 위해 바쳤다.

1961년에 결성된 참전전우회에서는 전몰장병의 신원확인을 위해, 여러해에 걸쳐 노력했으나 그 중 60명(국립현충원 위패 안치 57위, 안장 3위) 만을 확인했을 뿐, 전몰장병 303명과 민간 참전용사 13명의 이름조차 확인하지 못하고 52주년을 맞는 비통함을 억누를 수 없게 되었다.

이에, 살아남은 참전 전우회원 일동이 뜻을 모아 이 추모비를 건립하여, 조국의 평화와 자유를 지키기 위하여, 젊음을 초개(草芥)와 같이 버리고 산화(散華)하신, 전우의 영원한 안식과 위훈(偉勳)이 영생(永生)토록 빛나게 하기 위해 참전 전우회원의 성금과 관계 기관의 협찬, 참여 및 나라의 지원금으로 이 비를 세우다.

<글 : 전인식>

백골병단 참전·개선 52주년
2003년 6월 5일
무명용사 추모비 건립
주 체 : 백골병단 참전전우회
협 찬 : 대한민국 재향군인회
지 원 : 국 가 보 훈 처

2003. 6. 5 무명용사 추모비를 제막하는 전우회장과 각급 기관장들

2003. 6. 5. 백골병단 참전·개선 52주년을 맞아 그동안 찾을 수 없었던 전사망 추정자 360여명 중 60위는 국립묘지(동작동)에 위패(57) 및 안장(3)하고, 이름을 찾지 못한 303명과 민간참여 희생자 13명의 무명용사 추모비 제막식에서 무용가의 진혼 춤사위와 제례를 준비했다.
이 추모비는 백골병단 참전 전우회 부담 1,072만원 국가보훈처 지원 500만원, 재향군인회 지원 100만원 등 1,672만원으로 건립되었다.

〈설계·비문 全仁植〉

관리번호 : 16-2-24

현충시설지정서

명 칭 : 백골병단전적비
소재지 : 강원도 인제군 북면 용대리 산250-2
내 용 : 비석

국가유공자등 예우 및 지원에 관한 법률 제74조의2 제1항의 규정에 의하여 위와 같이 현충시설로 지정합니다.

2008 년 9 월 5 일

국 가 보 훈 처 장

제8부 참전전우회 활동

1. 전우회원 국내외 탐방

 2004년 법에 따라 명예회복이 된 후, 우리들은 기념사업용 기금을 조성하여 전적비 관리를 비롯한 상조활동과 옛날의 격전지 등 국내외를 탐방(관광)하며 우정을 나누었다.

(1) 격전지를 찾아서   〈참전전우 25인 2박 3일〉

〈2004. 11. 29〉 영월 · 정선 · 평창 · 대관령 · 강릉 · 삼산리 · 사기막리 · 퇴곡리 · 오색리 · 용대리까지 320km를 탐방하다.

1951. 1. 30. 적 후방으로 침투한 영월을 다시 찾은 참전전우 일동

1951. 2. 15. 적 후방이던 사기막리를 다시 찾아

정선지방을 찾아서

(2) 울릉도 · 독도 탐방

(2004. 7. 26 ~ 29)

권영철, 필자, 장지영, 이의재 장군, 권태종, 임병화, 홍금표, 최윤우 일동

(3) 베트남 하노이 탐방

= 2005년도 춘계수련회 =

2005. 4. 춘계수련회에 참가한 전우들 베트남 하노이 "호치민" 영묘 앞 광장에서

2005. 4. 25 베트남 하롱베이 유네스코지정 세계적 자연경관. 수상전망대 표석 앞에서
앞줄(좌) 김인태, 임병화, 홍금표, 윤경준, 송세용, 황태규
  (뒤) 이익재, 최희철, 이영진, 김용필, 이영구, 전인식, 김중신, 고제화, 장지영

(4) 자유중국(대만) 방문

2006. 2. 24 ~ 26(2박3일간) 자유중국(대만관광).
참전전우회원 14인이 함께 했다.

장개석 총통묘에서

좌 뒷줄 필자,
  장지영, 김종호,
  김중신, 배선호,
 ⇐임병화, 박승록,
  최희철, 권태종
앞 임동욱, 송세용,
  김용필, 차주찬,
  안병희

(5) 충남 전남북 지방 연수

2006年 夏季研修會에서
2006. 7. 26 ~ 28 충남, 전남북지방 연수

<진도에서>

<남원 광한루에서>

앞 송세용, 임병화, 이영진,
전영도, 임동욱, 오석현,
안병희
⇐ 뒤 김송규, 박승록, 전인식,
이의재 장군, 김용필,
황태규, 김중신, 차주찬,
권태종, 장지영, 최희철

<땅끝 마을에서>

하계연수회에 참가한 회원들

2006. 7. 27 전인식(필자)의 생일 축하 회식(右 3번째) 구례에서

(6) 용대 백골장학회 창립

때 : 2006. 9. 19 11시
곳 : 용대초등학교 교장실

2006. 9. 19 용대 백골장학회
참석자 상견례 광경

2006. 9. 19 용대 백골장학회
전인식 회장의 취지 설명 광경

2006. 9. 19 용대 백골장학회
전인식 회장의 취지 설명 청취
(심교호 상사, 원종문 면장, 학교 교감)

2006. 9. 19 용대 백골장학회
회칙 심의광경 (용대 3리 이장)

2006. 9. 19 용대 백골장학회
회칙 심의광경 원종문 면장 발언광경

2006. 9. 19 용대 백골장학회
운영 협의 광경

 용대 백골장학회 인   용대 백골장학 회장 인

(7) 민족의 영산 백두산을 찾아 〈2007. 4. 29〉

전우회원 17인과 가족, 오녀산성에서

두만강에서 북한땅을 응시하는(필자)

2007년도 춘계 해외연수 고구려·발해 유적지에서

2007. 4. 30

2007.4.30 옛 고구려의 광개토대왕비를 배경으로 한 회원과 가족들

2007.4.30 옛 발해국을 탐방 고분을 배경으로 한 전우회원들

(8) 군부대 위문 703특공부대 백골병단의 발자취를 찾아 1,000리 행군을 격려하다

2008. 9. 20 육군 제3군단 703특공연대 장병이 백골병단의 옛 격전지를 찾아 1,000리행군을 하는 현장(강원도 명주군 연곡면 삼산리)을 찾아 전인식 전우회장이 부대 장병을 위문하고 있다.

2008. 9. 20 육군 제3군단 703특공연대 장병이 백골병단의 옛 격전지를 찾아 1,000리행군을 하는 현장.
필자가 장병들 앞에서 옛날의 격전을 설명하고 있다.

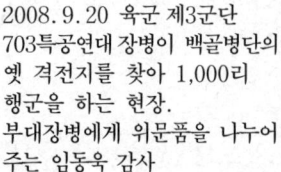

2008. 9. 20 육군 제3군단 703특공연대 장병이 백골병단의 옛 격전지를 찾아 1,000리 행군을 하는 현장.
부대장병에게 위문품을 나누어 주는 임동욱 감사

(9) 해외 독립운동 유적지 (상해) 탐방

2009. 1. 18 중국 상해
대한민국임시정부 구청사(유적지)

매헌 윤봉길 의사의 의거현장에서 　=2009. 1. 18 전우회 유적지 탐방=
전열 : 안병희, 송세용, 이영진, 장지영
후열 : 박승록, 윤경준, 김중신, 임동욱, 필자, 오석현, 김용필, 류해근 장군, 임병화

앞줄 : 안병희, 임동욱, 윤경준, 이영진
뒷줄 : 류해근 장군, 장지영, 김중신, 송세용, 오석현, 필자, 박승록, 김용필, 임병화

　대한민국 임시 정부 청사(구)를 방문한 뒤 윤봉길 의사(義士)의 의거 기념비를 참배하다.

(10) 용대 백골 장학금 교부 및 경노 잔치

용대 백골장학생 6명에 대한 장학증서 및 장학금 수여

전적비 입구에서 현충 행사 후

용대 노인회 경노잔치에서 인사하는 전인식 전우회장

인제군 북면 용대 노인회 오찬 광경

(11) 현충추모식과 장학금 수여

일시 : 2009. 6. 5. 11 : 00 ~ 11 : 50
장소 : 강원도 인제군 북면 용대3리 산 250-2
주최 : 육본 직할 결사대(백골병단) 전우회

참전전우 일동 육군 제3군단장 육군 제12사단장 일동 경례

육군 제3군단장 육군중장 이성호 장군의 헌화 분향 후 묵념

육본 직할 결사대 참전 전우일동의 합동 분향 경례의 모습

참전전우 일동의 분향 후 묵념하는 광경

참전전우회장 전인식의 추모사 낭독 광경
국방부장관,육군참모총장,국가보훈처장,재향군인회장
제1야전군사령관, 특수전사령관, 육군부사관학교장 등 많은 고위직의 추모 화환 10여개

참전전우 일동이 헌성한 용대백골장학회가 제3회 장학금을 지급 격려하고 있다.

용대백골장학회의 장학금 지급

2009. 6. 5.

2009. 6. 5. 11:00
강원도 인제군 북면 용대3리 백골병단 전적비 앞 광장에서 추모사를 하는 참전전우회 전인식 회장

용대백골장학회를 대표한 참전전우회 회장 전인식씨가 장학증서와 장학금을 주고 있다.

육군본부 직할 결사대 (백골병단) 전우회가 2,000만원을, 참전전우 일동이 3,300만원을 헌성한 재원으로 설립한 장학회로서 2009년도 제3회 장학금을 교부하고 있다.
(2013. 12. 현재 장학기금 6,400만원을 10년 장기로 삼성생명에 예치했다.)

288 현충추모식과 장학금

(12) 중국 곤명·석림에서

2010. 3.31
~4. 4
중국 곤명
석림에서

곤명
석림에서
류해근 장군
내외

이BK 장군,
정JM 장군
내외,
류해근 장군
내외

(13) 육군본부 직할 결사대 60년사 발간 축하회
2010. 2. 19. 국방회관 태극홀에서

「60年史」 발간 축하 개회인사를 하는 전우회 회장 전인식

전열 예비역 장군 여러분과 회원들의 국기에 대한 경례!!

참석자를 소개하는 필자(전인식 회장)

(14) 제주 4·3사건현장과 훈련소 기행

2011년도 춘계 제주 여행

〈2011. 3. 24 ~ 26 (2박 3일) 제주행〉

제주도 육군제1훈련소와 제주 4·3사건 현장 탐방으로 역사적 사실을 음미하며 ······

[제주 4.3 사건은 남로당 계열 공산폭도들이 일으킨 폭동이었다.]

2011.3.25 제주도 모슬포 구 육군제1훈련소를 방문한 참전전우회원 일행. 탑위에 육군모표가 선명하다.

2011.3.25 제주 전쟁역사 박물관에서 일본군이 만든 지하갱도를 탐방하는 전우회 방문단

2011.3.25 전쟁역사 박물관 탐방에서 맨 왼쪽에 계신 분이 자비로 평화 박물관 사업을 하는 이영근 관장

2011.3.26 왜곡된 기념비 제주4.3사건 ? 기념비가 멀리 보인다.

2011.3.24 제주를 방문하여 육군제1훈련소자리와 4.3사건을 바로 잡기 위해, 그 정당성 평가를 위하여

(15) 베트남 다낭 호이안 후예에서

월남전이 한창이던 옛 고장을 찾아서 〈2013. 3. 20 ~ 24〉

(16) 충용 (고)尹昌圭 대위 64년만에 추모제!!

충용 尹昌圭 대위가 장렬하게 전사한지 64년만인 지난 2015. 3. 24 11시 강원도 인제군 북면 용대리 산250-2 백골병단 전적비 경내 동쪽에 위치한 충용 윤창규 대위 추모비 앞에서 추모행사가 거행되었다.

2. 충용특공상 제정

▌지역 부대 부사관에 대한 충용상 제정 ▐

 육본 직할 결사대 전우회

문서번호 : 육직 결사 12-03-01호
시행일자 : 2012. 03. 05.
수 신 자 : 회 원 제위

선결			지시
접수	일자시간		결재·공람
	번호		
처리과			
담당자			

제   목 : **충용특공상 제정**

　1. 귀하의 건강과 가족 모두의 균안 및 소망하시는 모든 일이 잘되시기를 기원 합니다.

　2. 우리 참전전우 모두는 1951년 1월부터 참전 62주년을 맞게되었습니다. 그동안 1961년 8월 23일 참전전우회를 발기한 이후 1990.11.9에 이르러 白骨 兵團 戰跡碑 建立에 이어 무명용사 추모비 건립, 충용 尹昌圭 대위의 충용비 건립, 전적비의 영구 보존 관리를 위한 전적비 보호벽체 및 안내 표지 설치를 비롯하여 용대백골장학회 설립으로 용대리 거주 소학교 학생에게 해마다 장학금을 지급·격려하고, 경노 애향잔치(소연)를 베푸는 등 전적비 관리 보존과 나라사랑 및 특공유격 장병의 명예 선양에 기여해 왔습니다.

　3. 해마다 전적비의 관리를 위해 703특공연대 부사관 일동이 모두 뜻을 함께하여 전적비 관리를 위해 수고하고 있으나, 우리 참전전우 일동은 부사관단에게 아무런 예의를 표한바 없었습니다.

　4. 우리들 참전 전우일동은 전적비 유지·관리를 담당한 703특공연대 부사관단의 큰 뜻을 받들어 충용특공상을 제정하여 해마다 2명을 부대에서 선정하시면 6월 현충행사시 상장과 상금을 주어 격려하고 부대에서는 2박3일정도의 공로휴가를 주는 등으로 격려하고자 합니다.

　5. 우리 전우회는 위 4항의 상금재원으로 2,300~2,500만원의 충용 특공상 기금을 마련하여 영구히 존속케 하고자 합니다.

이 기금조성을 위해 전인식 전우가 먼저 1,500만원을 출연하여 최초 기금으로 하고, 우리 전우회원은 모두가 30만원이상을 출연하여 충용특공상 제정의 발기인이 되고자 제안하는 것입니다. (수신자 참조)

① 이 기금 관리는 703특공연대장 또는 연대 주임원사가 관리하게 합니다.
② 충용특공상 수상자의 선정은 703특공연대에서 선정(가능한한 2대대 부사관 1명 포함) 합니다.
③ 충용특공상 시상은 해마다 6월 현충행사시 장학금 지급과 동시에 시상하되 시상 명의는 충용특공상 제정 위원장 명의로 수여하고자 합니다.
④ 기금의 관리는 은행금리가 좋은 곳에 예치하되 통장과 인장은 703특공연대에서 관리합니다.
⑤ 기타 필요한 사항은 703특공연대 부사관단의 합의로 처리 합니다.

첨부 : 충용특공상 기금관리 견적(안) 1부 (2032년도까지)
충용특공상 상장(안) 1부

이상과 같이 안내드립니다.

참여 회원의 송금 계좌 : 우리은행 1002-630-802054 전우회 또는 전인식
납부자 : ○○○ 이름 뒤에 특공이라고 꼭 표시 해주십시오.
<2012.5月 말 이전까지 부탁합니다.>

수신자 : 권태종, 김송규, 김용필, 김종호, 김중신, 김항태, 박승록, 박용주, 배선호, 송세용, 안병희, 오석현, 윤경준, 임동욱, 장지영, 전영도, 전인식, 차주찬, 최희철, 현재선, 홍금표, 황태규 (가나다순)

육본 직할 결사대 전우회 회장

담당 : 과장 송미정   운영위원장(총무) 차 주 찬   회 장 전 인 식
시 행 : 육본직할 결사대 전우회 제12-03-01호(2012.03.05.)   접 수 (   )
우 121-894 서울특별시 마포구 잔다리로 65(서교동) 2층   http://www.beackgol.co.kr
전화 02) 325-4896(직), 02) 333-2381~2   전송 02) 338-1153

■ 충용특공상 제정기 ■

 전 육군본부 직할 결사대 제11연대 제2대대 대대장 윤창규 대위님이 1951. 3. 23. 강원도 인제군 북면 용대리 백담사지구 전투에서 대퇴부에 총상을 입고 철수 중, 1951. 3. 24. 03경 설악산 끝청 서남방에서 적의 기습을 받게 되자, "내가 대대장이다." 라고 고함을 질러, 체포하려고 달려든 적병 수명을 붙들고, 자폭 전사함으로써 아군의 퇴출작전에 기여한 "살신성인" 정신을 빛내기 위하여 참전 전우 일동이 충용비 건립을 추진, 2006. 6. 5. 충용비를 건립·제막하였다.

 그 뒤, 2012. 3. 5. 忠勇特攻賞 제정을 발의하고, 참전전우 일동이 1차로 모금한 2,345만원과 추가 2,655만원을 더한 5,000만원을 기금으로 2012년부터 해마다 6월 현충 추모시 703특공연대 부사관 2명에게 상장과 격려금 각 50만원씩을 지급하고 있다.

글 : 전인식

〈대한민국은 2012. 6. 25. 육군대위 (고)윤창규 님에게 「충무 무공훈장」을 추서하였다.〉

 다음은 충용특공상 기금 헌성자와 그 내역이다.　　　　　　(단위 : 만원)
대위(소령) **전인식** 3,540, 예·중장 **류해근** 100, 예·중장 **박종선** 50
커크 박사 **이남표** 30, 중사 **송세용** 100, 중사 **장지영** 100, 하사 **임동욱** 90
소위 **권태종** 80, 중사 **홍금표** 80, 하사 **안병희** 80, 병장 **차주찬** 60
중사 **김중신** 60, 하사 **김송규** 60, 하사 **김항태** 60, 하사 **윤경준** 55
중사 **김종호** 50, 중사 **박승록** 50, 중위 **김인태** 50, 병장 **서인성** 50
소위 **김용필** 30, 중사 **박용주** 30, 하사 **전영도** 30, 병장 **배선호** 30
병장 **최희철** 30, 소위 **황태규** 30, 소위 **오석현** 25, 유족 **박창영** 30
유족 **김한인** 20　　　　　　　　　　　　　　　　　　합 계　5,000만원

〈2014. 11. 28. 특공상 기금 추가(금리·세금 등 대비) 헌성 내역〉 (단위 : 만원)
예·중장 **류해근** 30, 예·중장 **박종선** 20, 예·소장 **신만택** 20
대위(소령) **전인식** 348, 박사 **이남표** 20, 병장 **서인성** 50, 중사 **송세용** 40,
병장 **차주찬** 30, 하사 **임동욱** 30, 소위 **권태종** 30, 하사 **안병희** 30,
중사 **장지영** 30, 중사 **홍금표** 30, 하사 **윤경준** 20, 하사 **김항태** 10,
중사 **김중신** 10, 하사 **김송규** 10, 합계 758만원　　총계 : 5,758만원

육군본부 직할 결사대 전우회 회 장　전 인 식
충용특공상 운영기관 : 육군 제5689부대장

殺身成仁
살신성인

忠　勇
충　용

고 육군대위 尹昌圭 (충남 예산)
(1928 ~ 1951. 3. 24)

(고) 윤창규 대위는 1951. 1. 25. 육군본부 직할 결사 제11연대 제2대대 대대장으로 보임된 이래 부대장병의 인화단결(人和團結)에 진력하는 한편, 작전 중 오대산 북방 광원리에 있던 북한군 3군단 지휘부의 기습작전 선봉에서 진입초소 3개소를 파괴하고, 지휘·통신을 마비시켰으며, 1951. 3. 23. 인제군 북면 용대리에서 적 사단 주력의 포위 공격으로 더 이상 북진할 수 없게 되자, 백담사 계곡으로 철수, 적의 추격을 저지하기 위한 작전 지휘 중 적탄에 피격 부상한 몸으로 1951. 3. 24. 03시 설악산 소청봉 부근까지 퇴출했으나 적의 기습으로 극도로 부대가 혼란해진 때, 적병을 향**해 내가 대대장이다.** 라고 고함을 질러, 적을 유인, 자신을 생포하려고 달려드는 적병을 잡고 수류탄으로 자폭 전사함으로써 부대 장병의 안전 퇴출에 기여하였습니다.

이는, 오로지 고전 화랑(花郞)의 숭고한 살신성인(殺身成仁) 충용(忠勇)의 발로로써 높은 기상과 "얼"을 여기에 새겨 영원토록 추념 한다.

글 : 金仁植

2006. 6. 5.

주 체 : 육본직할 白骨兵團 기념사업회
협 찬 : 육군 제 2307 부대
지 원 : 국 가 보 훈 처

위와 같이 우리 전우일동은 1961년 이후 유대를 강화해 왔으며 2005년부터 2015년까지 국내외를 여행하는 등 친목을 돈독히 하는 한편, 우리들 참전전우 일동은 해마다 6월 초에는 대형버스로 이곳 전적비가 건립된 용대리를 찾아 전우(고인)의 넋을 추모하고 있다.

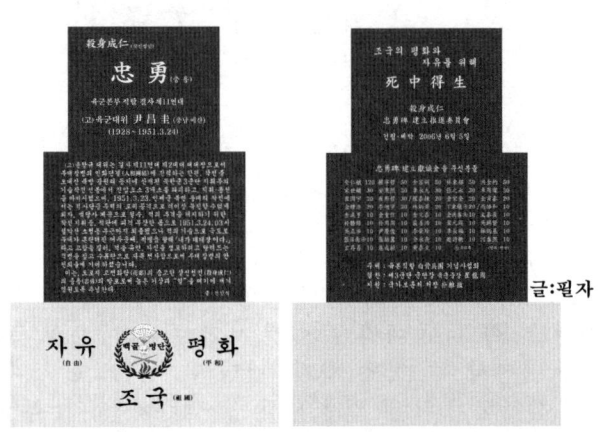
글:필자

   1951. 3. 24 육군본부 직할 결사 제11연대 제2대대장 윤창규 대위가 전사한지 50여 년만인 2006. 6. 5 고인의 충용비가 국가보훈처의 일부 지원을 받아 참전 전우회 일동의 성금으로 건립·제막되었다.

   필자가 신청한 (고)윤창규 대위에 대한 무공훈장을 정부는 2012년 6월 25일 충무무공훈장을 추서해 주셨으나 수상자가 없어 대리 수상 후 동작동 국립현충원의 위패 앞에 봉정 후 전쟁기념관 2층 백골병단부스에 전시하고 있다.

3. 전우의 유골을 찾아

우리들은 항시 적의 후방지역에서 작전을 수행하였으므로 전사한 전우를 양지바른 쪽에 묻어줄 수가 없었다.

전투가 개시되면 정규군과는 달리, 병력이나 화력의 열세(劣勢)를 감당해야 하는 까닭에 신출귀몰하게 퇴각하지 아니하면 아니 된다.

특히, 비정규전인 게릴라는 신출귀몰한 민첩한 기동은 물론, 동쪽을 공격하는 척 하다가 실제로는 서쪽으로 빠져야 하는데, 우리의 경우는 항상 남쪽을 공격하여 퇴각하는 척, 집중공격을 하다가 적의 판단과는 반대 방향인 북쪽으로 침투하는 수법을 써 왔으므로, 전투 중에 희생된 동지의 영체를 안장할 겨를이 없었다.

크고 작은 전투를 많이 했으나, 용대리 퇴각작전, 설악산 정상 부근의 피습, 박달령에서의 손실, 즉 설피밭 삼거리와 박달령 정상부 사이에서 굶고 허기져 희생된 120여명, 진동리 방면의 양공(陽攻)에 투입되었던 결사 제11연대 제1대대 현규정 대위 외 20여명의 희생 등이 집단적인 희생이었다.

이들 전우!! 다시 말해 GO 군번의 용사에 대한 유해 찾기는 1988년 10월 7일 처음으로 현지답사가 개시된 것이다.

필자가 1988년 10월 7일 강원도 인제군 기린면 진동리 속칭 설피밭 삼거리를 탐방하였던바, 그 당시 삼거리 외딴 집에 거주 중인 **"최정식"** (65세 정도) 씨를 만나서 증언을 듣게 되었다.

"최" 씨는 평북 강계 출신으로, 6.25 당시 아군 제1군단 G-2에서 첩보활동을 한 분으로, 약 20년 전부터 이곳에 이주해 살고 있다고 하는데, 그 분은 1951년 3월, 6.25 당시부터 이곳 전투지역에서 작전한 일이 있다고 하면서, 아군 유격대가 많이 희생된 것을 1954년

초겨울쯤인 휴전 후에 흩어져 있던 유골을 모두 모아 (전장 정리를 위해) 가매장한 대형묘 2기가 계곡을 약 30분가량 올라간 산중에 있다고 했으나, 그곳까지는 지뢰지대 같은 위험한 곳을 지나야 할 것 같아 나는 부득이 되돌아 올 수밖에 없었다.

나는 그로부터 1개월쯤 지난 1988. 11. 17.에 이르러 "최"씨가 주장하는 묘일 것이라는 곳의 확인을 그 지역 "군단"에 청원한 뒤, 89년 4월 특공연대장 양계탁(梁啓卓) 대령에게 집단묘지의 확인 조사를 요청했다.

양 대령의 지시를 받은 백행기(白幸基) 대대장은 1989. 4. 19. 현지조사를 실시하고 "최"씨가 주장하는 대형묘일 것이라는 위치를 확인 한 다음, 그 사실을 나에게 알려왔기에 나는 1989. 4. 21. 권영철 부회장과 함께 현지로 출발, 1989. 4. 22.에 대형묘? 앞에서 정중히 고사(告辭)와 함께 영령들에게 확인 발굴을 하겠다는 뜻을 고한 다음, 암석덮개 묘?를 발굴했으나 유골을 확인하지 못하고 화장(火葬)했던 디젤기름 섞인 검게 탄 흙더미 "터"로 보이는 수십년 전의 잿더미와 그를 덮었던 시커먼 디젤기름이 탄(연소된) 덮개돌을 확인한 채, 허탈하게 하산하지 않으면 아니 되었다.

부락민의 말에 의하면, 유골은 화기(火氣)를 접하면 급속히 산화, 부식된다고 한다.

참으로 어이없는 일이 아닐 수 없었다.

그 뒤, "백"대대장의 꾸준한 노력으로 "하답"에 거주 중인 **"이동균"**이라는 분을 찾아냈으며, 그분으로부터, 인민군복으로 위장한 아군 유격대원이 집단적으로 매장된 지역이라는 작은 주택 옆 산비탈을 확인할 수 있었다.

"하답"에 거주 중인 "이동균"씨(당시 65세 정도)는 6.25 당시 피난을 하지 못하고, 그곳에서 숨어 지내고 있었던 대한청년단원 10여명 중의 한 사람 이었다고 한다.

그는 1951년 3월 하순경, 그곳에서 일어난 인민군 ? 끼리의 전투 상황을 목격했다고 말했다.

"이동균 씨"의 진술에 의하면, 진동리 2리, 즉 38선 경계선에서 직선거리 약 2km 정도의 남쪽 지점인데, 북쪽에서 힘이 없어 보이는 인민군 40~50명이 남쪽을 향하여 부락쪽으로 내려오고 있었는데, 그들이 부락 근처에 이르렀을 때, 남쪽에서부터 북쪽으로 이동하던 인민군(진짜 북괴병) 놈들과 만나게 되자, 그 놈들을 향해 먼저 사격을 가하여 교전이 붙었는데, 남쪽에서 오던 놈들이 워낙 숫자도 많고, 화력이 좋아 북쪽에서 내려오던 힘이 없어 보이는 인민군이 거의 전멸되었다는 증언이다. (이때의 인민군 이동은 3군단의 후퇴이동 병력으로 확인되었음)

그의 말을 미루어 볼 때, 설피밭에서 대령재 ? 방면의 양공(陽攻) 임무에 투입된 제1대대 (현규정 대위) 병력이 남하 중에 있었으므로, 결국 복장은 비슷하지만 교전한 인민군은 바로 우리 전우들이었을 것으로 판단된다.

GO 군번의 용사들이여 !! 그대들을 38년간이나 오랜 세월 이곳에 방치한 것이 누구의 잘못이던가 …… 그대들은 알 것이리라 …….

1951년 3월 25일, 빈약한 장비와 몇 발 밖에 남지 아니한 탄약으로 5일 이상을 눈(雪)만 집어 먹으면서 ……

허기진 꼴로, 힘이 없는 인민군 !

그들이 왜 인민군이냐 만 !

그들은 대한민국 국군 중에서도 가장 용감한 건군(建軍) 이래 최초로 편성된 육군본부 직할 결사유격 제11연대 장병이 아닌가 !

비록 그들은 작전임무를 수행하기 위해, 적군의 복장과 적군의 소총을 울러 메고는 있었지만 ! 어엿한 국군 장병이 아닌가 !

전우의 유골을 찾아

그들의 시신이 이제 이 세상, 밝은 햇빛을 보게 된 것이 아닌가?!

인근을 더 탐문하였던바, 6.25 당시 그 지방에서 지하활동을 했다는 "갈터" 거주 **"최기식"** 씨를 찾게 되었다.

최 씨(당시 68~9세)는 그때 허리부상으로 춘천 한림대학 부속병원에 입원 중에 있다고 하므로 나는 권영철 동지와 함께 1989. 8. 4. 춘천으로 "최기식" 씨를 만나러 갔다.

최 씨와 최 씨의 부인 **"주금녀"** 씨는 그 당시 그곳에 거주했으며, 최씨의 부인께서는 우리 전우들에게 "밥"을 지어 주었다고 하면서, 유격대원은 북괴의 붉은 지폐도 많이 가지고 있었다는 새로운 증언도 확보할 수 있었다.

일부 "최기식"의 애매한 증언도 있기는 했으나……

우리 동지들, GO 군번의 용사들이 잠든 곳은 지금 도로가 개설된 개천 쪽에서 모두 처리되었다고 하니……

지방민들의 말을 어디까지 믿어야 할지 참으로 난감했다.

그분의 증언대로라면, 그들 유골은 그 부근 개천이나, 산야에 적당히 버려진 채, 38년 동안이나 아무도 찾는 이 없이, 방치돼 있었던 것이 아닌지?!! 하는 의문을 낳게 했다.

그 당시는 "DNA"라는 용어도 없었고, "국군 유해발굴"이란 말도 없었던 시기였다.

그 당시 격전을 목격했던 그 지방 주민의 말에 의하면, 북괴놈들은 우리 전우들의 시신을 향하여 시체를 총창으로 또다시 마구 찌르고, 배를 난자했다고 하니, 악랄한 북괴놈들의 만행을 다시 한 번 저주하고 상기하게 된다.

진동리를 다시 찾았으나, 1990년대에 들어 군용도로 개설을 위해 진동리 작은 하천 인근을 불도저로 작업할 때 수십 기나 되는 많은 유골이 나왔으나, 그대로 도로개설을 강행했다고 하니 도로 밑에 있을 것으로 추정되는 유골 발굴을 위해 아스콘 포장된 도로를 다시 파헤칠 수도 없어 유골발굴은 중단할 수밖에 없었다.

"최 씨"와 그 부인의 증언 등을 종합적으로 검토할 때, 진동리에 있는 북괴놈들의 것으로 볼 수도 있으나 그들은 유해를 수습했을 것이니 개천에 방치된 유골은 분명 우리 전우들일 것으로 추정되었다.

나는 병원에서 증언을 해준 "최기식" 씨에게 몇 만원을 사례하고, 입원실을 둘러보며 입원환자 여러분에게 인사한 뒤 병실을 나왔다.

6.25 라는 큰 상처는 아직도 아물지 못하고 있는, 쓰라린 비극의 역사가 아닌가 !

세상은 하도 시끄러운데, 어떤 자는 "김일세이"와 붙었다 떨어진 뒤 아쉬워 다시 붙는 세상이 되었소 만……

그리고 통일이란 허울을 앞세워 주체사상이니 뭐니 하면서……

세상을 어지럽게 하는 군상(郡象)들이 우리 주변에는 아직도 있으니……

제 9 부 명 예 회 복

1. 입법 청원서

나는 2003년 2월 21일 특수 우편물로 국방부장관에게 군인 신분인정 및 전사망 장병의 명예회복 및 선양에 대한 청원서와 그 보완자료를 내용증명으로 요구하였다. 이 최후의 요구 등은 앞으로 진정 같은 것을 떠나 법적대응을 위한 예고를 한 것이었다.

청 원 서

우편물 수령증
접 수 자 : 창구04 1
총 요 금 : 6,850원(즉납 : 6,850원)
(현   금 : 6,850원
  신용카드 : 0원)
접수번호 : 046656
2003. 2. 21

국방부 장관 귀 하

청원법에 의하여 다음사항을 청원하오니 조속히 적법 재결·수리하여 주심을 바랍니다.

1. 본인은 1950년 6월 25일 한국전쟁 당시 북한군 복장과 위장계급 및 북피제 장비·무기류 등으로 아군지역으로부터 최소 40km 최대 100km 상당, 적진 배후지역에서 육군중령 채명신의 지휘하에 1951년 1월 30일부터 동년 4월 10일까지 사이에 (일부 장병은 5월 상순까지) 강원도 영월군, 정선군, 평창군, 명주군(강릉시) 인제군, 양양군 지내에서 특수작전을 감행하였습니다.

  우리들 834명중 장교 124명은 1951. 1. 25 국방부장관 신성모 명의의 임관사령장으로 임시 육군장교(GO 군번)로, 사병은 병장~중사로(G 군번) 각 부여받은 신분이었습니다. (육군정보학교의 교육출동 사실, 임관사령장 원본 등으로 증명)

작 전 사 항

가. 강원도 평창군 진부면 하진부리에서 적병 34명 생포·처치
나. 강원도 명주군 성산면 보광리에서 적 5명 사살, 3명 생포·처치
다. 강원도 평창군 도암면 횡계리에서 적 11명 사살, 포로 1명을 아군수도사단 기갑연대에 인계(당시의 전투정보 보고서에 수록)
라. 강원도 홍천군 내면 광원리에서 적 69은단 정치군관 인민군 대위(소성 4) 중위, 특무장과 병사 계 4인을 생포하여 69은단의 기밀문서를 압수 이를 아군에 전달하여 적을 궤멸에 이르게 하는 전공을 세우고(당시의 전투정보보고서에 기록)
마. 강원도 홍천군 내면 지내에 있는 적 인민군 제3군단 지휘부에 이르는 초소 3개를 파괴하고, 적을 혼란에 빠뜨리게 하였고,
바. 강원도 양양군 서면 오색리↔오가리 지내에서 적진을 백주에 행군하고 인제군 기린면 진동리에 이르는 전선에서 적의 퇴로를 봉쇄하는 등 적생포 사살 419명, 권총 9, 다발총 17, 장총 178, 무전기 1대 노획 등 많은 전과를 올려 아군의 북진작전에 크게 기여했으나, 우리들도 각급 전투중 굶고 허기져 동·아사 120여명을 비롯한 전사·실종 등 364명의 희생을 입었습니다.

2. 1951년 4월 28일 우리군은 우리들 개선 장병 모두를 미8군 8086 기동부대 커크랜드 기지(사령관 : 윌리엄 에스. 헤리슨)로 총 834명중 살아 돌아온 283명중 채명신 등 8명을 제외한 275명을 일반명령이나 작전명령조차 없이 미8군에 이관·인계하므로써 우리 모두의 지난 전공이나 국방부장관 신성모가 준 임관사령장, GO 군번 등 모든 신분이 공허(空虛)해 지계되었습니다. 그러나, 우리들은 이를 알지 못했고, 전시라 어쩔도리 조차 없었으며, 1개월간의 상륙작전 훈련을 마친 1951년 6월 3일 출동, 6월 6일 원산 남방, 강원도 통천군 지내 두백리 기습상륙작전을 감행하여 교량파괴, 해안포대 파피, 내무서원 생포 및 파피, 기뢰 10여기의 제거, 양민 300여명을 자유 대한으로 후송하는 등의 전공을 세웠으나 미군 당국이 우리를 내버려 아무런 증명없이 귀향하게 되었습니다 (일부는 제대증이 있음).

첫 째 : 본인이 참전전우회 대표로서 귀부 장관에게 2002. 10. 2 병단참전 제02-10-2호 "제목 : 6·25 참전 임시 장병의 신분확인청구"로 참전 당시의 임관사령장 육해공군 총참모장, 제1군단장, 수도사단장과 미 군사고문관의 사열사진, 제대증 등의 증거물과 당시의 지휘관 채명신(예비역 중장)의 확인 등으로 우리들이 군인이었는지, 민간공작원 정도였는지를 확인해 달라는 것이었는

데 이에 대한 아무런 해명없이 ① 2002. 12. 20 귀부 장관은 감민 33070-5130호로「민원처리중간회신」이후에 ② 육군본부에서 신분관계(군인인지 아닌지) 규명, 부인 16202-012922('01. 9. 26) 6·25참전 2차 전공확인 포상(건의)로, 전인식 외 20명에 대하여 충무무공훈장 1, 화랑무공훈장 20의 포상건의를 하였다는 회시로, 군인신분이였다는 사실을 간접 인정한 회보를 받았으나, 그것만으로는 신분의 확실한 사실인정, 확인에 부족하고, ③ 귀부가 인근 12151-2156호 (2003. 02. 14) "민원회신"으로 6·25 전공 소급포상은 불가 하다면서 육군의 공인된 자료에 의해 명백히 입증되면 공적심사를 거쳐 정부포상 규정에 따라 처리하겠다. 운운의 회답을 하였으나, 육군 인사관계 주무장관 격인 육군참모총장이 공적심사위원회를 열고, 합의 의결한 것을 귀부가 육군본부의 결정을 부정한 것으로 그 또한 심히 부당한 바, 포상 등에 관계없이 육군이 인정한 전투사실을 귀부가 솔직하게 인정하여 군인이었음을 문서로 인정해 달라는 것 입니다.

둘 째 : 위와 같이 우리들이 요구한 청원은 군인이였나! 민간공작원이냐!를 확인해 달라는 것인데 이에 대한 소명은 전혀 없고, 포상 불가 운운으로 귀부는 전말을 흐려 의사결정을 기피내지는 부작위함은 심히 부당하다고 생각합니다.

셋 째 : 그 당시의 작전명령 제1~5호, 육군정보학교의 교육출동 사실(기록문서 02-01-02-05호), 한국전쟁사료 정기정보보고 제 77 호 page 641, 한국전쟁사 4집 동부지구 반격작전 page 638, 한국전쟁사료 정기정보보고 56호 page 89, 육정 정기보고 41호 등 그 당시의 교육·출동 전투행위가 밝혀진 바 있으므로 그 인정에 아무런 하자가 없다고 생각되는 바, 군인이었느냐! 민간공작원이었느냐!를 확실히 밝혀 줄 것을 강조 청원합니다.

3. 이제와서 포상 불가 운운의 섭섭한 변명은 다 지나간 일들로서 훈포장 수여불가란 구차스러운 변명이나 듣고자 하는 것은 아니고, 신분확인이나 분명히 해주실 것을 강력히 청원합니다.

청 원 인

    참전당시 : 결사 제11연대 작전참모, (백골병단 작전참모) 임시육군대위 GO1003
            미 8군 기동부대 커크랜드 사령부 작전처장 겸 전방사령관 Major
            백골병단참전전우회 회장(1965. 9. 29~현재까지 38년간 회장 재직)

주 소 : 경기도 고양시 덕양구 화정2동 951 별빛마을 1005동
연락처 : 서울특별시 마포구 서교동 466-19 전화 : 02)300-5213~4
주민등록번호 : 290700-1   청원인 대표 : 전   인   식

주 소 : 서울시 용산구 용산동 3가 1번지

국 방 부 장 관 귀하

2. 특보 53년만에 명예회복

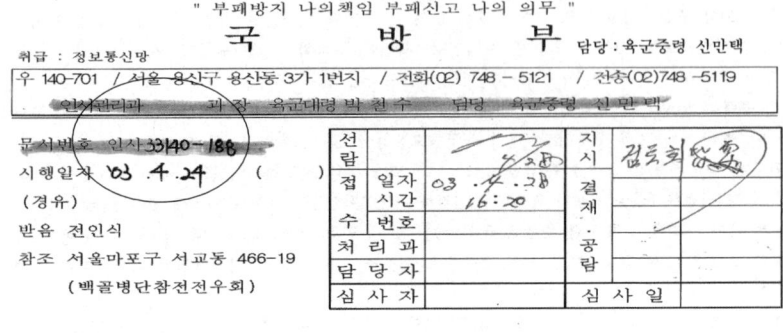

2003년 4월 24일 문서번호 : 인사 33140-188호로 국방부장관의 민원회신이 우리 회장에게 송달되었습니다. (2003. 4. 28 접수)

국방부가 우리 전우회의 민원서류를 접수하여 그간 정책실무회의(2003.4.10) 백골병단 민원처리 방안 장관보고(2003.4.15)에서 첫째 : 군인신분을 인정하기 위해서는 "특별법"의 제정이 필요하다는 결론에 도달하였다고 하니, 이는 1962.4. 국가재건최고회의 의장에게 탄원한 이후 42년만에 긍정적 검토가 된 것이고, 참전 53년만의 장거이다.

둘째 : 무공에 대한 포상은 공식적인 문서에 의해 공적이 확인 가능한 인원에게는 포상수여가 되도록 적극 노력하겠으며(2001.9.18 육군본부 공적심사위원회(을반)에서 참모총장까지 공적심사의결된 것을 국방부가 묵살하였음) 참전기간의 보상(월급)은 "특별법"이 제정되면 가능하다는 판단으로 의원입법 또는 정부입법의 방식으로 "특별법"을 추진하겠다는 내용으로 이는 1961년 8월 이후 실로 50년 만에 비로소 명예회복의 길이 열리게 된 것이다. 이에 따라 우리들의 노력으로 의원입법이 되어 2004. 3. 특별법이 제정 공포되었다. 담당 : 신만택 중령(현 소장)과 박철수 대령(인사관리과장), 조영길장관에게 우리 모두는 고맙게 기억하고 있다.

전 인 식 회장님 귀하

1. 귀하의 건강하심을 기원합니다.

2. 귀하께서 우리 부에 제기하신 민원은 한국전쟁중인 '51.1~6월간에 적진후방지역에서 특수작전을 수행한 백골병단 참전요원들이 군인인지 민간 공작원인지의 신분확인과 무공에 대한 포상, 참전기간동안의 보상(월급)을 요구하셨습니다. 먼저 위 요구사항에 대한 국방부의 추진경과를 아래와 같이 알려드립니다.
　① 민원서류 접수 : 국방부 민원과 경유
　　　· '03.2.26 군인인지 민간공작원인지 신분확인 요구
　　　· '03.2.28 박용주씨 서신 접수(백골병단 관련 자료 첨부)
　　　· '03.3.26 제대명령/예비역 편입, 사과와 보상, 추모비 건립지원 요구
　② 자료수집 및 1차 검토보고(인사복지국장, '03.3.19)
　③ 관련부서 실무자 회의('03.3.26) 및 회장단 면담('03.3.27)
　④ 2차 검토보고(차관보, '03.4.2)
　⑤ 정책실무회의('03.4.10) : 인사복지국장 주관, 위원(관련부서 과장급)
　⑥ 백골병단 민원 처리방안 장관 보고('03.4.15)

3. 위와 같이 귀하의 민원과 관련하여 많은 검토와 회의를 실시한 결과, 첫번째 요구사항인 신분확인에 관한 사항은 당시 국방부장관의 임관사령장, 임관명령, 작전명령 등 다량의 명백한 자료확인으로 백골병단의 실체 및 참전사실은 확인이 가능하나 軍籍에 없고, 당시 임시계급 및 민간인군번을 부여 받아 군인신분 인정이 모호하며, '51년 당시 국민방위군설치법에 의거 소집된 인원(현재의 향토예비군과 유사한 것으로 현역군인과는 구분됨)을 군인 신분으로 인정하기 위해서는 "특별법" 제정이 필요하다는 결론에 이르렀습니다.

둘째로 무공에 대한 포상은 공식적인 문서 또는 문서에 의해공적 확인이 가능한 인원에게는 6월 호국보훈의 달에 즈음하여 포상수여가 되도록 검토

할 예정이며, 참전기간동안의 보상(월급)은 "특별법"이 제정되면 가능한 것으로 판단됩니다.

4. 국방부에서는 귀 단체의 명예회복과 호국정신 및 안보의식 고취 차원에서 전향적/긍정적으로 해결하는 것이 국방부의 도리라고 여기고 의원입법 또는 정부입법의 방식으로 "특별법" 제정을 추진하기로 하였사오니 입법추진 과정에서의 귀 단체의 협조와 지원을 부탁드리는 바입니다. 특별법 제정에는 다소 시간이 소요되는 바 그동안의 추진경과를 중간 회신드립니다.
아무쪼록 귀 단체에서 바라는 대로 해결되어지길 기대하오며 또한 최선을 다할 것을 약속드립니다.

5. 끝으로 다시한번 귀하 및 귀 단체의 애국/호국정신에 머리숙여 존경과 감사를 표하며 귀하의 건강과 가정에 무궁한 행운이 깃들기를 기원합니다.

3. 명예회복의 길은 열리고

나의 입법청원 후 약 2개월이 지난 2003. 4. 28. 국방부로부터 긍정적인 공문을 받은 나는, 곧 특별법의 **입법의 길이 열렸다고 믿었다.**

국방부 장관께서,
그 사람들(백골병단 참전자) 정말 억울한 것 아닌가 !!
긍정적으로 검토해 봐 !!
당시 국방부 조영길 장관의 지시를 받은 인사국 신만택 중령(소장으로 예편)의 전언이다.

나는 2003. 5. 17. 까지 20여일간 특별법의 입법초안을 만들기 위해 몇 날을 두고 고심한 끝에 나름대로의 법률안을 작성하여
국방부 담당자와 몇 차례 의견 교환을 한 후
여야 국회의원 98명에게 의원입법 동의(同意) 서면을 발송하는 한편,
참전 전우회원의 지역구 국회의원으로부터
동의 서명을 받는 등 입법동의 작업을 시작했다.

2003. 8. 26. 까지 특별법 입법에 찬동하는 국회의원이 37명으로 늘어났다.

어느 지역의 국회의원은 동의서에 도장을 찍지는 않으나 제출되면 찬성하겠다는 소극적인 나리도 있는 등 가지각색이었다.

우리 참전전우 모두는 혼연일체가 되어 추진했다.

나는 당초 특수작전 참전자의 보상금을 1인당 최소한 2,500만원 정도씩 98인에게 약 24억 5,000만원 정도가 소요된다고 주장했으나 보상금액이 점점 줄어들기 시작하더니 …….

공로보상금 1,000만원과
전쟁 때 적 후방지역에 있었기에 받지 못한 봉급도 물가인상 600

배, 화폐개혁으로 1,000배를 환산해서 몇 만원씩이 지급된다고 했다.

찬성 국회의원은 여야 모두 57명으로 늘어났다.

대표 발의는 대전 출신 4선 의원인 **강창희**(姜昌熙) 씨가 흔쾌히 맡아 주셨다.

다음해 이른 봄 **2004. 3. 2. 국회 245차 임시회의 제11차 본회의**에서 안건번호 12번으로

「**6.25전쟁 중 적 후방 지역 작전수행 공로자에 대한 군 복무 인정 및 보상 등에 관한 법률(안)**」이 그날 오후 16시 30분에 **만장일치로 통과**되었다.

이때가 제16대 국회 거의 마지막쯤이 아닌가 싶다.

나는 이날 17시 30분경 이 법 제정에 관여한 바는 없으나 그래도 우리들의 지휘관이었기에 이 사실을 **채명신 중령에게** 전화로 보고했다.

나의 대정부 탄원이 여기까지 오는 기간이 너무 오래 걸린 듯하다.

1961년 8월부터 2004년 3월까지였으니, 50년이 넘는 오랜 세월 동안 우리들 참전전우를 위해 내가 혼자 투쟁해 왔으니……

참으로 허전한 기분도 들었다.

이 법률안이 국회에서 통과와 동시에 나는 그 법 제5조(서훈)에 근거하여

(고) 윤창규 대위와 현규정 제1대대장에게 태극무공훈장의 추서 등 37인에게 훈장수여 및 추서를 건의했다.

2004. 4. 6. 국방부 장관에게 또다시 상훈수여를 **건의·촉구**하는 한편, 육군 본부에 대하여는 우리들의 신분이 54년 만에 현역군인으로 인정되었으므로

1계급씩의 특진도 건의 했으나

육군본부나 국방부는 이에 대한 아무런 응답조차 주지 않았다.

2004. 3. 22 법률 7,200호가 공포된 뒤, 그 법 시행령인 대통령령이 2004년 11월 11일에 이르러 18,583호로 공포, 시행되면서 모든 참전자와 전·사망자의 유가족도 참전 당시 받지 못한 봉급과 공로 보상금을 일률적으로 받을 수 있게 되었다.

2005년 3월에 이르러 공로자 인정 특별법에 따라 우리들 결사대의 특수작전 공로자 보상금(봉급)과 **공로금 일천 만원** 씩이 각 지급되게 되자,

나는 이런 내용의 광고를 **조선**일보, **동아**일보, **한국**일보, **서울**신문 등 주요 일간 신문에 옛 전우와 그 가족을 찾기 위해 광고를 몇 백만원씩 들여가며 자비(自費)로 광고를 내는 한편,

1951년도 내가 가지고 있던 일부 전우의 주소와 관련되는 시장, 군수, 경찰서장에게 공문을 보내 전우 찾기에 진력하여 20여명을 찾게 되었다.

그분들도 모두 공로금과 보상금을 받을 수 있게 했다.

그 덕으로 국방부는 예정한 인원보다 공로보상 대상자가 98명에서 131명으로 늘어나게 되자, 일부 참전자의 공로보상금 지급이 2006년 예산으로 이월·집행하게 되었다고 들었다.

나는 참전 전우들이 여기서 받은 공로 보상금 중 **십시일반**(十匙一飯) 또는 **십일조**(十一租)격으로

참전자 1인당 최소단위 100만원을 1구좌로 하여

반 주식회사 형태로 **기념 사업회를 설립**하자고 제안했더니, 모두가 동의·합의하였다.

기존의 참전 전우회와 친목회 등은 모두 발전적으로 **해산하고,**

육본 직할 白骨兵團 기념사업회를 창설하기로 한 것이다.

나는 공로금 1,000만원 전액과 보상금(대위 8개월분의 봉급) 185,920원 전액을 이 사업회에 출연했다.

(돈을 받지는 않았지만 그 해당 금액 전액을 미리 출연한 것이다.)

이렇게 **우리들 육본직할 白骨兵團 기념사업회**는 총 43명(유가족 3명, 외국 거주 1명 포함)이 총 9,100만원의 출연으로 2005. 11. 30. 기념사업회를 발족하였다.

이 돈으로 2006년 6월 **忠勇! 殺身成仁**의 귀감 (고) **尹昌圭 대위의 충용비**를 건립하였고,

전적비 왼쪽에는 이미 **무명용사 추모비**(바라보는 쪽에서는 우측)가 건립되었습니다.

해마다 6월이 되면, 현충행사를 거행하였으며, 우리들의 건강 유지를 위해 국내외 여행보조와 동남아 제국과 중국, 대만 등의 여행, 제주, 울릉, 독도 등과 동, 서, 남해 등의 여행으로 심신을 단련케 하는 등 (제8부 참전전우회 활동 참조) 각별히 유의해 끝장을 보도록 노력했습니다.

내가 1961월 8월 23일 **참전 전우회**를 발기한 이래, 2016년 현재까지
1961. 8. **대한민국 유격군 참전 동지회 발기**
1965. 9. **설악동지회 창립,**
1987. 12. **대한유격참전동지회로,**
2000. 12. **백골병단 참전우회로,**
2005. 11. **육군본부 직할 백골병단 기념 사업회로,**
2008. 6. **육군본부 직할 결사대 전우회** 등 명칭을 변경하면서 유

지해 온 참전전우회의 회장 감투를 1961년부터 2016년 현재까지 장기 집권 중에 있습니다.

전몰 전우의 유가족과 참전전우의 유가족 등을 포함한
생존 전우 모두의 명예 회복을 위하여
나름대로 최선을 다해 왔으나,
세월이 너무 많이 흘러, 우리들의 역전(歷戰)이나 실적(實績)이 희미해 지고 있는 것인지

우리 사회에 좌익 색깔이 진한 인사들이 너무 많기 때문인지 알 수 없으나
너무 지나친 사회가 아닌가 합니다.
재판소에서 **법관이란** 분들도,

① 당신들이 국민총동원령에 의해 입대 했다고 주장하나
　그런 증거가 없고,
② 국민방위군 설치법에 의해 입대한 것이라면
　군인으로 복무 한 것으로 볼 수 없으며,
③ 군대에 들어가 군번과 계급을 받았다고 주장하나
　애초 정식 군인으로 복무한 것인지 알 수 없을 뿐 아니라
　그런 물적 증거 또한 없어서 믿을 수 없고,
④ 국가가 당신들을 유기 했다고 주장하나
　그 증거 또한 없으니,

국가의 법적 책임은 없다는 것이 서울 민사지방법원 제18합의부 판사들의 1심 판결 요지였습니다.

참으로 기가 막힐 일입니다.

재판 관련 기록은 여기서 생략합니다.
① **특별법 제4조**로 참전 장병에게 **군번과 계급을 새로 부여**해 현역

으로 근무한 것으로 인정하고 2006년 6월 새 군번과 계급을 받았으니 위 재판 판결은 분명 오판이 아닌지요, 법을 잘 모른 까닭인지요 !
② **헌법에 보장된**
③ **기본권의 유린**
④ **차별 금지 규정 등**
법이 잘못 만들어 졌으면,
헌법재판소의 판단에 맡겨야 하니
갈 데까지 가 봐야 할 듯합니다만, 모두 허망한 꿈인 듯합니다.

다음은 우리들의 관련 법률입니다.

4. 6·25전쟁 중 적 후방지역 작전수행 공로자에 대한 군 복무인정 및 보상 등에 관한 법률 (2004. 3. 22. 법률 제7200호)

제1조 【목 적】 이 법은 6·25전쟁 당시 적진 후방지역에서 특수작전을 수행한 자에 대한 군복무인정 및 보상에 관한 사항을 규정함을 목적으로 한다.

제2조 【정 의】 이 법에서 사용하는 용어의 정의는 다음과 같다.
1. "특수작전"이라 함은 1951년 1월부터 동년 4월 사이에 당시 적진 후방지역인 강원도 영월·평창·인제·양양군 일대에서 지휘소습격, 시설파괴, 보급로파괴 및 첩보수집 등 적군의 후방교란을 위하여 수행된 작전을 말한다.
2. "공로자"라 함은 1951년 1월 육군정보학교에 입교하여 특수군사훈련을 받은 후 국방부장관으로부터 임시로 장교·부사관 또는 병의 계급 및 군번을 부여받고 육군본부직할결사대 소속으로 특수작전을 수행한 자로서 제3조제1항제1호의 규정에 의하여 공로자로 인정된 자를 말한다.
3. "유족"이라 함은 공로자로서 사망하거나 사망한 것으로 인정된 자의 민법에 의한 재산상속인을 말한다.

제3조 【특수작전 공로자 인정 심의위원회】 ① 공로자의 군복무인정 및 보상 등에 관한 다음 각호의 사항을 심의·의결하기 위하여 **국방부장관 소속하에 특수작전공로자 인정심의위원회**(이하 "위원회"라 한다)를 둔다.
1. 공로자 또는 유족에 해당하는지의 여부에 관한 사항
2. 공로자의 군복무 인정 등에 관한 사항
3. 공로자 또는 유족에 대한 보상금 및 공로금의 지급에 관한 사항
4. 공로자관련 단체의 지원에 관한 사항
5. 그 밖에 **군복무인정 및 보상 등과 관련하여 대통령령이 정하는 사항**

② 위원회는 위원장 1인을 포함한 9인 이내의 위원으로 구성한다.

③ 위원은 **학식과 경험이 풍부한 자와 관계공무원중에서 대통령령이 정하는 바에 따라** 국방부장관이 위촉 또는 임명한다.

④ 그 밖에 **위원회의 구성 및 운영에 관하여 필요한 사항은 대통령령으로** 정한다.

제4조 【군복무기간의 인정 등】 공로자가 특수작전을 수행한 기간(특수작전 수행을 위한 훈련기간을 포함한다. 이하 같다) 및 특수작전중 부여받은 계급은 군인사법·병역법 등 관계법령(연금·퇴직금 및 퇴직급여금 관계법령을 제외

한다)에 의한 6·25전쟁 당시의 현역군인으로서의 복무기간 및 계급으로 인정한다.

제5조【서 훈】특수작전을 수행한 기간 중 **무공을 세운 공로자에게는** 상훈법에 의하여 훈장 또는 포장을 수여할 수 있다.

제6조【보상금 및 공로금】① 공로자 또는 유족에게는 제4조의 규정에 의하여 인정된 해당계급의 6·25전쟁 당시의 보수월액에 평균복무기간인 8월을 곱한 후 이를 현재가치로 환산한 금액을 보상금으로 지급한다.

② 공로자 또는 유족에게는 제1항의 규정에 의한 보상금 이외에 위로금 성격의 공로금을 지급할 수 있다.

③ 제1항 및 제2항의 규정에 의한 보상금 및 공로금(이하 "보상금 등"이라 한다)의 **지급범위와 금액의 산정, 지급방법 등에 관하여 필요한 사항은 대통령령으로** 정한다.

제7조【유족의 권리】유족은 민법의 상속규정에 따라 보상금등의 지급을 받을 권리가 있다.

제8조【보상금등의 지급신청】① 공로자 또는 유족으로서 **보상금등을 지급받고자 하는 자는 대통령령이 정하는 바에 따라 관련증빙서류를 첨부**하여 서면으로 위원회에 보상금등의 지급을 신청하여야 한다.

② 제1항의 규정에 의한 보상금등의 지급신청은 **이 법 시행 후 1년 이내에 하여야** 한다.

제9조【지급 결정】위원회는 **보상금등의 지급신청을 받은 날부터 5월 이내에** 그 지급여부와 금액을 결정하여야 한다.

제10조【결정서의 송달】① 위원회가 보상금등을 지급하거나 지급하지 아니하기로 결정한 때에는 지체없이 그 결정서정본을 보상금등의 지급을 신청한 자(이하 "신청인"이라 한다)에게 송달하여야 한다.

② 제1항의 송달에 관하여는 민사소송법의 송달에 관한 규정을 준용한다.

제11조【재 심의】① 제9조의 규정에 의한 위원회의 결정에 대하여 이의가 있는 신청인은 제10조의 규정에 의한 결정서정본을 **송달받은 날부터 30일 이내에** 위원회에 재심의를 신청할 수 있다.

② 제1항의 재심의 및 송달에 관하여는 제9조 및 제10조의 규정을 각각 준용한다. 이 경우 제9조 중 "5월"은 "3월"로 본다.

제12조【보상금등의 지급 등】① 제10조의 규정에 의한 결정서정본을 송달받은 신청인이 보상금등을 지급받고자 할 때에는 그 결정에 대한 동의서를 첨부하여 위원회에 보상금등의 지급을 신청하여야 한다.

② 그 밖에 **보상금등의 지급절차 등에 관하여 필요한 사항은 대통령령으로** 정한다.

제13조【보상금 등에 대한 권리보호】보상금등의 지급을 받을 권리는 이를 양도 또는 담보로 제공하거나 압류할 수 없다.

제14조【결정 전치주의 등】① 보상금등의 지급에 관한 소송은 위원회의 결정을 거친 후가 아니면 제기할 수 없다. 다만, 보상금등의 **지급신청이 있은 날부터 5월이 경과된 때에는** 그러하지 아니하다.

② 제1항의 규정에 의한 소의 제기는 결정서정본(재심의결정서정본을 포함한다)을 송달받은 날부터 60일 이내에 제기하여야 한다.

제15조【보상금 등의 환수】① 국가는 보상금등을 지급받은 자가 다음 각호의 1에 해당하는 경우에는 그 보상금등의 전부 또는 일부를 환수하여야 한다.
    1. 거짓 그 밖의 부정한 방법으로 보상금등의 지급을 받은 경우
    2. 잘못 지급된 경우

② 제1항의 규정에 의하여 보상금등을 반환할 자가 해당 금액을 반환하지 아니한 때에는 국세체납처분의 예에 의한다.

제16조【사실조사 등】① 위원회는 보상금등의 지급심사를 위하여 공로자 또는 참고인으로부터 진술을 청취하거나 필요하다고 인정하는 경우에는 조사를 할 수 있으며, 관계기관의 장에게 필요한 협조를 요청할 수 있다. 이 경우 관계기관의 장은 특별한 사유가 없는 한 지체 없이 이에 응하여야 한다.

② 누구든지 보상금등의 지급 및 환수 등에 관하여 위원회에 자료를 제출하거나 자유롭게 진술할 수 있고, 그로 인하여 어떠한 불이익도 받지 아니한다.

제17조【소멸 시효】보상금등의 지급을 받을 권리는 그 지급결정서정본이 신청인에게 송달된 날부터 3년간 행사하지 아니하면 시효로 인하여 소멸한다.

제18조【관련단체에 대한 지원】국가는 공로자의 추모 등을 목적으로 설립된 **비영리법인 또는 단체에 대하여 예산의 범위안에서 사업비 등의 일부를 지원할 수 있다**.

제19조【다른 법률에 의한 지급과의 관계】공로자 또는 유족이 동일한 사유로 다른 법률에 의한 보상금을 지급받았거나 받고 있는 경우에는 제6조의 보상금등을 지급하지 아니한다.

제20조【벌칙 적용에 있어서의 공무원의제】위원회의 위원중 공무원이 아닌 위원은 형법 제129조 내지 제132조의 적용에 있어서는 이를 공무원으로 본다.

제21조【벌 칙】① 거짓 그 밖의 부정한 방법으로 보상금등을 지급받거나 **지급받게 한 자는 3년 이하의 징역 또는 300만원 이하의 벌금**에 처한다.

② 제1항의 미수범은 처벌한다.

부   칙 <2004. 3. 22>

이 법은 공포 후 6월이 경과한 날부터 시행한다.

5. 6·25전쟁 중 적 후방지역 작전수행 공로자에 대한 군 복무인정 및 보상 등에 관한 법률 시행령

(대통령령 제18583호 : 2004. 11. 11)

제 1 조 【목 적】 이 영은 6·25전쟁 중 적 후방지역 작전수행 공로자에 대한 군 복무인정 및 보상 등에 관한 법률에서 위임된 사항과 그 시행에 관하여 필요한 사항을 규정함을 목적으로 한다.

제 2 조 【특수작전 공로자인정 심의위원회 구성 및 운영】 ① 6.25전쟁 중 적 후방지역 작전수행 공로자에 대한 군복무 인정 및 보상 등에 관한 법률(이하 "법"이라 한다) 제3조의 규정에 의한 특수작전공로자인정심의위원회(이하 "위원회"라 한다)의 위원장은 국방부 인사국장이 되며, 위원회의 위원은 다음 각 호의 자중에서 국방부장관이 위촉 또는 임명한다.

    1. 관련분야에 학식과 경험이 풍부한 자
    2. 국가보훈처 소속의 공무원으로서 국가보훈처장이 지정하는 자
    3. 국방부소속의 장교 또는 일반직 공무원

② 위원회의 위원장(이하 "위원장"이라 한다)은 위원회의 업무를 통할하고, 위원회를 대표한다.
③ 위원장이 부득이한 사유로 그 직무를 수행할 수 없는 때에는 위원장이 미리 지명한 위원이 그 직무를 대행한다.
④ 위원회의 회의는 재적의원 과반수의 출석으로 개의하고, 출석위원 과반수의 찬성으로 의결한다.
⑤ 위원회에 그 사무를 처리하기 위하여 간사 1인을 두며, 간사는 국방부소속의 장교 또는 일반직 공무원중에서 위원장이 임명한다.

제 3 조 【수당 등】 ① 위원회에 참석하는 위원에 대하여는 예산의 범위안에서 수당을 지급할 수 있다. 다만, 공무원인 위원이 그 소관업무와 직접 관련되어 참석하는 경우에는 그러하지 아니하다.
② 법 제16조의 규정에 의하여 위원회에 출석한 참고인 등에게 예산의 범위안에서 여비 및 실비를 지급할 수 있다.

제 4 조 【계급 및 군번부여와 병적관리】 법 제3조제1항의 규정에 의하여 **위원회에서 공로자로 결정된 자에 대하여는 계급 및 군번을 부여하고 육군에서 그 병적을 관리한다.**

제 5 조【보상금 및 공로금】① 법 제6조제1항의 규정에 의하여 산정한 **계급별 보상금액은 별표**와 같다.

② 법 제6조제2항의 규정에 의한 **공로금은 그 계급에 관계없이 균등하게 지급하되, 1천만원을 초과하지 아니하는 범위안에서 위원회가 결정한 금액**으로 한다.

제 6 조【보상금 등의 지급신청 등】① 법 제8조제1항의 규정에 의하여 보상금 및 공로금(이하 "보상금등"이라 한다)을 지급받고자 하는 자(이하 "신청인"이라 한다)는 **별지 제1호서식**에 의한 공로자인정 및 보상신청서에 다음 각호의 서류를 첨부하여 위원회에 제출하여야 한다. 다만, 전자정부구현을 위한 행정업무 등의 전산화 촉진에 관한 법률 제21조제1항의 규정에 의한 행정정보의 공동이용을 통하여 첨부서류에 대한 정보를 확인할 수 있는 경우에는 그 확인으로 첨부서류에 갈음할 수 있다.
  1. 신청인의 주민등록등본 1부
  2. 공로자의 병적증명서 또는 병역사항이 포함된 주민등록등본 1부
  3. 특수작전수행 관련 각종 훈·포장증서 또는 표창장 사본(공로자가 훈·포장 또는 표창을 받은 경우에 한한다) 1부
  4. 공로자의 호적등본 또는 제적등본(유족에 한한다) 1부
  5. 별지 제2호서식의 공로자인정 및 보상신청 위임장(이민·입원 그밖에 부득이한 사유로 인하여 대리로 신청하는 경우에 한한다) 1부
  6. 그 밖에 신청사유를 소명할 수 있는 증빙자료 1부

② 제1항의 규정에 의한 신청인이 이민·입원 그 밖에 부득이한 사유로 공로자인정 신청과 보상금등의 지급신청·수령을 직접 할 수 없는 경우에는 다음 각호의 어느 하나에 해당하는 자가 확인하는 별지 제2호서식의 공로자인정 및 보상신청 위임장에 의하여 대리인을 선임할 수 있다.
  1. 이민 등 국외체류의 경우에는 해외공관의 장
  2. 입원의 경우에는 그 의료기관의 장
  3. 교도소 등에 수용된 경우에는 그 수용기관의 장
  4. 그 밖의 경우에는 주소지 읍·면·동장

③ 제1항의 보상금등의 지급신청·수령에 있어서 유족의 경우에 동순위 재산상속인이 2인 이상인 때에는 **별지 제3호서식**의 유족대표자선정서에 의하여 유족대표자를 선정하여야 한다. 다만, 동순위 재산상속인간의 합의가 불가능한 경우에는 그러하지 아니하다.

제 7 조【공로자 인정 및 보상결정】위원회가 공로자인정 및 보상결정을 한때에는 다음 각호의 사항을 기재한 **별지 제4호서식**의 공로자인정 및 보상결정서를

작성하고, 위원회에 출석한 위원 전원이 서명 또는 기명 날인하여야 한다.
1. 신청인의 성명·주소 및 주민등록번호
2. 결정주문
3. 이유
4. 결정연월일

제8조【결정서의 송달】위원회가 보상금등을 지급하거나 지급하지 아니하기로 결정한 때에는 신청인에게 별지 제4호서식의 공로자인정 및 보상결정서 정본 2부와 별지 제5호서식의 공로자인정 및 보상결정통지서 또는 별지 제6호서식의 공로자인정 및 보상결정통지서(기각용)를 송달하여야 하며, 신청인의 대리인이 있는 경우에는 대리인에게 이를 송달하되, 신청인에게는 공로자인정 및 보상결정서 등본 1부를 송달하여야 한다.

제9조【재심 신청】법 제11조의 규정에 의하여 재심의를 신청하고자 하는 자는 별지 제7호서식의 재심신청서에 재심사유를 증명할 수 있는 증빙자료를 첨부하여 위원회에 제출하여야 한다.

제10조【동의 및 지급청구】제8조의 규정에 의하여 공로자인정 및 보상 결정 통지서를 받은 신청인이 보상금등을 지급받고자 하는 때에는 별지 제8호서식의 동의 및 청구서에 다음 각호의 서류를 첨부하여 위원회에 제출하여야 한다.
1. 공로자인정 및 보상결정서 정본 1부
2. 보상금을 지급받을 수 있는 금융기관의 거래통장 사본 1부
3. 신청인의 주민등록등본 및 인감증명서 각 1부

제11조【보상금등의 지급기관】위원회가 결정한 보상금등은 위원회가 지급하되, 그 실무는 국고(국고대리점을 포함한다)에 위탁하여 처리하게 할 수 있다.

제12조【보상금등의 지급시기】보상금등은 제10조 규정에 의한 지급청구가 있는 날부터 15일 이내에 지급하여야 한다.

제13조【공고】위원장은 **이 영 시행일부터 30일 이내에** 공로자인정 및 보상 신청에 관한 다음 사항을 관보에 공고하고 **국방부의 인터넷 홈페이지에도 20일 이상 공고**하여야 한다.
1. 공로자 및 보상 대상
2. 신청인의 자격
3. 신청서 접수기관
4. 신청기간
5. 보상금등의 산정기준
6. 심사·결정절차
7. 구비서류

8. 그 밖에 신청·지급에 관하여 필요한 사항

제14조【시행 세칙】 이 영 시행에 관하여 필요한 사항은 위원회의 의결을 거쳐 위원장이 정한다.

부　　칙

이 영은 공포한 날부터 시행한다.

[별표]

계급별 보상금액(제5조제1항관련)

(단위 : 원)

계　　급	이등중사	일등중사	이등상사	소　위	중　위	대　위	소　령
보상금액	29,280	35,130	118,580	162,500	174,210	185,920	226,920

참전자로서 특수작전공로자로 인정된 자에게는 「6.25 전쟁 당시의 월 보수액에 평균 복무기간인 8월을 곱한 후 이를 현재 가치로 환산한 금액을 보상금으로 지급한다」에 따라 적 후방 전쟁 중 받지 못한 봉급을 보상금으로 받게 되었다. 금액의 액면이 문제가 되는 것은 아니다.

이렇게 해서 1951년부터 2004년 까지 53년이 지난날에 명예회복의 길이 마련되었던 것이다.

※ 법률 제7200호 6.25 전쟁 중 적 후방지역 작전 수행 공로자에 대한 군복무 인정 및 보상 등에 관한 법률이 2004. 3. 22. 공포되었으므로 그 법 제8조 제2항과 같이 보상금 등의 신청은 법 시행 후 1년 이내에 신청하기에는 1951년 참전 후 53년이나 지난 때이므로 사실상 어려움이 많아 최소한 3년 이상, 5년 정도의 신청기간이 필요한 것으로 판단된다. 사실상 이 신청 기간이 짧은 까닭에 80여 전우가 신청하지 못한 아쉬움이 있다.

개선 53년 만에 명예회복

2004. 4. 13. 국방회관 대연회실에서, 단상 : 전인식 회장

2004. 4. 13. 참전 개선 53주년 기념, 국방회관 대연회장에서

제10부 영광의 전역식

1. 참전 59년만에 전역

2010년 6월 25일 계룡대 육군본부 광장에서는 참전 59년 만에 이색적인 전역식이 거행되었다.

육군본부 직할 결사대(일명 백골병단) 참전 장병 중 생존자에 대한 전역식이 거행된 것이다.

임시대위 전인식이 육군소령이 되어 59년여 만에 장한 전역(퇴역)을 하는 날이기도 하다.

전역신고

① 대표 신고자(**육군소령 전인식**)
  인사사령관님께 대하여 경례! "충 성"!!
  * 신고자 일동 : "충 성" (거수경례)
② 대표 신고자 : **신고합니다. 소령 전인식**
  * 신고자 (각 개인별 계급 성명)

계급	성명
중 위	김인태
소 위	김용필, 동 권태종, 동 오석현, 동 황태규
이등상사	홍금표, 동 장지영, 동 김종호, 동 김중신, 동 송세용, 동 박승록, 동 박용주, 동 이영구
일등중사	임동욱, 동 전영도, 동 이영진, 동 임병기, 동 안병희, 동 윤경준, 동 김항태, 동 김송규, 동 임병화
이등중사	차주찬, 동 최희철, 동 배선호

대표신고자 : **이상 26명은 2010년 6월 25일 부로 각각 전역을 명 받았습니다! 이에 신고 합니다.**

대표신고자 : 인사사령관님께 대하여 경례! **"충 성"!!**
  * 신고자 : 일동 **"충 성"** (거수경례)

대표 신고자 : **바로!**   이와 같이 전역 신고를 하였다.

6.25 전(퇴)역식 관련 알림

2010.6.15

1. 우리들 전(퇴)역식을 주관하신 육군참모총장 한민구 대장께서 합동참모회의 의장으로 영전하시고 황의돈 대장께서 육군참모총장으로 부임하셔서 우리의 전(퇴)역을 이어 집행하시게 되었습니다. 축하와 감사드립니다.
2. 우리행사에 대하여 각계의 의견도 많은 듯한데 우리 전우들이 자기 생각을 그대로 발설해서는 우리 전체가 곤란하게 되니 각개 행동이나 언행은 적극 사양해 주시기 바랍니다.(전역 답사를 참고 해 주십시요)
3. 군 계급장을 달고 있으니 군인의 참모습과 행동을 해주시기 바랍니다.
4. 사진을 찍을 때에도 계급 서열대로 행동해주셔야 합니다.
5. 모든 참전자는 6.25 아침 9시 20분까지 제2정문에서 안내장교(중령 1, 소령 2명)의 안내를 받아 군복으로 갈아입고(명찰, 계급장이 부착된 것) 맨 앞쪽 차에 참전전우 모두와 귀빈(내빈)이 승차 입장하고 (비표 달고) 이때 비디오 촬영도 있다고 합니다.
   ※ 자가용차로 오신 손님들도 모두 2정문에서 비표를 달고 버스로 옮겨 타고 입장해야 합니다. 자가용차의 행사장 진입은 불가합니다.
6. 참전장병 26명은 본부 장군석에 좌정하고 가족들은 그 옆 대령급 좌석에 안내 됩니다.
7. 국악대, 군악대, 의장대와 기수단이 도열한 가운데 의장대장이 지휘 합니다.
8. 전(퇴)역자는 전역증서를 각 개인이 모두 받습니다.
9. 식이 끝날 때쯤 6.25의 노래를 제창하는데 열심히 공부해서 노래를 힘차게 불러 주세요.
10. 사열과 분열은 지정된 전우만이 승차 하게 됩니다. 이점 양해를 바랍니다.
11. 오찬장은 160~170석 예상으로 준비했으나 가족 기타 지정석대로 좌정해 주시기 바라며, 축배 제의가 끝날때까지 음식을 드시는 것을 삼가 해 주시기 바랍니다.
12. 군복은 갈아입을 시간이 없으니 오찬장까지는 군복 그대로 행동하고 군복은 각자 기념으로 가져가셔야 합니다.
13. 옷을 갈아 입을 때 귀중품은 몸에 지니도록 하셔서 분실 등 사고를 미연에 예방해야 합니다.
14. 6.15 현재 찬조금 등이 별첨과 같이 12,850,000원이 모여서 충분하게 집행하고자 합니다.
15. 서울 인근 회원으로서 버스를 이용하시는 회원께서는 06:30분까지 사무실에 오시기 바랍니다.

   첨부 : 전역 답사 1부, 참가비 및 참가집계표 1부 끝

이 외에 필요한 사항은 버스 안에서 다시 말씀드리겠습니다.

육본직할 결사대 전우회장

6·25 전(퇴)역자

육본직할 결사대 전우회

계급	성명	생년월일	주소
육군소령	전인식	290700	경기 고양시 일산동구 백석동
예소령	차주찬	330700	경기도 의왕시 삼동
예중위	홍금표	340500	인천광역시 남구 숭의4동
육군중위	김인태	280200	인천광역시 계양구 용종동
육군하사	임동욱	291000	충남 논산시 취암동 80
육군소위	김용필	250200	경기도 파주시 탄현면
육군소위	권태종	291000	인천광역시 남동구 구월동
육군중사	장지영	300900	경기도 용인시 수지구 신봉동
육군중사	송세용	320200	인천광역시 중구 내동
육군하사	임병기	240600	경기도 파주시 탄현면
육군소위	오석현	290200	경기도 김포시 통진읍 서암리
육군소위	황태규	310300	충남 공주시 유구읍
육군중사	김종호	260100	강원도 춘천시 퇴계동
육군중사	김중신	280600	경기도 고양시 일산서구 일산동
육군중사	박용주	281200	경기도 의왕시 이동
육군중사	박승록	290900	대전광역시 서구 둔산3동
육군중사	이영구	330200	경기도 용인시 수지구 풍덕천동
육군하사	전영도	270100	경기 오산시 갈곶동
육군하사	이영진	281000	충남 부여군 부여읍 쌍북
육군하사	안병희	310400	경기도 평택시 진위면
육군하사	윤경준	310400	대전광역시 중구 태평동
육군하사	김항태	310500	충남 보령시 남포면
육군하사	김송규	310500	인천광역시 서구 석남1동
육군하사	임병화	331100	서울시 은평구 갈현2동
육군병장	배선호	330100	강원도 정선군 정선읍
육군병장	최희철	340600	경기 안산시 단원구 와동

건강상 불참한 전우 : 육군중위 권영철, 고제화
　　　　　　　　　　육군하사 최윤우, 현재선, 김성형

국민의례에서 순국선열 및 백골병단 전몰장병에 대한 묵념

필자 외 참전 전우의 전역 경례

인사사령관 육군중장 박종선 님의 박수 속에 인사하는 필자(회장)

> 전역답사

6.25의 아픈상처 60년 !!
참전 59년만에 퇴역 !!

　오늘 6.25 참전·개선 59년여만에 역사적인 퇴역식을 주관해 주신 육군참모총장님과 여러 고위 장성 여러분의 충정어린 격려에 감사드립니다.
　돌이켜 지난날을 회고할 때 6.25 자유수호 한국 전쟁은 한마디로 민족의 수난이요, 붉은 이릿떼들과의 한판 전쟁이였습니다.
　놈들은 1950년 6월 25일(일요일) 새벽4시를 기해 38도선 전 전선에서 소련에서 지원받은 T34중탱크를 앞세우고 각종 야포를 총동원하여 대한민국을 기습 남침하였으니 이 전쟁이 바로 6.25 자유수호 한국전쟁인 것입니다.
　아무런 방비가 없던 아군은 개전 3일만에 수도 서울을 빼앗기고 낙동강 최후방어선까지 후퇴하는 아픔을 견디다가 인천상륙작전의 성공으로 낙동강에서 반격을 개시하였고, 1950년 9월 28일 수도 서울을 탈환한뒤 계속 진격하여 1950.11월에는 압록강 연안까지 도달하여 조국이 통일 되는가 했습니다. 그러나 이때 중공군의 대거 참전개입과 인해전술로 또다시 후퇴하게 된 즈음 육군본부는 적후방 작전을 위해 애국청년 학생 800여명을 차출해 육군정보학교에서 3주간의 특수훈련을 시킨 뒤 결사대를 창설하여 임시장교 124명의 임관과 700여명의 부사관 및 병에게 군번과 계급을 부여하고 2주일분의 미싯가루와 탄약만을 휴대한 채 적진 배후지역에 침투시켰습니다.
　1951.2.20 이들 부대를 **백골병단**이라 명명하였으며, 주요전과를 살펴보면, 북괴군 69여단의 정치군관 등으로부터 노획한 1급기밀서류를 아군지역에 보내 적을 괴멸에 이르게 하였고,
　1951.3.18 인제군 인제면 필례마을에서 **대남빨치산사령관** 북괴군중장 길원팔(吉元八) 외 참모장 등 고위직 13명 전원을 생포하여 빨치산 지휘부를 전몰시켰으나 적진에서 병력과 장비, 보급의 열세로 부대는 인제군 북면 용대리까지 북진 퇴각중 여기서 북괴군 제32사단의 협공으로 백담사, 설악산 영봉방향으로 퇴출! 양양군 서면 오색리 경유 단목령으로 철수하여 1951.3.30 아군 제7사단 수색대 전면에 접선 700여명중 280여명만이 생환했으나 당국은 우리들 모두를 미8군으로 예속 변경케 하므로서 정식 군적도 없는 장병이 되어버린 것입니다.

우리들은 1961년 참전전우회를 발기한 후 명예회복에 노력하여 2004년도에는 정부의 법률 제7,200호로 우리들 모두가 계급과 군번을 인정받는 등 명예가 회복되어 전사망장병 360여명중 신원을 파악한 60명을 국립현충원에 57위, 대전현충원에 3위를 안장하였고, 2010년 3월에는 **육군본부내 명예의 전당에 60위**를 현양하게 되었습니다.

　그러나 한가지 남은 소원은 우리모두가 군복을 입고 전역식이나 퇴역식을 하는 것 이었습니다.

　다행스럽고 감사하게 오늘 육군참모총장님과 관계관 여러분께서 도와주셔서 참전 59년여만에 다시 군복을 입고 계급장도 달고 이와 같은 성대하고 장엄한 퇴역을 할 수 있게 해주신 것에 대하여 먼저 하늘나라에 가있는 전우들을 포함한 전 백골병단 장병의 이름으로 감사드리면서 감격의 답사를 올립니다.

　또한 오늘날 조국 근대화를 이룩하는데 앞장서고 우리군을 세계최강의 군대로 발전시킨 육군 후배장병들의 열정에 무한한 감사를 드립니다.

　이제 저희 살아있는 백골병단 노병들은 나라사랑과 유비무환(有備無患), 사중득생(死中得生)의 신념으로 뭉쳐서 조국 자유민주주의 대한민국의 보위와 무궁한 발전을 위하여 남은 여생을 바칠 것을 다짐드리면서 전 참모총장이신 합동참모본부 의장 한민구 대장님과 현 육군참모 총장이신 황의돈 대장님, 박종선 인사사령관님을 비롯한 육군 전장병의 건승과 무운장구 및 가족의 평안을 기원 드립니다.

- 감 사 합 니 다 -

2010. 6. 25

전역자 대표 참전 전우회장　전 인 식

東亞日報

A8　2010년 6월 22일 화요일　　제27652호 동아일보

6.25의 아픈상처 60주년!!
참전 59년만에 전(퇴)역하는
80세의 노병들!!

1951.1월 적진후방으로 침투한 육본 직할 결사대 800여명이 51.4.26 미8군으로 예속·변경된 뒤 계속 특수작전을 수행!! 군번과 계급을 받았는데… 세월은 마냥 흘러갔다.

그들은 2주일분의 미숫가루 만으로 60여일간의 적진배후 작전에서 적병 300여명의 생포(북괴군중장, 대좌 등 포함), 사살 170여명의 전과를 올렸으나 아군도 360여명(동·아사자 120명 포함)의 처절한 희생을 입고 280여명 만이 겨우 살아 돌아왔으나 당국은 이들을 미8군으로 이관하므로서 군적을 잃게 되었는데 참전장병들이 1961년부터 40여년간의 피나는 노력으로 2004년에 법률 7,200호를 받아내 참전자 모두의 계급을 현역으로 인정 받고 신원이 확인된 전사자 60위는 현충원에, 위패 57, 안장 3위의 명예를 회복했으나 살아 있는 80노병들은 전(퇴)역 없이 59년의 세월이 흘러갔다.

　　그들의 산 역사 : 60年史　46部 양장 814쪽 38,000원 (2010.1.5 발행)
오는 6.25 육군 본부 광장에서 전(퇴)역하는 노병들(33인)을 보라!!

육군 본부 직할 결사대 전우회 회장 전 인 식
서울특별시 마포구 서교동 377-2　2층　02)325-4896(직) 02)324-4996

2010. 6. 25. 참전 개선 59년 만에 전역식을 마친 참전 전우 일동

2010년 6월 25일 역사적인 전역식 후의 전역자 일동

【계룡대=뉴시스】 김종현 기자 = 25일 오전 계룡대 대연병장에서 59년 만에 열린 육군본부 직할 최초의 결사대인 '백골병단 26용사 전역식'에 참석한 노병들이 기념 카퍼레이드(열병)하고 있다. 선도차(우) 전인식 전우회장, 임동욱 하사   (사진 = 육군 제공)

330 영광의 전역식

전역식 전 참전장병! 전인식 소령, 김인태 중위, 권태종 소위, 김용필 소위

참전 전역 장병을 대표하여 전역사를 하는 필자

전역 답사 후 육군인사사령관 박종선(중장)과 작별하는 필자(회장)

<백골병단 26용사 59년만에 '늦은 전역식'>

<백골병단 26용사 59년만에 '늦은 전역식'>

6.25전쟁 당시 급박한 전황으로 전역식 못해

"충성! 6.25 참전용사 소령 전인식 등 26명은 2010년 6월 25일 부로 전역을 명 받았습니다."

1951년 한국군 최초의 유격대로 창설돼 북한지역에서 혁혁한 전공을 세운 '백골병단'의 생존 용사들 가운데 26명이 59년 만에 충남 계룡대 연병장에서 거행된 전역식에서 전역 신고를 했다.

이들은 6.25전쟁 당시 임시계급을 부여받고 전투에 참전했으나 당시 급박한 전황과 부대 사정으로 인해 전역행사를 갖지 못했고, 6.25전쟁 60주년을 맞은 이날 후배들이 정성스럽게 마련한 전역행사에 참석했다.

행사는 백골병단 전우회 및 가족과 계룡대에 근무하는 육군 장병 및 군무원 등 800여명이 참석한 가운데 백골병단 26용사 전역신고, 열병, 전역사, 조국수호 결의문, 6.25의 노래 제창 순으로 진행됐다.

육군에서 새로 마련해 준 최신 군복을 60년만에 제대로 갖춰 입고 전투화 끈을 힘껏 움켜 당긴 26명의 용사들은 6.25전쟁의 가슴 아픈 상처를 잠시나마 잊은 채 마치 전장 터를 누비던 현역 군인시절로 되돌아간 듯이 당당한 모습으로 후배들 앞에 섰다.

박승록(82) 중사는 "59년 만에 다시 군복을 입었다."라며 "생각지도 못한 전역식을 마련해준 육군에 고맙기도 하고 한편으론 이미 세상을 떠난 전우들 생각에 마음이 무겁다."라고 늦은 전역식에 대한 감회를 밝혔다.

백골병단은 1951년 1.4후퇴 당시 적의 정보수집을 위한 유격대의 필요성을 절감한 육군본부에 의해 647명으로 창설됐다. 같은 해 6월까지 북한 강원도 지역에서 임무를 수행했으며, 작전을 수행하는 과정에서 364명의 전우가 전사했다.

강원도 인제군 필례 마을에서 인민군 대남 유격대 총사령관이자 인민군 중앙당 5지대장인 길원팔 중장을 비롯한 참모장 강칠성 대좌 등 고급 간부 13명을 생포했다.

이들은 창설 두 달 만에 300여명의 적군을 생포했고, 북한군 69여단의 전투상보 등 기밀문서 노획, 적 초소 파괴, 통신선 차단 등 적진후방 교란작전을 펼쳤다.

현재 50명이 생존해 있으며, 거동이 불편한 전우를 제외한 26명이 전역식에 참석했다.

전역식에 참석한 이영진(83) 하사는 "작전상 남쪽으로 내려가는 도중 북한군에 포위돼 살아남은 것이 기적이었다."라며 "오늘 이렇게 전역식도 하고..총알이 빗발치는 전쟁터에서 살아남은 보람이 있다."라고 말했다.

백골병단 전우회 전인식(82) 회장은 전역사를 통해 "모두가 군복을 입고 전역식을 하는 것이 오래도록 갈망했던 소원이었다."라며 "그 소원을 이뤄 감격스럽고 정성스럽게 준비해 준 육군에 감사한다."고 강조했다.

그는 "2주일 분량의 미숫가루만으로 80여일간 전투를 치르면서 상상조차 하지 못할 최악의 상황에서도 사지를 넘나들 수 있었던 것은 오직 나라가 없으면 자유도 없고 생존도 없다는 일념 때문이었다."라고 당시를 회고했다.

전역행사를 마친 백골병단 전우들은 육군 명예의 전당에 마련된 백골병단 전사자 60위의 위패 앞에서 먼저 떠난 동료들의 안식을 염원하는 묵념을 올렸다.

황의돈 육군참모총장은 전역식 메시지를 통해 "뒤늦은 전역증을 백골병단 전우들에게 드리게 되어 송구한 마음 금할 길 없다."라며 "늦었지만 조국을 위해 온몸을 던지셨던 자랑스러운 선배님들께 최고의 존경과 감사의 마음을 바친다."라고 밝혔다.

이 역사적인 "전역식"은 1961년 8월부터 필자(전우회장)가 주장해 온 것이 육군본부가 받아들여 성사된 것이다.

이미 앞서 우리들 관련 법률이 공포·시행되었으므로 법적으로 군인 신분이 확정되었기 때문이기도 하다.

조선일보 제27837호

사람과 이야기

단기 4343년 (음력 5월 15일) 下末
2010년 6월 26일 토요일

'백골병단' 영웅 26명 59년만에 전역식

한국 최초 특수유격부대
敵地 깊이 투입돼 싸워
"군번도 없었느니 소원 이뤄"

"충성! 6·25전쟁용사 소집 전입신고 등 26명은 2010년 6월 25일부로 전역을 명받았습니다."

25일 오전 충남 계룡대에서 국군 최초의 특수유격부대인 '백골병단(白骨兵團)' 생존 용사 26명이 6월 25일 오전 육군 보병학교에서 자원을 자원해 대구 정보학교에서 훈련을 시작했다. 그해 1월 말부터 유격설사 11연대 363명, 12연대 360명, 13연대 124명이 1주일 단위로 강원도 적지에 투입됐다.

이들은 적지에서 한 부대로 통합해 '백골병단'이라고 이름을 짓고 유격활동을 펼쳤다. 최초 11연대를 이끌었던 채명신(이후 주월한국군사령관) 역임) 중령이 지휘했다.

25일 오전 충남 계룡대에서 열린 '백골병단' 생존 용사 26명이 59년만에 전역식을 가졌다. 생존자는 283명이 불과했다. 절반이 넘는 364명이 전사했다.

당시 이 부대 자전참모였던 전 희 장은 "작전뿐만 아니라 우리는 인민 복장으로 위장하고 미수가루와 주 먹 소금 등 들고 2주일씩 사람이 잦 지 않던 '빙지' 좋은 날씨 남새에 스면서 그야말로 죽을 때까지 싸우는 전사(戰士)들이었다"고 했다.

백골병단은 3주일 정도 간단한 훈 련을 받는 뒤 투입됐지만, 90 60일 작전을 벌리는 동안 혁혁한 전공을 세 웠다. 작전 향기수립 못해 적 조소를 틈 내십라고 연백을 사람으로 주로 군사정보를 얻어 아국 작전에 결정

들이 걸음도 강원도에 도착했을 때 한 그들이 한 전에는 각 생도 309명, 사상 174명에 이른 영고 21일간 작전 지연문로 동시 유효도 도한다. 최 신과는 곱반만이는 얼지 않자 시먼 때 상과는 곱반만이는 얼지 않자 시먼 드 당시 중공 강원도 인제군 발제리울에서 조선인민당 제2인서 중 현역 중당이며 매국 모장부터 총 사령관인 김일성과 최고장 강건이 내 등 김보기를 들어도로 사살했다.

무사히 북귀했어도 그들에게 영광 과 명에는 없었다. 당시 군 수뇌부는 부지 후 정시 군번과 계급을 부여하지 않는 아이들 저키지 않았다. 규정 에 일정됐다는 것이었다. 절국 이들 보고 4월 미 8군에 배속됐다가 두 달 제대로 지급받지 못지 못한 채 군복 마 저 마돗이도 일을 꾀괘하게 정지 않은 용사들은 훗날에 다시 군대에 나아 왔다. 군 관계자는 "백골병단 용사들을 맨들기는 못 제가 군 일부 하지만 추억 중에는 나중에 다시 군대에 가시 못한 등도 많은 것은 아니나 시 정당히 군 복무를 한 사람도 있고, 거 역들을 이후 완전히 군의 인연이 끊

긴 사람도 있다"고 말했다.

육군 관계자는 "지난 2004년 대통 령에 떠라 백골병단 전우들의 자금 과 부우기간이 인정됐다"며 "늦지만 그래도 법적 보상은 이뤄졌지만 전역 식이 등 정식 군대식 계급을 부여하는 일 못했다"고 말했다.

이날 전역행사를 마친 백골병단 용 사들은 먼저 세상을 떠난 전우 60명 의 이름을 찬찬히 새겨져 있는 추모 명비 의 전우들 찾았다. 이들은 생사를 함께 전장해 이틀처럼 영혼곳을 자리에는 서지 못한 동료들 손을 나하나 만지며 뜨거운 눈물을 나섰다.

장일현 기자 ihjang@chosun.com

신중훈 기자
shinjh@chosun.com

한국 유격대의 효시인 백골병단 소속으로 6·25전쟁에서 전공을 세운 용사 26명이 25일 충남 계룡대 대연병장에서 전역신고를 하고 있다. 임시군번과 계급을 부여받아 적 후방에 침투했던 이들은 당시 급박했던 전쟁 상황과 부대 사정 등으로 전역신고도 못한 채 제대했다. 계룡대=연합뉴스

"충성! 59년 만에 전역 命 받았습니다"

첫 육군 유격대 '백골병단' 老兵 26명 늦깎이 전역신고
1951년 창설 혁혁한 전공— 정식 군번·계급 새로 받아

"충성! 소령 전인식 등 26명은 2010년 6월 25일부터 전역을 명 받았습니다. 이에 신고합니다. 충성!"

육군의 첫 유격대로 창설돼 6·25전쟁 당시 혁혁한 전공을 세운 백골병단의 생존 용사 26명이 25일 충남 계룡대 연병장에서 59년 만에 늦깎이 전역식을 가졌다. 이들은 6·25전쟁 당시 급박했던 전쟁 상황과 부대 사정 등으로 전역신고도 하지 못한 채 제대했다. 육군은 6·25전쟁 발발 60년을 맞아 이날 전역행사를 마련했다.

노병 26명은 이날 오랜만에 군복을 입고 전투화의 끈을 맨 뒤 담담한 모습으로 후배 장병들 앞에 섰다. 사열차량을 타고 열병식도 가졌다. 백골병단 용사들은 현재 50명이 생존해 있으며 거동이 불편한 사람을 뺀 26명이 이날 전역식에 참석했다. 이날 행사에는 백골병단전우회와 가족, 계룡대에 근무하는 육군 장병 등 800여 명이 참석했다.

황의돈 육군참모총장은 "뒤늦은 전역증을 백골병단 전우들에게 드리게 되어 송구한 마음 금할 길 없다"며 "늦었지만 조국을 위해 온몸을 던졌던 자랑스러운 선배들께 최고의 존경과 감사의 마음을 바친다"고 말했다. 백골병단전우회 전인식 회장(82)

은 "2주일 분량의 미숫가루로 버티며 60여 일간 전투를 치르기도 했다. 군복을 입고 전역식을 하는 것이 오랜 소원이었다"고 말했다.

백골병단은 1951년 1·4후퇴 당시 적 후방에 침투해 정보수집 등의 임무를 수행할 게릴라부대가 필요하다는 육군본부의 판단에 따라 647명으로 창설됐다. 육군 보충대에서 정보학교 인원으로 차출된 뒤 3주간 유격특수훈련을 받았다. 이들은 같은 해 6월까지 북한, 강원도 지역에서 활동하며 작전을 수행하는 과정에서 864명이 숨졌다.

이들은 창설 두 달 만에 300여 명의 적군을 생포했으며 북한군 69여단의 전투서열 등 기밀문서 노획, 적 초소 파괴, 통신선 차단 등 적진후방 교란작전을 펼쳤다. 강원 인제군 필례마을에서는 인민군 대남유격대 총사령관이자 인민군 중장급 5지대장인 길원팔 중장과 참모장 강칠성 대좌 등 고급 간부 13명을 생포하기도 했다.

그러나 이들은 유격대의 임무와 성격 등을 고려해 정식 군번과 계급을 받지 못하고 유격대(guerilla)를 뜻하는 'G+4, 5자리 숫자'의 임시 군번과 계급을 부여받았다. 이들은 2004년에야 유격대 복무기간과 계급 등 신분을 법적으로 인정받았고 2006년에는 '51-0000' 군번을 새로 받았다. 육군은 "백골병단 장병들은 5개월 정도 북한군 청평지역에서 활동한 뒤 서류상 전역했지만 대부분 다시 입영소집을 받아 현역으로 복무했다"고 말했다.

이유종 기자 pen@donga.com

6·25 '백골병단' 생존용사 전역

6·25전쟁이 발발한지 60년을 맞은 25일 당시 급박한 전황으로 전역행사를 갖지못한 육본 직할 최초 결사대 '백골병단'의 생존용사 26명에 대한 전역식이 계룡대 대연병장에서 열려 전역자들이 열병하고 있다.

전역식 후 "충성"을 외치는 참전 전역자 일동 (중앙 필자)

카퍼레이드 후 본부석으로 오르는 전우들 (앞 1 필자)

필자(전인식 소령) : 가족일동과 함께

2. 육군본부 내 명예의 전당

= 조 국 의 자 유 와 평 화 =

 육본 직할 결사대 전우회
(백골병단)

문서번호 : 육직 결사 10-02-01호
시행일자 : 2010. 02. 16.
수 신 자 : 회원 및 유가족

선결			지시	
접수	일자시간		결재·공람	
	번호			
처리과				
담당자				

제 목 : 전몰장병의 육군본부 내 명예의 전당 현양 행사

1. 육군본부 본관 1층에는 한국전 및 월남전에 참전 중 전사한 장병의 명예를 영구히 선양하고자 하는 **명예의 전당**이 거대하게 설치되어 있습니다만, 우리들 육군본부 직할 결사대(백골병단)는 그동안 공식적인 법적 보장이 되어있지 아니하여 국립현충원에 위패만이 겨우 건립되어 있었습니다만, 2009. 12. 30. 본회 회장 전인식이 육군본부에 가서 안보특강을 한 뒤 명예의 전당을 참배하는 기회를 얻게 되어 육군본부 인사사령관 육군중장 박종선 장군에게 우리들 육군본부 직할 결사대는 법률 제7,200호(2004.3.22)에 따라 법적으로 명예가 회복되었으므로 당연히 명예의 전당에도 현양되어야 함을 간청하였던바 즉석에서 법적으로 문제가 있는지 검토하라는 지시를 하여 전인식이 년말인 2009.12.31. 20시까지 전사확인 및 위패 건립 자료를 총정리하여 2010. 1. 2. 등기로 탄원한 것이 그 동안 육군본부 내 관계부서가 협조 검토한 결과 육군본부 직할 결사대 전몰장병 60인 모두를 현양하기로 의견이 종합되어 육군참모총장 한민구 대장의 승인을 얻어 명예의 전당에 현양하게 되어 이 행사를 갖게 되었음을 보고·안내 드립니다.

2. 현양일시 : 2010. 3. 5. 15시(예정)
   참석범위 : 참전 전우 및 유가족과 친족 내빈
   출   발 : 서울 마포구 서교동 본회 사무실 앞에서 3. 5. 10시(정각)
   전세 버스 편으로 출발
   참가희망자는 2010. 2. 26까지 꼭 02)325-4896으로 주민번호와 주소, 성명을 통지(보안측정상 필요)신청하신 분에 한하여 버스 좌석이 배정됩니다.
   신청없으신 분은 개별로 가셔야 합니다만 주민번호와 주소, 성명은 사전에 알려주셔야 합니다.
   ※ 충남 계룡시 소재 육군본부
   ※ 충남지방 거주 회원께서는 03. 05 14:40분까지 직접 도착(참석)하셔야 합니다.
     (주민번호, 주소, 성명 등은 모두 같음)
   ※ 버스로 가는 도중에 휴게소에서 점심식사를 합니다.
   ※ 행사종료후 16시 30분~17시 40분까지 육군본부 내 귀빈식당에서 만찬 후 서울로 돌아올 예정입니다. 마포구 서교동에서 20시경 해산 예정

이상과 같이 안내 합니다.

육군본부 직할 결사대 전우회 회 장
(백골병단)

담당 : 과장 송미정   회 장 : 전 인 식
시 행 : 육본직할 결사대(백골병단) 전우회 제10-02-01호(2010. 2. 16.)   접 수 (   )
우 121-839 서울특별시 마포구 서교동 377-2   http://www.beackgol.co.kr
전화 02) 325-4896(직), 02) 333-2381~2   전송 02) 338-1153

육본 명예의 전당에 60위가 현양되다
감격의 추모사

존경하는 귀빈님과 參戰 戰友 여러분 !!

오늘 6.25 발발과 함께 육군본부 직할 결사대 장병으로 참전 중 호국의 군신으로 산화하신 (고) 육군대위 윤창규 님 외 59인께서 전사하신지 59년이 되는 날에 비로서 영광스러운 명예의 전당에 현양하게 되었습니다.

그동안 우리들은 參戰中 幽明을 달리한 전몰장병 360餘 위(位)의 위훈을 기리며, 해마다 顯忠 追慕 儀式과 함께 삼가 고인의 명복을 기원해 왔습니다.

그러나 우리들은 300餘 無名勇士 追慕碑와 國立墓地(顯忠院)에 57位의 位牌를, 大田顯忠院에 3位를 安葬했을뿐입니다.

그 뒤, 우리들의 꾸준한 努力으로 2004年 法律 第7,200號로 명예가 회복 되었으나 여기 名譽의 殿堂에는 顯揚 되지 못하고 지내던 中 陸軍本部 人事司令官이신 朴鍾善 中將의 도움으로 오늘 榮譽의 殿堂에 故 尹昌圭 대위 外 59人의 名譽가 顯揚되게 되었음을 報告드리고 있습니다.

조국의 명운(命運)이 백척간두(百尺竿頭) 누란(累卵)의 위기에 처 해 있을 때, 자신의 안일(安逸)을 버리고, 적진(敵陣) 후방으로 침투하여 나라를 구하고, 自由와 平和 를 지키기 위한 전쟁에서 용전 분투한 전몰장병 60位 外 무명용사 300餘位 가신님(戰友)의 안식(安息)과 名譽 宣揚을 정중히 기원 드립니다.

돌이켜 지난 날을 회고할 때, 6·25 자유수호(自由守護) 한국전쟁이 발발 한지도 어언 60年을 헤아리게 되었습니다.

놈들의 남침을 눈치 채지 못한 아군은 놈들의 남침(南侵) 3 일만에 수도 서울을 빼앗기고, 낙동강 최후 방어선에서 적의 공격을 저지하는 한편, 인천(仁川) 상륙작전의 성공으로 서울을 수복한 뒤, 계속 북진하여, 압록강 沿岸 까지 진격 했으나 1950. 11. 26. 뜻하지 않은 중공군(中共軍)의 대거 참전 개입(參戰介入)으로 또다시 후퇴하게 되자, 정부는 「국민총 동원령」을 공포 시행하게 되었습니다.

이때, 반공 애국청년, 학생과 의용경찰 등 **800餘名은** 대구 소재 육군정보학교에 입교, 3주간의 특수훈련을 받고, 적진 배후(背後) 지역으로 침투하여 유격 특수전을 감행하여, 아군 작전에 크게 기여했습니다.

그러나, 혹한을 이겨내지 못할 **열악한 장비와 보급**, 그리고, **2 주일분의 미숫가루**만으로 80여 일간의 전투에서 360餘 名의 전우가 호국(護國)의 군신(軍神)으로 산화(散華)했으나 당국의 무성의로 아무런 예우를 받지 못하고 있던 중, 우리들 **참전전우회의 활동으로** 국립현충원에 위패(位牌) 안치와 격전지에서 발굴한 유골

338 영광의 전역식

을 대전 현충원에 안장하는 등 겨우 명예를 회복했을 뿐이며, 300餘 위(位)에 대하여는 그 이름조차 알 수 없어 우리 전우회원의 뜻으로, 2003년 6월 **무명용사 추모비를 세우고** 제막하는 비통(悲痛)함을 겪기도 했습니다.

최근 국내외 사정을 살펴보면,

북한의 金日成은 땅굴을 파는 두더지 전술과 長射砲를 휴전선 戰線에 배치하여 우리를 위협하더니 그 아들 놈은 中長距離 로켓과 核기술을 몰래 개발하여 핵전쟁을 위협하는 망나니 父子인데 이자들에게 지난 10년간은 통일을 빙자해 엄청난 달러를 몰래 갖다주는 위정자도 있었으니 우리들의 요구나 주장이 먹혀들 틈새가 전혀 없었습니다. 그러나 우리들은 계속해서 우리들의 억울한 사연을 바로잡기 위해 고군분투 피나는 노력 53여년의 결실이 지난 2003년 5월 특별법 입법으로 2004년 3월 2일 **국회를 통과한「6.25전쟁 중 적 후방지역 작전수행 공로자에 대한 군 복무인정 및 보상 등에 관한 법률」** 그 법 시행령에 따라 우리들 모두가 육군정보학교에서 특수군사훈련을 받고 국방부장관으로부터 임시로 장교·부사관의 계급과 군번을 부여받고 **육군본부 직할 결사대 소속으로** 특수작전을 수행한 공로자로 참전 당시의 계급별 봉급과 **보상금**을 각 받았습니다만 그 명예는 아직도 회복되지 못하고 있었습니다.

이에 우리들은 가신님의 명예선양(名譽宣揚)을 위해 努力한 끝에 오늘 이와 같은 **명예의 전당 현양**을 하게 되었는바, 때늦은 감 없지 아니합니다만 우리 陸軍이 6.25 당시 결사대원으로 임무를 완수한 전몰장병에 대한 명예를 드높여 주신 것을 가슴 깊이 간직하여 나라사랑과 지킴에 최선을 다 해야 한다고 主唱합니다.

이제 80 노년이 된 우리들이 바라는 것은, 아무런 댓가(代價) 없이 적진 배후지역에서 특수작전을 감행한 결사대 용사들의 거룩한 "얼"이 자유민주주의의 꽃으로 다시 피어나고 전국민과 함께 자유(自由)가 소중함을 일깨우는 장이 되어 줄 것을 기대 하는 바입니다.

끝으로, 오늘 공사 다망하신 가운데에도 불구하시고, 정중한 격려를 해 주신 **육군참모총장님과 인사사령관님** 그리고 이 행사를 정중하고 또 장엄하게 거행할 수 있도록 지원해 주신 육군본부 및 인사사령부 장병 여러분에게 깊은 감사의 인사말씀을 드리며, 추모사에 갈음합니다.

대단히 감사합니다.

2010년 3월 5일

육본직할 결사대 전우회 회장 **全 仁 植**
(白骨兵團)

白骨兵團 전몰장병 육군본부 내 명예의 전당에 헌액하다

명예의 전당 헌액판을 제막하는 인사사령관 박종선 중장과 전우회원

명예의 전당 헌액식에서 추모사를 하는 전인식 회장

백골병단 헌액판을 쓰다듬고 감회에 젖은 전인식 회장

명예의 전당 헌액식에서 경과보고를 하는 차주찬 총무

'백골병단' 60위 명예의전당 헌액

육군 인사사령부

육군 인사사령부는 지난 5일 6·25전쟁 60주년을 맞아 육본직할 결사대 '백골병단'의 전사자 60위에 대한 명예의전당 헌액 행사를 가졌다.

박종선(중장) 인사사령관 주관으로 열린 이날 헌액행사에는 육본 직할 결사대 전우회와 유가족, 군 관계자 등 50여 명이 참석했으며 제막식·약사보고·추모사 등의 순으로 진행됐다.

백골병단 전우회 전인식(82) 회장은 이날 "조국을 위해 희생한 전우들에 대해 육군참모총장과 육군 장병들의 따뜻한 사랑에 감사의 뜻"을 전하면서 "그동안 미미하게 알고 있었던 결사대의 존재를 후배들에게 널리 알리는 좋은 기회가 됐다"고 말했다. 전 회장은 또 이날 본인이 소장하고 있던 육본직할 결사대 관련 책자 등 총 73권의 자료를 육군도서관에 기증하기도 했다.

육군군사연구소 명예선양장교 김대식 소령은 "2004년 육군 명예의 전당이 건립된 후 개인별로 등록된 사례는 있었으나, 이번처럼 단체로 등록을 요청해 헌액한 경우는 육군 직할 결사대가 처음"이라고 밝혔다.

한편 육본직할 결사대 '백골병단'은 6·25전쟁 격전 시기인 1951년 1월에 창설된 부대로 적 후방지역에 침투해 특수작전 임무를 수행했던 부대다.

윤원식 기자
■ 편집=윤성희 기자

식후 만찬장에서 인사사령관, 류해근, 김일생 예비역 중장과 담소하는 필자

육군본부 경내에 있는 신도안 도성 추정도를 관람하는 필자

계룡대 명예의 전당에서

명예의 전당 헌액 후 추모 일동 경례 전인식 회장과 박종선 인사사령관

명예의 전당 헌액 후 추모의 묵념

계룡대를 배경으로 참배 전우 일동의 힘찬 외침

육군본부 직할 결사대(백골병단) 전사자 60위

명예의 전당 헌액 : 2010. 3. 5. 육군본부 내 육군본부인사사령부
고 윤창규 대위 외 59인은 1951. 2. 24. ~ 3. 26. 사이에 전사하였다.
<동작동 국립현충원 : 위패 57위, 대전현충원 : 안장 3위>

백골병단

강문식
강창환
강창희
고석휘
구기덕
권왕건
권욱상
김명규
김양환
김용구
김원배
김윤수
김윤태
김정기
김주섭
김주현
김철구
나승교
류동식
류동현
박기석

박만순
박종만
박종수
박희영
서두생
서일택
신현석
안병철
안성호
안희일
윤동일
윤창규
윤　홍
이상욱
이석순
이영업
이완상
이윤칠
이재성
이천구

(세번째 열)
김섬환
김순균
김용철
김구식
김세기
김선덕
김석업

장국동
장세요
정세중
정용영
조진금
진의현
현용환

윤창
이홍
이상
이순
이승
이경
이명
이충

육군본부 내 명예의 전당

3. 전쟁기념관에 명비 헌각

전사자명비 육군본부 직할 결사대 전사자 60위 명비 조각
　　　　　　<2011년 3월 29일 명비 조각>

　1951년 1월 4일부터 4월 25일까지 사이에 육군본부 직할 결사대 장병 817명은 강원도 영월, 정선, 평창, 명주, 홍천, 인제, 양양군 등, 태백, 오대, 설악산맥에서 영하 20~30도의 혹한을 견디며 유격 특수전을 감행하여 혁혁한 전공을 세웠으나 (고)육군대위 윤창규 외 360명이 전사·실종 되었음에도 여기 60위만이 명비를 기록하는 애통함을 견뎌야 했다.

2011. 3. 29 14:30 전쟁기념관 내 추모비 조각 현장
(앞:류해근(예)중장이 조각 작업을 지켜보고 있다.)

<2011. 3. 29 조각 광경>

<전쟁기념관 정문 우측 전사자 명비에 새겨진「육군 직할대」백골병단 60위>

전쟁기념관에 전사자 명비 조각

= 조국의 자유와 평화 =

 육본직할 결사대 전우회

문서번호 : 육직 결사 11-03-04호
시행일자 : 2011. 3. 30
수 신 자 : 전쟁기념사업회장
  참 조 : 학예부장

선결			지시	
접수	일자시간		결재 · 공람	
	번호			
처리과				
담당자				

제 목 : 육본 직할 결사대 전몰장병의 전쟁기념관 내 전사자 명비 조각 추모행사 기타

1. 귀하의 건강과 하시는 일 모두에 대하여 경의와 찬양을 보내드립니다.
2. 육직 결사 11-01-02호(2011.1.20)로 귀 회에 요청한 육군본부 직할 결사대 참전 중 호국의 군신으로 산화한 60위의 전사자 명비 각자 선양 요구에 대하여 귀 사업회 학예-38(2011.1.27)로 회신해 주신데 대하여 감사드립니다.
3. 귀 학예-38호(2011.1.27)에 의하여 2011.3.29 전사자 명비 조각을 통지 받고 현장을 확인한 후 다음과 같이 추모 행사를 거행하고자 합니다.

= 다 음 =

추모 참배 일시 : 2011년 4월 7일 11시 30분

참 배 인 원 : 참전전우회장 소령(51년도) 전인식 외
              약 25인((예)중장 류해근, (예)준장 이병길 포함)

참 배 행 사 : 헌화 · 분향, 추모 묵념, 추모경례, 기타

이상과 같이 추모행사를 갖고자 하오니 적정 지원을 바랍니다.

<추신> 우리 전우회가 발간한 육군본부 직할 결사대 60년사 및 추록 I 을 전시장의 전시용으로 기증하오니 우리 전우회 부스에 전시해 주시기 바랍니다.

육군본부 직할 결사대 전우회

담당 : 과장 송미정   총무운영위원장 : 차주찬   회 장 전 인 식
시 행 : 육본직할 결사대 전우회 제11-03-04호(2011.3.30.)   접 수 (   )
우 121-839 서울특별시 마포구 서교동 377-2   http://www.beackgol.co.kr
전화 02) 325-4896(직), 02) 333-2381~2   전송 02) 338-1153

2011. 4. 7 11:30 용산 전쟁기념관 내 전사자 명비(131번)에 육군본부 직할 결사대(일명 백골병단) 전사자 (고) 육군대위 윤창규 외 59인의 전사자의 이름을 새긴 행사가 있었다.

국방일보 2011년 4월 8일 금요일 **군인과 삶 7**

백골병단 전사자 60년 만에 이름 새겨

전쟁기념관에서 '육군직할대' 표시도 함께 각인

6·25전쟁 당시 강원도 영월·정선 등 중동부 전선에서 유격특수전을 감행했던 육군본부 직할 결사대(일명 백골병단) 전사자 60명의 이름이 전사한 지 60년 만인 7일 오전 서울 용산 전쟁기념관에 새겨졌다.

백골병단 전사자 60명의 이름은 전쟁기념관 입구 양쪽 벽에 검정색 대리석으로 조성된 기존 전사자 명비 중 왼쪽 맨 끝쪽 131번 대리석에 '육군직할대'라는 표지와 함께 각인됐다.

백골병단 전우회는 이날 오전 전인식 진우회장 등 전우회원과 내외 인사 30여 명이 참석한 가운데 전쟁기념관에서 전사자 명비 제막식을 가졌다.

이날 제막식은 국민의례, 먼저 산화한 동료 전우에 대한 묵념, 헌화·분향의 순으로 진행됐다.

이 자리에서 전 전우회장은 "전쟁기념관 전사자 명비에 백골병단 전사자들의 이름이 새겨진 것은 이 나라 국가 보위를 위한 성전에 젊음을 불사른 백골병단의 살신성인 정신을 널리 알리는 계기가 될 것"이라며 "나아가 보는 이들에게 나

전인식 백골병단 전우회장(오른쪽)과 회원들이 7일 오전 서울 전쟁기념관에서 전사자 명비에 경례하고 있다.
이헌구 기자

라사랑 정신을 일깨워 줌은 물론 자유와 평화를 지키는 첨병이 될 것을 다짐하게 하는 계기가 될 것"이라고 말했다.

전사한 지 60년 만에 전쟁기념관 전사자 명비에 이름을 올린 이들은 6·25전쟁이 한창이던 1951년 1월부터 4월 15일까지 강원 영월·정선·평창·홍천·명주·인제·양양 등 중동부 전선 적 후방에서 영하 20~30도를 오르내리는 혹한을 무릅쓰고 유격특수전을 벌였던 817명의 백골병단 참전용사 중 전사로 확인된 60명.

백골병단은 치열한 격전을 치른 이 기간 동안 전사자 명비에 이름을 올린 60명을 비롯, 동사 또는 아사자를 포함해 모두 363명이 피해를 입었다.

이들 중 고 윤창규 대위 등 57명은 국립서울현충원, 고 현규정 대위 등 3명은 국립대전현충원에 안장됐다. 나머지 300여 명은 강원도 인제군 북면 용대리에 조성된 백골병단 전적비 경내에 무명용사 추모비 형태로 안장됐다.

이석종 기자 seokjong@dema.kr

전쟁기념관에 육군직할대(백골병단) 전사망자의 명비 60인 헌각

일동 전몰 장병에 대한 묵념

전사자 명비 제막 준비 광경

헌화 분향후 일동 경례 (우) 이응희 전쟁기념사업회 사무총장
그 옆 류해근 장군, 이병길 장군, 전인식 회장

헌화 후 묵념하는 참전전우

헌화 후 경례하는 장지영 이등상사

헌화 후 경례하는 권태종 소위

헌화 후 경례하는 윤경준 일등중사

전쟁기념관 2층에 전시된 백골병단

전선교착기 백골병단 부스

전인식 대위의 임관사령장과 작전 명령
(우) 국기훈장 3급(강칠성 대좌로부터 노획한 것)

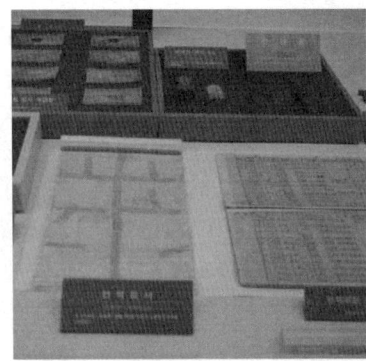
전인식 소령의 제대 증명 원본

백골병단의 전투요도와 전인식 소령의 전쟁 수기
"나와 6.25", "못다핀 젊은 꽃" 등

육군본부 직할 결사대 참전 전우회장 전인식이 전쟁 기념사업회 이웅희 사무총장에게 전시물과 경위를 설명하고 있다.

4. 전적비 보호·방어벽 및 공적·부조 건립

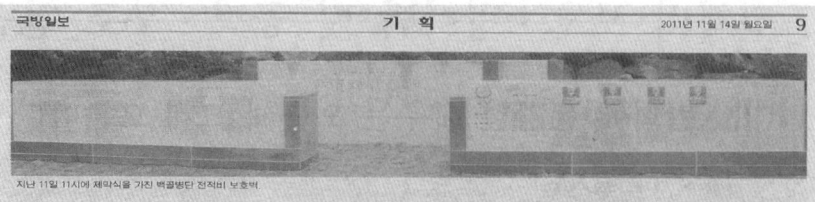

지난 11일 11시에 제막식을 가진 백골병단 전적비 보호벽

6·25 활약상 확인할 수 있는 '작은 역사관'

육본직할결사대전우회, 전적비 보호벽 제막
참전 전우 생존자·전사자 등 한글로 기록해

전인식(맨 오른쪽) 육본직할 결사대 전우회 회장이 제막식을 마친 뒤 육군12사단장 등 행사 참석자들에게 보호벽 설치 배경과 의미를 설명하고 있다.

"어제 우리의 표상이자 상징인 백골병단 전적비가 어린 위해자 생기더라도 안전하게 보호될 수 있을 것이라고 믿고 안심하고 부대리를 쭉 뻗고 잠잘 수 있게 됐습니다."

앞어지 가는 가을의 아쉬움을 달래주는 이들이지 새벽에 내리는 비부스러운 기운이 감돈 지난 11일 오전 11시 강원 인제군 북면 용대리 산 250-2, 백골병단 전적비 앞. 육군본부 직할 결사대(일명 백골병단) 전우회 창인식(81) 회장은 전적비 앞에 모인 전우회원과 육군12사단장·사단장님, 용대리 주민 등 150여 명을 대표해 다년 대비 의례 행사를 주관하고 있었다.

이날 행사는 전적비 후면의 금강 사지에서 일어날 수 있는 낙석 사고에 대비해 보호벽을 건립, 준공식을 갖는 행사.

행사를 주관한 전 회장은 이날 보호벽 설치의 의미를 "백골병단의 역사를 지역 주민은 물론 지역을 찾는 분들에게 널리 명확하게 설명할 수 있는 공간이 마련돼 다"며 "이곳 공간은 단순히 보호벽이 아닌 6·25 전쟁 당시 백골병단의 활약상을 한눈에 확인할 수 있는

작은 역사관'이라고 설명했다.

이날 준공해 제막식을 가진 보호벽은 모두 3개.

금강사지 가장 안쪽의 전적비 보호벽은 높이 180cm에 두께 1m, 길이 5m에 달한다. 1차 보호벽인 만큼 높이 넓이가 크다.

그 앞으로 1차와의 보호벽은 왼쪽은 공터기, 오른쪽은 4번의 보호를 넣은 정용기로 높이 150cm에 길이 422cm다.

1차 보호벽에는 전면 왼쪽관에 결사대 참전전우회원과 라운선사를 계급별로 생존자와 전사자를 한글로 기록해 놓고 오른쪽에는 간편 자서전을 기록해 놨다.

앞쪽 관련의 보호벽에는 백골병단의 전투부대 계승의 전적비 건립 유공인사를, 오른쪽 보호벽에는 4명의 부조와 정부 당시의 공적 내용을 실례어 놓고 있다.

3개 보호벽 모두 땅속 1m 깊이의 대리석을 버팀목으로 해 결속기보다 힘찬 건고하다는 게 보호벽을 제작한 고재훈 조각가의 설명이다.

보호벽을 만드는 데 들어간 비용은 40000만 원.

앞 인제군 기획감사실장은 황영사를 통해 이번 보호벽 설치에 감사의 뜻을 표명했다.

오래 걸려 전우의 희원들이 자발적으로 성금을 모아 이날 뜻깊은 제막행사를 갖게 된 것이다.

안 실장은 "우리 지역에 이렇게 훈훈한 미담이 전해지기 있는는 자체가 이 순간에서의 큰 교육"이라며 "오늘에 실적도 호국인일의 낙관 기리는 전적비가 인제군의 명소로 더욱 빛날 것"이라고 말했다.

보호벽 설치 행사 일정을 모두 마친 참석자들은 전적비 연군 식당으로 자리를 옮겨 전우회가 준비한 오찬을 함께 하며 지난 6월 4일에 제막으로 나누지 못한 환호들 뜨는 시간을 가졌다.

주민 박인환(56)씨는 "몸에 별 두 번이나 마음 잔치를 얻어주 뭐나 감사해야 할지 모른다"며 "지

역을 찾아 주시는 전우분들 어르신들의 모습이 자꾸 떠올려는 가슴이 아프지만, 시간 나는 대로 전적비를 둘러보면서 전투활동지를 찾고 이분들에게 넘겨받고 있다"고 말했다.

백골병단은 1951년 1월 3주간의 유격특수전 교육을 이수하고 임시 고교와 부사관으로 임명된 장병들이 적진 후방에 침투해 북한군의 경호·정보 수집 등 특혜적인 진화를 새로운 대한민국 최초의 유격부대를 말한다.

글·사진 유호상 기자
hosang61@dema.kr

전적비 낙석방어벽 · 공적부조 등 건립 협찬금

2011.10 = 납부순 =

참전 당시 계급	성명	낙석 벽 등 헌성금	비고	참전 당시 계급	성명	낙석 벽 등 헌성금	비고
대위 (소령)	全仁植	2,550만원	1965년~현재 전우회장	중사	宋世鏞	500만원	운영위원장
예 중장	柳海樺	100	명예회원	중사	張之永	100	운영위원
중사	朴勝錄	30	참전전우	하사	安秉熙	50	전 임원
중사	金重信	20	〃	중사 (예중위)	洪金杓	100	서울대 졸 치과병원장
소위	權泰鍾	60	운영위원	소위	黃泰圭	10	참전 전우
소위	吳錫賢	20	참전전우	병장	崔熙哲	20	〃
중사	金鍾浩	20		하사	全永熹	20	
하사	尹慶俊	25	〃	하사	金亢泰	30	
하사	金宋奎	50	〃	병장	裵善浩	10	〃
병장 (예 소령)	車周燦	500	사무국장 운영위원장	하사	林東郁	100	전우회 감사
중사	朴用周	30	참전전우	계		4,345만원	

5. 파주출신 결사대원의 명예 선양

2011. 6. 25

> 육군본부 직할 결사대(白骨兵團) 참전(파주출신 장병)
> 6.25 국가유공자가 고향 파주에서 그 명예가 새롭게 현각되다.

2011.6.25 10:00 파주시 문산읍 지내 임진각 광장에서는 6.25 전쟁 참전 기념비가 건립되었다.

이 참전기념비 준공비에는 「육본 직할 결사대원(백골병단)으로 눈보라 혹한 속에 중동부전선 적후방에 북한군으로 위장 침투하여 수많은 적군 사살·생포 무기 노획의 큰공 세우니 그 용맹이 자랑스럽도다」라고 찬양 기록하고 파주출신 백골병단 참전유공자 소령 전인식 등 40인의 명비를 현각하였고 <사진 아래> 전우회장 전인식에게 공로패를 참전기념비 건립추진위원장 명의로 드려 파주출신 40인의 명예를 드높였다.

기념비제막 후 기념 촬영 앞줄(左) 1번 전인식 회장

육본 직할 결사대(백골병단) 참전유공자

기념식제막에 앞서 이인제 파주시장(공동위원장) 전인식 회장, 송달용 공동위원장, 육군제1사단장 제막 직전의 모습

도움을 주신 분들

일백만원 이상
전인식 김양평 송달용 심재득 여상궁 허용희

오십만원 이상
김윤희 성달현 우국한 정승록 조맹찬 피탐구 황연배

1. 전인식 4,500,000 2. 김양평 3,000,000 3. 송달용 1,000,000
4. 여상궁 1,000,000 5. 심재득 1,000,000 6. 허용희 1,000,000

제11부 영광의 무공훈장

2012. 6. 25. 백마부대 연병장에서

1. 무공훈장 신청

2011년 10월 4일 국방부는 "재향군인회 회보"에 공고 제2011-164호를 공고하였다.

즉, 「6.25 전쟁 참전자 중 서훈 누락자에 대한 추가 서훈을 하겠다는 계획이 공고된 것입니다.」

이 공고의 목적은 6.25 전쟁에 참전하여 공훈을 세우고도 무공훈장을 받지 못한 자에게 추가적으로 서훈함으로써 수훈자들이 자긍심과 명예를 고취하고, 호국정신함양을 목적으로 1950. 6. 25. 부터 1953. 7. 27. (휴전)까지 사이에 무공을 세운 자를 대상으로 한다고 하였다.

즉, 6.25 전쟁에 참전한 공훈자에게 서훈하겠다는 것이다.

이 공고문은 일간 신문·방송에 공고된 것이 아니고 재향군인회의 회보에 공고된 것을 내가 우연히 발견하게 되었다.

2011년 6.25 기념행사 시 6.25 당시의 서훈누락자 3인에게 태극무공훈장이 추서되는 것을 보고 우리도 희망이 있겠지!? 하는 생각은 했으나 이와 같이 곧 닥칠 줄은 몰랐다.

김대중, 노무현 정부시절에는 상상조차 할 수 없는 일이었는데 이

1951년 2월 7일 육해공군총참모장 육군소장 정일권(丁一權) 장군은 육군본부 직할 결사 제12연대 장병 330명에게 강원도 명주군 강동면 지내에서 출정장병에게 임무를 완수하고 귀환하면 무공훈장 수여와 동시에 두 계급씩 특별진급을 약속한지 60년의 세월이 흘렀습니다.

명박 대통령님과 김관진 국방부장관에게 큰 기대를 걸게 되었다.

나는 참전전우 모두에게 긴급 통신과 함께 공고문 사본과 무공훈장 수여 신청서 양식을 보내면서 결사 제11연대와 제12, 13 연대 참전 전우들에게 육하원칙에 따른 전공을 예시 해 주기도 했다.

몇몇 전우들이 나를 찾아와 신청서의 기재사항 등을 문의 또는 질문, 협의하기도 했으나 나는 개개인의 무공을 알 수 없으니 각자 알아서 작성하라고 하며 참고로 2001년 9월 18일 공적심사위원회가 의결하고 길형보 육군참모총장까지 결재가 끝난 뒤, 국방부장관에게 건의한 무공훈장 수여 건의의 사본을 참고로 전해 주기도 했다.

여러 참전전우들이 무공훈장 수여를 신청했다.

2012년 5월 하순경 무공훈장 서훈대상자가 대충 마감된 듯한 정보가 날아 들었다.

◎ 먼저 인천 상륙작전 당시 월미도 등대에 불을 밝혀 상륙작전에 크게 기여한 분.
◎ 황해 유격대를 지휘한 정보장교 소령 한 분,
◎ 해군 장병 3~4명 등이 서훈된다는 것이고

총 14명 중 우리들 육군본부 직할 결사대 **전 백골병단** 장병 9인이 서훈된다는 것이다.

① 충무무공훈장 전 백골병단 **육군소령 전인식**
② 충무무공훈장 전 백골병단 **육군대위 (고) 현규정** (추서)
③ 충무무공훈장 전 백골병단 **육군대위 (고) 윤창규** (추서)
④ 화랑무공훈장 전 백골병단 육군중사 장지영
⑤ 화랑무공훈장 전 백골병단 육군중사 송세용 외 4인 등 이다.

훈장에 관련된 기록은 다음에 추가 기술코자 합니다.

2. 영광의 무공훈장

2012년 6월 25일 화창하고 싱그러운 초여름 경기도 고양시에 위치한 백마사단(9사단) 연병장에서는 1개 연대규모의 대 병력과 의장대·군악대·기수병 등이 도열한 가운데 많은 축하객이 오늘을 축하하기 위해 예비역 중장이신 정중민 장군 내외분과 류해근 예비역 중장 내외분, 이의재 장군 등을 비롯해 많은 하객과 고급장교 등 300여명의 하객이 참관한 가운데

대한민국 헌법의 규정에 따라 대통령을 대리하여 사단장 육군소장 김용우 장군(현 육군중장)이

맨 먼저 **전인식 소령에 대한 충무무공 훈장증과 훈장이 수여**되었다.

대통령을 대리해 훈장을 수여하는 사단장 김용우 소장도 감격해 하며 축하해 주었다.

이것이 얼마만의 일인가 **1951년부터 2012년 까지 61년 만**이 아닌가 …….

이제 내가 할 일은 다 끝낸 것 같으나 **우리 전우 모두**에게도 훈장이 주어져야 비로소 내 소임이 모두 끝나는 것이 아닌지 …….

육군본부는 참전 당시의 정확한 기록이 없으므로 내가 쓴 참전수기와 청원서, 공적신청서 등을 참고로 심사를 한 듯 ……, 참전 당시의 지휘관이신 채명신 중령(예비역 중장)에게는 추천 등의 의견을 조회하지는 아니한 듯 ……

따라서 참전전우 회장인 필자의 책임이 막중한 듯 했다.

일부 참전 전우들은 나에 대하여 섭섭한 감정이 있는 것 같으나 내가 공적을 만들어 낼 수는 없는 것이고, 따로 건의할 수도 없는 것이니 …… 어쩔 도리가 없어 전우 여러분에게 미안한 생각뿐이다.

훈장 수여식의 촌경

전인식의 무공훈장 전수 광경

전인식 소령이 수상 후 꽃다발을 안고

전인식 소령이 훈장증을 받고

(고)현규정 대위의 무공훈장을
대리 수상하는 홍금표 중사

　이날의 무공훈장 수여식에서 (고)현규정 대위와 (고)윤창규 대위에 대한 충무무공훈장 수여는 수상할 관련 가족 등도 없어서 부득이 참전 당시의 부대 전우인 결사 제11연대 제1대대 선임하사 홍금표 중사가, 다음은 충남 예산 동향 출신의 제11연대 제2대대 김중신 상사가 각 대리 수상하기로 하였다.

무공 훈장

훈장 수여 예정 보고

문서번호 : 육직 결사 12-06-03호

시행일자 : 2012. 06. 12

수 신 자 : 회원 제위

제 목 : 훈장 수여 예정 보고

선결		지시	
접수	일자시간	결재·공람	
	번호		
처리과			
담당자			

1. 귀하의 건강과 하시는 모든 일이 잘되시기를 기원합니다.

2. 제목의 건에 대하여 육군본부 및 국방부의 1차 심사 결과 통지에 의하면, 다음과 같이 훈장 수여가 예정 중이라 합니다.
 이 훈장 수여는 우리 전우회가 창립된 1962.8.23 이후 꾸준히 수백통이 넘는 탄원서, 청원서, 신청서, 입법기초, 국회청원 등을 거쳐 ① 저서 발간(23종), ② 영화제작 홍보(4편), ③ 전적비 건립, ④ 추모제 거행(86년 이후), ⑤ 국립묘지 위패·안장, ⑥ 법률 제정, ⑦ 현역 복무 인정, ⑧ 봉급 및 보상금 수령, ⑨ 전역식 거행, ⑩ 전사자 위패 및 현양(전사자 위패 57위, 안장 3위) 등 오랜 세월을 두고 투쟁한 마지막 소원이 깡통 훈장이라도 하나씩 받아야 되겠다고 주장해 왔는데, 신청 24명, 미신청 8명 계 32명 중 1차로 9명(전사자 2명 포함)만이 서훈된 듯 합니다.
 2차 심의가 8월 중에 또 있다고 하니 또 기다려봐야 하겠습니다.

3. 훈장 수여는 대통령 재가가 나야하기 때문에 아직은 확정된 것은 아닙니다만, 우선 국방부 심사 결정에 따르면 다음과 같습니다.
 충무무공훈장 (예정) 전인식, (고) 윤창규 대위, (고) 현규정 대위
 화랑무공훈장 (예정) 송세용, 장지영, 김용필, 안병희, 김인태, 배선호 (전우회 기여순)
 제씨 이며, 이를 연대별로 보면, 11연대 5명, 12연대 3명, 13연대 1명이고, 모두 전투 당시 적병을 생포한 것이 아니라 사살한 기록이 있는 특징을 엿볼 수 있습니다. 2차 심의가 8월중에 있다고 하니 더 기다려보아야 하겠습니다.

이상 우선 보고 드립니다.

※ 각 개인별 훈장신청서 사본 1통씩을 보내주시면 참고가 되겠습니다.   끝

육군본부 직할 결사대 전우회

담당 : 과장 송미정
시 행 : 육군본부 직할 결사대 전우회 제12-06-03호(2012.06.12.)
우 121-894 서울특별시 마포구 잔다리로 65(서교동) 2층
전화 02) 325-4896(직), 02) 333-2381~2   전송 02) 338-1153
http://www.beackgol.co.kr

무공훈장 수여식장에서

무공훈장 전수식에서 좌 1 필자

2012.6.25 무공훈장 전수식에 참석한 내빈 친지 여러분

파주출신 장교동우회원, 문산중·제일고등학교 학생과
총동창회장 및 파주향우회원들

훈장 전수 부대장 김용우 소장(중앙)과 함께(左 5번 필자)

훈장 수장자와 참전 전우 일동이 함께(전열 左 3번 필자)

훈장 전수식 후 오찬장에서 전인식의 친지 가족과 참전전우

오찬장에서 담소하는 필자와 내빈

무공훈장 수장

 무 공 훈 장

정부는 2012.6.25 대한민국 헌법에 따라 다음과 같이 무공훈장을 수여
(추서) 하였다.

충무무공훈장

육군소령 전인식 (全仁植)   1929년생, 경기 파주 출신
  1951.1.25 임시 육군대위 임관, 군번:GO1003, 육본 직할결사제11연대 작전참모
  1951.4.28 육군소령 진급, 미8군 기동부대 커크랜드 작전참모
  2010.6.25 육군소령 전역, 군번:51-00008, 참전 전우회 회장 1965년~현재

육군대위 (고)현규정 (玄奎正) 1926년~1951.3.26 전사, 평남 개천 출신
  1951.2.20 결사제11연대장 보좌관-특임. 제11연대 제1대대장
  1951.3.26 인제군 기린면 진동지구 전투에서 전사, 대전현충원 장교묘 744 안장

육군대위 (고)윤창규 (尹昌圭) 1928년~1951.3.24 전사, 충남 예산 출신
  1951.1.25 임시 육군대위 임관, 군번:GO1007, 제11연대 제2대대장
  1951.3.24 설악산지구 작전 중 적을 유인 전사, 국립현충원 위패 안치

화랑무공훈장

육군중사 장지영 (張之永)   1930년생, 황해 연백 출신
  1951.1.25 육군이등상사, 군번:G11365, 제11연대 제3대대 본부중대
  2010.6.25 육군중사 전역, 군번:51-500014, 참전 전우회 운영위원

육군소위 김용필 (金容弼)   1925년생, 경기 파주 출신
  1951.1.25 임시 육군소위 임관, 군번:GO1110, 제12연대 제1대대 소대장
  2010.6.25 육군소위 전역, 군번:51-00019

육군중사 송세용 (宋世鏞)   1932년생, 충남 연기 출신
  1951.1.25 육군이등상사, 군번:G12158, 제12연대본부 정찰조장
  2010.6.25 육군중사 전역, 군번:51-500020, 참전 전우회 운영위원장

육군하사 안병희 (安秉熙)   1931년생, 경기 평택 출신
  1951.1.25 육군일등중사, 군번:G12116, 제12연대 제1대대 1중대 분대장
  2010.6.25 육군하사 전역, 군번:51-500053

육군중위 김인태 (金寅泰)   1928년생, 경기 포천 출신
  1951.1.25 임시 육군중위 임관, 군번:GO1021, 제11연대 제2대대 중대장
  2010.6.25 육군중위 전역, 군번:51-00012

육군병장 배선호 (裵善浩)   1933년생, 강원 정선 출신
  1951.1.25 육군이등중사, 군번:G13051, 제13연대 본부 연락병
  2010.6.25 육군병장 전역, 군번:51-77000024

육군소위 권태종 (權泰鍾)   1929년생, 인천광역시 출신
  1951.1.25 임시 육군소위 임관, 군번 : GO1046, 결사 제11연대 3대대소대장
  2010.6.25 육군소위 전역, 군번 : 51-00025, 참전 전우회 운영위원

육군하사 이익재 (李翊宰)   1929년생, 경기 평택 출신
  1951.1.25 육군일등중사, 군번 : G12114 결사 제12연대 1대대 1중대 분대장
  2010.6.25 육군하사 전역, 군번 : 51-500045

영광의 무공훈장

3. 무공 수훈자 묘비 참배

= 조국의 자유와 평화 =

 육본 직할 결사대 전우회

문서번호 : 육직 결사 12-06-05호
시행일자 : 2012. 06. 26
수 신 자 : 전우 회원

제 목 : 충무무공 수훈 전사자 묘비 참배

  1. 귀하의 건강과 가족 모두의 평안을 기원합니다.

  2. 우리들 육본 직할 결사대(일명 백골병단)는 1951.1.4부터 51.4.5까지(4.26부터 6.28까지는 후속 작전) 작전한 647명의 소부대로서 충무무공훈장 3인, 화랑무공훈장 6인 계 9인의 서훈은 6.25 전쟁 이후 우리 육군 역사상 그 유례가 없는 영광입니다.

    ※ 앞으로 추가심사에 몇 명이 더 수훈될 것인지는 아직 예상할 수 없습니다만, 일단은 기대해 봅니다.

  3. 무공훈장 수훈자 중 (고)육군대위 윤창규 결사제11연대(2대대장 설악산 전사) 동작동 국립묘지 위패 안치, (고)육군대위 현규정 결사제11연대(대대장 진동리지구 전사) 대전현충원장교 744묘 안장, 위 2명에 대한 무공훈장은 용산 전쟁기념관 2층 백골병단 부스에 기증 영구보존케하고자 합니다만, 6.25훈장 수장 사실을 신고하고 훈장을 걸어드린 뒤 전쟁기념관에 보내야 할 것으로 생각합니다.

    = 일 정 =   = 서울 서교동 출발 10시 =
    ※ 국립현충원 방문은 2012.6.29(금) 11:00 거행하고
    ※ 대전현충원 방문은 2012.6.29(금) 15:00 참배 하고자 합니다.

  4. 참가희망자는 수신 즉시 유선으로 연락바랍니다. 02)325-4896

    이상 긴급 안내 합니다.

육군본부 직할 결사대 전우회

담당 : 과장 송미정
시 행 : 육군본부 직할 결사대 전우회 제12-06-05호(2012.06.26.)
우 121-894 서울특별시 마포구 잔다리로 65(서교동) 2층
전화 02) 325-4896(직), 02) 333-2381~2   전송 02) 338-1153
http://www.beackgol.co.kr

(고) 현규정 대위의 훈장증

대전국립현충원 장교묘역 744호

(고)현규정 대위에게 훈장증을 봉정한 뒤

(고)현규정 대위의 묘비 주변을 정리하다

육군소위 (고)이하연의 묘(745호)를 찾아 헌화 후 정리하는 광경

(고)이하연 소위의 묘를 참배한 전우 일동(중앙 필자)

무공 수훈자 묘비 참배

2012. 6. 29 15:00 대전 현충원을 찾아 장교묘역 744에 안장된
(고)현규정 대위의 충무무공훈장 증서와 훈장 전수에 참가한 전우 일동

(고)현규정 대위의 훈장증을 낭독·봉정하는 전우회장(필자)과 전우일동

충무무공훈장을 봉정한 뒤
기념촬영 (중앙 필자)

4. 훈장 수상자의 인사

 오늘 대한민국이 수여하는 영광의 훈장수여(전수)식에 참석해주신 귀빈님과 저명인사, 학생, 친지, 가족 여러분 감사드립니다.
 존경하는 白馬 사단장님과 참모장병 여러분께서 이 영광의 식전을 마련해주시고 집전해 주신 것 고맙습니다, 감사드립니다.
 오늘은 바로 6.25 전쟁 발발 62주년입니다. 6.25 전쟁을 다시 회고하면, 1950년 6월 25일(일요일) 새벽 4시에 38^{도}선 전 전선에서 북괴군은 T34 중 탱크 240여대를 앞세우고, 하늘에는 야크(YAK) 전투기를 띄워 일제히 기습·남침한 전쟁이 바로 자유 수호 6.25 전쟁입니다.
 이 남침전쟁은 북괴 김일성의 적화(赤化) 야욕과 소련의 스탈린, 중공의 모택동 등 세 놈들이 합작한 전쟁으로 우리민족은 큰 피해를 입었던 것입니다.
 이 전쟁에 우리들 육본 직할 결사대 장병 647명은 조국의 자유와 평화를 지키기 위해 빈약한 장비와 2주일 분의 미숫가루만으로 태백·오대·설악을 잇는 험산준령에서 영하 30^{도}를 오르내리는 혹한을 견디며 80여 일간의 전투에서 적생포 309명, 사살 170여의 전과를 올렸으나 아군도 전사 또는 실종되는 아픔을 견뎌야했습니다.
 오늘이 우리들 결사대(일명 白骨兵團) 참전 개선 61주년이 되는 날입니다.
 잊혀진 우리들의 참전 사실은 50년 전인 1961년 8월 23일로 거슬러 올라가 **참전전우회**를 발기한 이래, 이 사람이 회장의 중책을 맡아 전우들을 규합하기 시작하여 파악된 자료를 통해 해당 시·군·구·읍·면장에게도 전우를 찾는 공문을 보내 참전 전우의 38.8%인 251명을 발굴하였고,
 그 중 전사자 60인을 파악해 육군본부의 확인을 받아 **동작동 위패 57위, 대전안장 3위**를 하였으며,

1986년부터 거행하던 위령제는 1990년 11월 白骨兵團 戰跡碑 建立으로 계속 이어져 오고 있으며, **303 무명용사 추모비 건립!! 살신성인 尹昌圭 대위의 충용비 건립! 육군본부 내 명예의 전당에 60인 헌액!!**

용산 전쟁기념관 내 전사자 추모비 현양과 2004년에는 법률 제 7200호를 제정·공포하여 참전 장병의 명예 선양과 동시에 현역 군번과 계급을 부여받고 참전 당시의 계급별 봉급 수령과 위로금도 모두 받았습니다.

2010. 6. 25에는 육군본부 내 광장에서 **참전 59년 만에 영광의 전역식도 거행**했습니다. 이 사람이 이룩한 50년간의 결실이고, 우리 전우들이 참여한 결과였습니다.

따라서 이 모두의 영광은 우리들 참전 장병 모두의 것입니다만 **우리들 아홉 전우만이 나라의 크나큰 혜택을** 받는 영광의 자리를 갖게 되었습니다.

한편으로는 국민과 참전전우 모두에게 죄송스럽기까지 합니다.

그 옛날을 회고하건데, 이 사람이 1951. 1. 30 강원도 영월에서 아군 7사단과 9사단을 뒤로하고 적진 후방에 침투하여 1951. 2. 10 평창군 진부면 하진부리 초도작전 지휘를 시작하면서 크고 작은 여러 전투에서 적을 괴멸시키고 나라를 보위하는 성전에서 어려운 고비마다 자유와 평화의 사도로서 최선을 다한 것이 오늘의 자랑과 영광의 날이 있게 된 것으로 확신합니다.

우리들은 **붉은 이릿떼**들과의 싸움에서 이겨냈습니다.

앞으로 남은 여생, 내 나라를 굳건히 지키는 尖兵이 되어 다시는 북괴의 만행을 저지를 수 없도록 그 싹을 잘라내도록 최선을 다해야 하겠습니다.

최근 북한 괴뢰집단은 김일성에 이어 3대가 왕권을 계승하고 **"핵"의 위협! 서울 불바다!! 천안함 폭침!! 연평도 포격!! 언론사 집중**

공격!!을 협박하고 있는 판에 우리 주변에는 어리석은 **종북추종자**가 독버섯처럼 자라나고 있습니다.

  이런 놈들 중에는 국회의원이 된 놈들도 있습니다. 나라를 다스리는 중임을 져야 할 책무있는 자 중 종북추종자들 때문에 선량하게 자라야 할 우리 청소년들이 물들까 걱정입니다.

  이런 놈들을 우리 주변에서 깨끗이 쓸어내야 하겠습니다.

  오늘 우리들에게 주신 이 큰 영광은 우리가 살아 있는 날까지 ……

아니 죽은 뒤에도 조국을 사랑하는 청년의 표상으로 오래도록 빛나기를 기대합니다.

  전우여! 미안하다. 그리고 살아남은 것을 부끄럽게 생각하며 죄지은 마음으로 60여년을 살아왔는데 그대들 덕분에 받은 이 거룩한 훈장을 그대들 영전에 바칩니다.

  사랑하는 내 조국, 나를 낳아주시고 키워주신 부모님과 내 고향 파주의 영광입니다. 그리고 모교인 탄현소학교와 문산중·제일고등학교·건국대학교에 이 영광을 드립니다.

대한민국이여!! 영원 하라!! 그리고 **영광이 기리 빛나라!!**

  대한민국 국민과 정부가 주신, 이 영광의 훈장을 더욱 빛나도록 최선을 다하고, 격에 어울리게 처신하고 봉사 하겠습니다.

  白馬 사단 장병 여러분과 국군장병 여러분의 무운장구를 거듭 기원합니다.

  그리고 무더운 날씨에 이곳까지 찾아주신 귀빈님과 애국시민, 친지, 가족 여러분 거듭 감사드립니다.

2012년 6월 25일

육군본부 직할 결사대 전우회 장
충무무공훈장 수훈자 대표 전 인 식

5. 무공훈장에 얽힌 사연

1951. 6. 28. 미8군 예하 커크랜드 기지(주문진)에서 명예 제대한 나는 1961. 8. 23.에 이르러 **대한민국 유격군 참전 전우회**(가칭)를 발기하고, 1962. 4. 21. 국가 재건 최고회의 의장인 박정희 장군에게 명예회복의 청원을 하는데도 기여하였다.

1965. 9. 29. 참전 단체 **雪岳同志會**를 재발족한 후 회장의 책임을 맡은 뒤, 1970. 1. 19. 국방부 장관에게 병적확인청원을 하여 그해 2. 13. 육군참모총장으로부터 임시소령이란 병적확인을 받은 뒤, 참전수기(參戰手記)를 정리하기 시작한 10년 뒤인 1981년 5월 6일 **"나와 6.25"**란 비매품의 작은 수기를 발행하여 대통령 외 23개 기관과 전우들에게 이를 기증하여 전투실황을 보정할 수 있도록 협조해 줄 것을 요청하기도 했다.

그 뒤, 1986년 8월 8일 프레스센터 20층「국제회의장」에서 처음 321위 전몰장병의 명복을 비는 추모 분향 제례를 집전한 뒤, 1989년까지 단목령(檀木嶺)(양양군 서면 오색리) 입구 아늑한 숲속에서 병풍에 전사자 명을 써 붙이고 제례를 지내오다가, 1990년 11월 9일 강원도 인제군 북면 용대리 산 250-2에 **白骨兵團戰跡碑**가 건립·제막됨으로써 그해 4월부터 전적비 앞 광장에서 우리 전우회와 육군산악군단(제3군단)이 추모행사를 전적비 앞 광장에서 2015년까지 해마다 거행하면서 오늘에 이르고 있다.

그때까지 전사가 확인 된 살신성인 육군대위 (고)윤창규 등 60인의 명패가 동작동 국립현충원(위패 57위)과 대전 국립현충원(안장 3위)에 각 위패 및 안장되었으나, 참전 중 전공사실(戰功事實) 인정이 이루어지지 못한 아쉬움이 있었다.

1991. 2. 19. 나는 참전전우(전우회 비참여자 포함) 모두에게 참전 중 전공사실을 육하 원칙에 따라 작성하여 1991. 3. 15.까지 제출하도록 공식 요구했다.

  이에 따라 결사 12연대 출신 장병들이 그들끼리 전공기록 조정회의를 한 뒤, 1991. 3. 15. 참전전공기록 일부가 본회에 제출되었다.

2000. 4. 28. 백골병단 전공심의 위원회를 개최하여, (위원 10인 중 9인 참석)(위원장 권영철 부회장) 그 결과를

2001. 1. 30. 육군참모총장에게 전공사실 인정신청을 하였던바, 육군본부는 이를 심의한 후, 채명신 중령을 제외하고 21명의 전공심사 의결을 거쳐 국방부장관에게 훈장수여를 건의해 주었다.
채명신(제외), 전인식, 권영철, 최인태, 권태종, 최윤우, 오봉택, 최종민, 이명해, 박승록, 이익재, 배선호, 이남훈, 김인태, 류탁영, 차동원, 정규옥, 송세용, 안병희, 박용주, 조영택, 이영진 (22명) 등이다.

2001. 9. 26. 육군참모총장은 위 신청자 22명 중 채명신 1인을 제외하고 전인식(충무), 기타 20명(화랑)은 공적 심의 결정 후, 국방부장관에게 훈장수여를 전의해 주었다.

2002. 2. 23. 나는 국방부장관에게 참전장병의 상훈 수여 촉구를 공문으로 다시 촉구하였다.

2003. 4. 28. 국방부장관은 특별법 제정 등 민원을 긍정 검토한다는 회답의 내용을 보내주었다.

2003. 10. 21. 국회의원 입법 발의 서명 57인을 받아

2004. 3. 2. 국회 245차 임시회의에서 만장일치로 우리들의 법률 (7200호)이 가결, 선포 되었다.

2004. 3. 4. 나는 육군참모총장에게 전인식 외 36명에게 훈장수여를 해 달라고 다시 건의하였다.
전인식(을지), (고)윤창규(태극), (고)현규정(을지), 김용구, 정세균, 이남학(이상 충무), 이만우, 권영철, 나명집, 고제화, 김영돈, 최인태, 권태종, 임동욱, 김용필, 홍금표, 최윤우, 오봉택, 이명해, 강두성, 장인홍, 안병희, 송세용, 이익재, 차주찬, 김인태, 류탁영, 김중신, 배선호, 박용주, 신건철, 최종민, 이남훈, 이영진, 정규옥, 박승록, 임병기 등 (화랑)

2011. 10. 4. 국방부는 재향군인회보를 통해 공고 2011-164호로 6.25 당시 서훈누락자의 신청을 공고하였으므로 이 내용을 회원 모두에게 공문과 신청서 양식을 보냈다.
2011. 11. 23.~24. 위 공고내용에 따라 장지영, 송세용, 권태종, 차주찬 등이 본회를 방문, 서훈 신청을 협의해 왔으나, 나는 공훈 내용을 제외한 맞춤법 정도만을 지원했다. 이때, 김모 씨의 경우는 A4 용지 12 ~ 13매 정도에 이르는 입대경위부터 귀환 후까지의 소설을 타이핑해 가지고 와서 검토해 달라는 경우도 있었다.
2012. 6. 7. 육본 인사사령부로부터 9인의 서훈 통보를 알려왔다. 나는 가능한 한 모두 한자리에서 함께 서훈하는 것이 좋을 듯 하다는 의견을 제시했다.
2012. 6. 25. 육군 제9사단(백마부대)에서 훈장을 수상하기로 했다. 전인식, (고)윤창규 대위, (고)현규정 대위(3인 충무무공훈장), 장지영, 김용필, 송세용, 안병희, 김인태, 배선호 (각 화랑훈장)(훈장 수여 순)
2014. 6. 23. 나는 일등중사 이익재 동지가 1951년 2월 평창군 도암면 지내에서 적 11명을 사살했으나, 아군 이재성 외 2명의 전사피해를 입었다고 진술했는데, 그때 함께 전투한 송세용, 안병희 전우는 훈장을 수훈했으나 이익재 동지는 사망으로 수훈되지 못한 것을 안타깝게 여겨 본인이 누락자 권태종 동지와 함께 개인자격으로 신청하였다.
2015. 6. 15. 그로부터 1년 뒤, 권태종 소위와 이익재 하사의 서훈이 의결되었다.

 앞으로 서훈이 누락된 참전전우 모두에게도 서훈이 되어야 한다고 나는 계속 주창하고 있으나 햇빛을 볼 날도 얼마 남지 않은 것 같아 쓸쓸한 감회가 없지 아니하다.
 白骨兵團 용사들이여 !! 육군본부 직할 결사대 전우들이여 !! 우리 모두는 옛날의 기백(氣魄)을 살려 이 나라! 이 사회를 위해 충용(忠勇)을 다합시다.
 모두의 건강과 가정에 행복이 늘 함께 하시기를 기원하며……

▮ 참전전우 각종 찬조금 누계 ▮

= 1961 ~ 2016. 10. 25 현재 =

(단위 : 만원)

성 명	누계액(소속)	성 명	누계액(소속)	성 명	누계액(소속)
全仁植	3억 5,439 ⑪	현재선 [亡]	290 ⑪	나명집 [亡]	222 ⑪
권영철 [亡]	4,483 ⑪	호성진 [亡]	195 ⑪	조규철	160 ⑪
金容弼	3,754 ⑫	金成亨	170 ⑪	오봉탁 [亡]	151 ⑪
洪金杓	2,817 ⑪	양원석 [亡]	165 ⑪	김도중	150 ⑫
宋世鏞	2,618 ⑫	오정섭 [亡]	145 ⑫	서현택 [亡]	150 ⑪
林東郁	2,613 ⑪	문태진 [亡]	135 ⑪	이홍창 [亡]	123 ⑪
安秉熙	2,340 ⑫	張喆翼	120 ⑫	강오형	120 ⑪
張之永	1,932 ⑪	신효균 [亡]	☆ 532 [특]	김종근 [亡]	113 ⑪
車周燦	1,694 ⑪	李南杓	☆ 338 [카]	오동수 [亡]	100 ⑪
崔潤宇	1,680 ⑪	元應學	☆ 271 [특]	양재호 [亡]	48 ⑪
權泰鍾	1,543 ⑪	康斗星	☆ 233 [특]	신낙균	25 ⑫
김인태 [亡]	1,330 ⑪	李德鎰	☆ 22 [특]	이창흥 [亡]	15 ⑪
李永九	1,050 ⑫	元致明	☆ 20 [특]	김혁기	15 ⑪
이익재 [亡]	1,017 ⑫	장인홍 [亡]	☆ 6 [특]	김대섭	15 ⑪
朴勝錄	921 ⑪	백영제	☆ – [특]	박주대	15 ⑫
임병화 [亡]	893 ⑬	정남일	☆ – [특]	차동원 [亡]	10 ⑪
배선호 [亡]	764 ⑬	柳海權 장군	1,452 [명]	정만영 [亡]	10 ⑪
崔熙哲	691 ⑪	채명신 장군	☆ 1,050 ⑪	최인태 [亡]	344 ⑪
이영진 [亡]	670 ⑪	朴鍾善 장군	410 [명]	최윤식 [亡]	321 ⑪
林炳基	667 ⑫	황인모 [亡]	18 [명]	이명해 [亡]	181 ⑪
尹慶俊	662 ⑪	白幸基 대령	13 [명]	원길상 [亡]	151 ⑪
金宋奎	623 ⑫	全岱石 중령	10 [명]	송경희 –	107 ⑪
全永燾	617 ⑪	梁啓卓 대령	8 [명]	이병석 [亡]	105 ⑫
徐仁星	☆ 608 ⑬	신건철 [亡]	556 ⑪	조영택 [亡]	73 ⑫
박용주 [亡]	606 ⑫	장덕순 [亡]	508 ⑪	임남옥 [亡]	33 ⑪
金重信	575 ⑪	조병설 [亡]	505 ⑫	노귀현 [亡]	25 ⑪
金亢泰	555 ⑪	이남훈 [亡]	485 ⑫	고영상 [亡]	24 ⑪
하태희 [亡]	486 ⑪	최종민 [亡]	473 ⑬	이운하 [亡]	22 ⑪
김종호 [亡]	469 ⑫	윤범용 [亡]	425 ⑪	김익환 [亡]	20 ⑫
이장복 [亡]	412 ⑬	류탁영 [亡]	396 ⑪	신진호 [亡]	20 ⑬
高悌和	397 ⑬	장승현 [亡]	360 ⑪	한갑수 [亡]	16 ⑪
黃泰圭	383 ⑪	박종운	338 ⑬	권두식 [亡]	16 ⑫
吳錫賢	353 ⑪	김수창 [亡]	257 ⑪	신영기 [亡]	16 ⑫
조시형 [亡]	315 ⑪	서성초 [亡]	230 ⑬	박종황 [亡]	15 ⑪

참전전우 각종 찬조금 누계 <계속>

성 명	누계액(소속)
이희용	13 ⑫
이두병 [亡]	11 ⑫
이창식 [亡]	10 ⑪
김영설	7 ⑫
김해원	3 ⑪
김영배 ?	2 ⑫
김한철	1 ⑬
이명우 [亡]	1 ⑪
정창호 –	– ⑪
조명식 [亡]	– ⑪
권처홍 [亡]	⑪
김대홍 [亡]	⑪
이만우 [亡]	⑪
이태윤 –	⑪
임계수 [亡]	⑪
김정종 [亡]	⑪
최용달 [亡]	⑪

성 명	누계액(소속)
마종삼 –	⑪
이태희 ?	⑪
천봉길 [亡]	⑪
원광길 [亡]	⑪
박봉식	⑪
신효순 [亡]	⑪
김동일 [亡]	⑪
이병운 [亡]	전사? ⑪
김인수 [亡]	⑫
신의순 –	⑫
서병환 –	⑫
심구복 [亡]	⑫
심인구 [亡]	⑫
조차원 [亡]	⑫
이정성 –	⑬
윤철섭 [亡]	⑪
임병훈 [亡]	⑪

성 명	누계액(소속)
이봉구 [亡]	⑪
김영돈 [亡]	⑪
이남학 [亡]	⑪
김홍복 [亡]	⑪
조남현 –	⑪
이형구 [亡]	⑪
원봉재 ?	⑫
박광석 [亡]	⑫
김용복 ?	⑬
전재식 –	⑬
김병칠 ?	⑬
이영렬 [亡]	⑬
최이택 [亡]	⑬
함만동 –	⑪
최상삼 –	⑫
전봉규 ?	
이덕근	⑪
이영표	⑬

보상수령자로서 전우회 미파악자

이봉해 하사 ⑬ 정병용 이중 11^R–3 이 택 이중 11^R–3
권욱면 이중 11^R–3 김종천 이중 11^R–3 김경춘 이중 11^R–3

유가족 기타 찬조금

성 명	찬조금(소속)
장동설 유족	548 ⑪
정동진 〃	503 ⑪
권일상 〃	[亡] 325 ⑪
허재구 〃	[亡] 232 ⑪
김한인 〃	209 ⑪
장일남 유족	[亡] 170 ⑪
박정렬 〃	[亡] 164 ⑪
조중숙 〃	159 ⑪
이정자 〃	144 ⑫

성 명	찬조금(소속)
김홍태 유족	120 ⑫
박창영 〃	[亡] 128 ⑪
정윤성 〃	40 ⑪
류주현 〃	[亡] 30 ⑪
정대균 〃	29 ⑪
문형식 〃	20 ⑫
박명서 〃	18 ⑬
천숙영 〃	10 ⑬
	₩2,849만원

성 명	찬조금(소속)
서원경 외부	56 친지
전희철 전인식子	45 ⑪
안광섭 안병희子	40 ⑫
이만상 전인식	$200 친지
유병철 (15R)	20 ⑮
정해상 씨	20 친지
차재익 장군 [亡]	15
최성준 최윤우子	10 ⑪

₩206만원, $200

= 지난날을 맺으며 =

　1951년 1월 육군정보학교(제7훈련소)에서 교육과 훈련을 받은 육군본부 직할 결사 제11연대 장병 360여명은 열악(劣惡)한 장비, 즉 북괴놈들로부터 노획(鹵獲)한 소련제 장총(長銃)과 실탄 약간 뿐이므로 총기의 분해결합(分解結合) 훈련을 받았으나, 실탄(實彈)이 없어 사격(射擊) 훈련조차 받지 못했으며, 훈련소(訓練所)에 입대하면 8주간 이상의 훈련 후 이등병이 됨에도 불구하고 3주간의 형식적인 훈련만으로 600여명에게 이등중사(병장) 이상의 계급과 똑같이 입대한 자 중 124명에게는 임시 장교로 임관시켰으니, 유격특수전을 수행하라고 적진 후방으로 출정(出征)시켰다고 할 수 없었고, 피복 또한 북괴(인민군)군복을 모방한 누비바지 저고리로 위장하였고, 식량은 미숫가루 2주일분 뿐이였으며, 산악에 침투할 장병에게 "로프" 한 가닥도 주지 않았으며, 겨울철 작전임에도 "아이젠"은 구경도 못했으니 산악작전에서 고생이 말이 아닌 상태였음에도 불구하고 우리들은 북괴 69여단의 전투상보(戰鬪詳報)를 노획하여 아군 1군단과 수도사단에 보내 놈들을 괴멸에 이르게 한 것을 시작으로 놈들의 연락병 생포, 통신선 절단 폐기, 이동병력의 생포·처치 등 적 후방 교란의 임무를 완벽하게 수행하였으며, 더 나아가 적 빨치산 사령관 인민군 중장 길원팔(吉元八) 일당 수뇌부 13명 전원의 생포·처치로 대남침투 지휘부를 전멸시키는 등 적 생포 309명, 사살 확인 45명과 미확인 130여명 등과 각종 무기 204정의 노획 등의 전과를 기록하였으나, 아군도 전투피해 240여명, 굶고 추위로 인한 비전투손실 120여명의 손실을 입고, 1951년 4월 15일 작전을 완료하고 개선(凱旋)했습니다.

　귀환·개선한 장병 283명 중 40여명이 부상 또는 동상의 피해를 입어 육군병원에 입원·치료를 받게 한 뒤, 이들은 또다시 징집 또는 소집영장(召集令狀)에 따라 군에 입대하여 1953년 7월 휴전(休戰)이 될 때까지 전장(戰場)에서 또다시 군 복무를 하였습니다.

이들의 명예는 1990. 11. 9 백골병단 전적비 건립으로 세상에 알려진 뒤, 참전 사실이 인정된 것은 2003년 4월 이후 국회 의원 입법으로 특별법 제정이 개시된 이후, 우리들의 노력이 인정되어 국회가 2004년 3월 2일 만장일치로 "**6.25 전쟁 중 적 후방지역 작전 수행 공로자에 대한 군복무 인정 및 보상등에 관한 법률**(안)"을 통과시킨 것을 정부가 법률 제7,200호로 공포하고, 2004. 11. 11 대통령령 제18,533호를 공포함으로써 우리들의 위상이 법률로 인정되어 옛날의 임시계급이 현역복무와 똑같게 인정되었고, 전투기간 중 받지 못한 계급별 급여(봉급)도 받았고, 참전 59년 만에 육군본부 광장에서 영광의 전역식을, 육군본부 내 명예의 전당과 용산 전쟁기념관 추모의 벽에 전사자 60인의 헌액을 비롯해 2012년 6월에는 참전개선 61년 만에 무공훈장도 일부 수상하는 영광을 입었습니다.

참으로 자랑스럽고 영광 그 자체였습니다.

나는 1961년 참전전우회를 발기한 이후 오늘날까지 참전전우회를 이끌면서 참으로 오랜 세월 명예회복을 위해 노력한 결과, 거의 모두가 맺은 것 같으나, 아직 일부 남아 있는 길은 멀고 또 먼 것 같습니다.

그러나 **이제 모두를 설악산 영봉의 눈과 함께 녹아내려 인제를 거쳐 한강으로, 황해로, 대해(大海)로 흘러 민족의 정기와 자유의 나래가 펼쳐지기를 기대하면서** ……

아무런 바램 없이 자유와 평화를! 내 가족과 내 이웃의 안녕을 위해! 전장에서 이슬로 사라진 전우의 영전에 머리숙여, 영면(永眠)하시기를 기도드리며, 영겁(永劫)에서 다시 만날 때까지 ……

백골병단 전적비 위치 약도

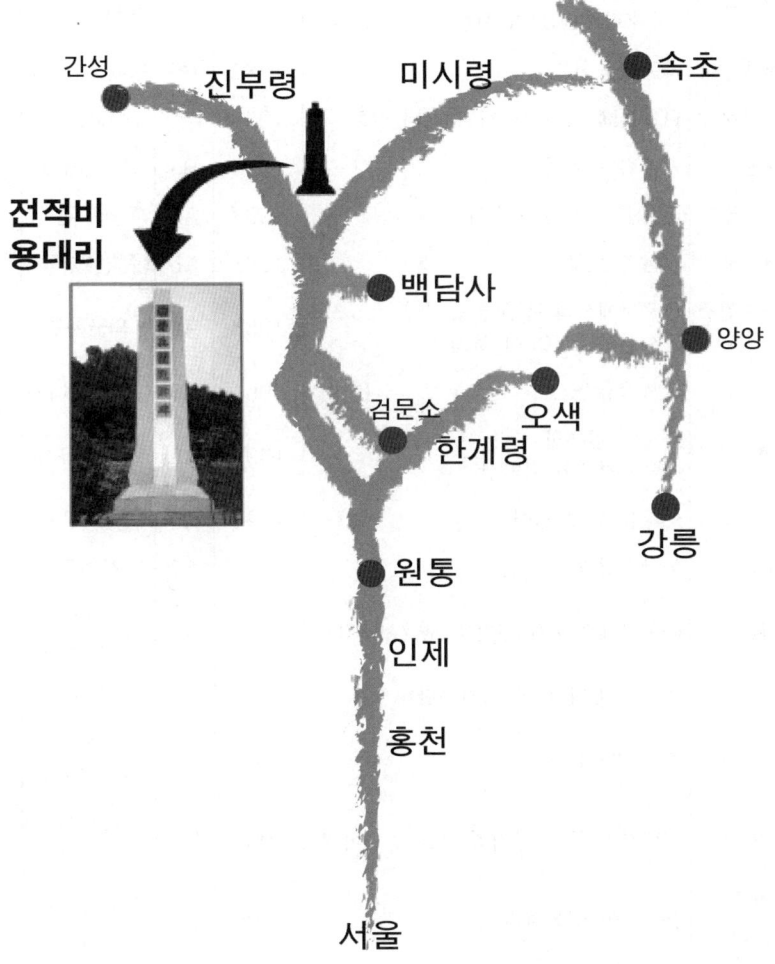

강원도 인제군 북면 용대 3리 산 250-2

국방부소관 : 국유림 <u>4,928m²</u> (1991. 2. 11 관리환)
(1,492.20 평)

참 고 문 헌

저자	도서명	발행년도	판형	출판사	소재지
蔡命新	채명신의 무용담 「사투만리」	1956	A5	육군본부	서울
全仁植	나와 六二五 (적 후방 300리의 혈전) (비매)	1981	3×6	(주)건설연구사	〃
合同參謀本部	韓國戰爭	1984	B5	합동참모본부	〃
육군본부	白骨兵團 적진에서의 유격대 실화	1985	4×6	육군본부	서울
육군본부	백골병단 유격대	1985	B5	군사연구실	〃
李泰	南部軍 上 빨치산 수기	1988	A5	두레출판사	〃
全仁植	白雪의 長征	1988	A5	(주)건설연구사	〃
美죤스홉킨스大學 硏究팀	한국전에서의 유엔군 유격전 군사연구 제103집 특집	1988	A5	육군본부	〃
全仁植	戰跡碑 落穗 (비매)	1991	A5	(주)건설연구사	〃
김한철	마지막 침투한 대북유격대의 활약상	1991	A5	월간자유사	〃
蔡命新	死線을 넘고 넘어	1994	A5	매일경제신문사	〃
육군본부	한국전쟁과 유격전	1994	A5	군사연구실	〃
河載平	라주바예프의 6.25전쟁 보고서 Ⅰ Ⅱ Ⅲ	2001	A5	국방부군사편찬연구소	〃
全仁植	적진 800리의 혈투(최종판)	2003	A5	(주)건설연구사	〃
안병한	戰史 2004. 제6호	2004	A5	국방부군사편찬연구소	〃
국방부	"백골병단" 보상지원 백서 (비매)	2006	B5	국방부인사복지국	〃
갑종장교단 중앙회	갑종이여 영원하라	2009	A5	갑종장교단 중앙회	〃
김홍영	인천상륙작전과 반격작전	2009	B5	국방부군사편찬연구소	〃
全仁植	59년만에 전역	2013	A5	(주)건설연구사	〃
全仁植	노병의 65년	2016	A5	(주)건설연구사	〃

정 오 표

항공로지 질병 분류사전(?)

쪽	행	오	정
22	5~11	누락	(쥐) 공항일보 2016. 4. 21. 12 가지 질병의 정체 (2) 가지 질병의 정체 (중) 참조
26	11~13	누락	(쥐) 공항일보 2016.6.2 <7> "위험 폭군자의 질환," 에서 공항공로과 부국 과장은 중앙… 부서에 과장된 보도로—곤경에빠진에
55	17	(1/500,000)	(1/50,000)
76 午 10	이온공사 이개정 정사	이개정 사사 (중복)	
118 下 1	47명	46명	
118 下 8	(좌 15인 ——)	(좌 17인 ——)	

이상과 같이 바로 잡습니다.   정지자 드림

= 저 자 약력 =

1950. 6. 25 정치대학 정경학부 정치과 2년 6.25 휴학
1950. 7. 15 적 치하 탄현 반공결사대원으로 무장(칼빈총) 활동
1951. 1. 25 육군 **임시 보병대위 임관** (군번 GO 1003)
1951. 4. 28 육군 소령 진급, 미8군 기동부대 커크랜드 작전처장
1961. 8. 23 유격군 참전 전우회 발기 이후 **현재까지 전우회장**
1962. 3. 29 고등전형시험 합격, 감찰위 조사관·감사원 감사관
1969. 5. 31 實用 建設工事의 設計標準과 檢査 (3版) 발행
1970. 4. 18 대학 토목공학과 조교수 자격 취득 (문교부 교수자격 인정)
1972. 5. 16 建設工事 標準품셈 初版 發行 (2016년 제45판 발행)
1972. 8. 19 **대학 부교수 자격 취득** (문교부 교수자격 인정)
1981. 5. 6 『나와 6.25』 = 적 후방 300리의 혈투 = 발간 (비매품)
1986. 6. 26 『못다핀 젊은 꽃』 3 판 (3부작, 다큐멘터리 영화 제작)
1990. 11. 9 **백골병단 전적비** 준공식 거행 (위치선정, 설계, 감리, 헌금)
2004. 3. 22 법률 7,200호 공포 기여, 2004. 11. 11 대통령령 18583호 공포 기여
2010. 3. 5 육군본부 내 **명예의 전당**에 전사자 60인 헌양식 거행 기여
2010. 6. 25 육군본부 연병장에서 참전 **59년 만에 전역식** 거행 기여
2011. 4. 7 전쟁기념관 **전사자 추모비**에 백골병단 60인 헌액 기여
2012. 6. 25 육군소령 전인식 충무무공훈장 수상

다큐멘터리 白骨兵團
이것은 실화다!!
육군본부 직할 결사대

2016년 11월 1일 인쇄
2016년 11월 11일 발행

저 자 : 백골병단 작전참모 全 仁 植
출판 대행 : (주) 건설연구사
육군본부 직할 결사대 전우회

발 행 소 : 서울특별시 마포구 잔다리로 77, 601호 <서교동 대창빌딩>
    TEL : (02) 325-4896, (02) 324-4996, 전송 : (02) 338-1153
홈페이지 : http://www.beackgol.co.kr (백골병단)
E - mail : kunseol@chol.com
등 록 : 2000년 6월 19일 제 10-1988 호
    (1972. 4. 18 창립)

※ 파본이나 낙장이 있는 책은 출판대행사에서 교환해 드립니다.

ISBN 978-89-7307-261-3   값 15,000 원